Huber/Schwendener

Der Generalunternehmervertrag des Verbands
Schweizerischer Generalunternehmer

Felix Huber
Dr. iur., Rechtsanwalt

Niklaus Schwendener
lic. iur., Rechtsanwalt

Der Generalunternehmervertrag des Verbands Schweizerischer Generalunternehmer

Wegleitung
zu den allgemeinen Vertragsbedingungen
des VSGU

2. Auflage

Schulthess § 2005

Bibliografische Information ‹Der Deutschen Bibliothek›
Die Deutsche Bibliothek verzeichnet diese Publikation in der Deutschen Nationalbibliografie; detaillierte bibliografische Daten sind im Internet über ‹http://dnb.ddb.de› abrufbar.

Alle Rechte, auch die des Nachdrucks von Auszügen, vorbehalten. Jede Verwertung ist ohne Zustimmung des Verlegers unzulässig. Dies gilt insbesondere für Vervielfältigungen, Übersetzungen, Mikroverfilmungen und die Einspeicherung und Verarbeitung in elektronische Systeme.

© Schulthess Juristische Medien AG, Zürich · Basel · Genf 2005
ISBN 3 7255 5016 6

www.schulthess.com

Vorwort zur ersten Auflage

Die vorliegende Wegleitung soll den Inhalt des Generalunternehmervertrags des VSGU näher erläutern, die inhaltliche Beziehung der einzelnen Bestimmungen der allgemeinen Vertragsbedingungen untereinander aufzeigen und die Einbettung des Mustervertrags in das subsidiär geltende Regelwerk der SIA-Norm 118 und das Gesetzesrecht (insbesondere das OR) darstellen. Damit soll das Verständnis des Mustervertrags erleichtert werden. Die ausführlichen Verweisungen sollen unter anderem aufzeigen, welche Vertragselemente allenfalls zu berücksichtigen sind, wenn der Vertrag partiell geändert werden soll. Die Wegleitung konzentriert sich auf die Erörterung der AVB-spezifischen Elemente des Generalunternehmervertrags des VSGU und begnügt sich im übrigen mit Hinweisen auf die Systematik des Werkvertragsrechts und die einschlägige Literatur. Sie richtet sich an Bauherren und Unternehmer. Für die vertiefte Abklärung rechtlicher Einzelfragen ist die Berücksichtigung der einschlägigen Gerichtspraxis und der Rechtslehre unabdingbar. Für Hinweise und Verbesserungsvorschläge ist der Autor dankbar.

Der VSGU-Vertrag ist mit Zustimmung des Verbands Schweizerischer Generalunternehmer im Anhang abgedruckt. Zum Inhalt der Wegleitung hat sich der VSGU nicht geäussert. Die Wegleitung gibt die persönlichen Ansichten des Autors wieder. Er nimmt nicht zur Ausgewogenheit des Vertragswerks, den Aspekten der Kalkulierbarkeit von Risiken und der fairen Verteilung der Risiken auf die Vertragsparteien Stellung. Im Sinne einer allgemeinen Würdigung sei immerhin das Folgende angeführt. Die meisten Standardverträge werden von Verbänden der Wirtschaft ausgearbeitet. Diese haben ihre Legitimation und Kompetenz dazu aufgrund der Erfahrungen und Anliegen ihrer Branchenmitglieder. Standardverträge gewährleisten eine minimale Qualität der Verträge bezüglich Form und Inhalt. Die wiederholte Anwendung der Standardverträge fördert eine einheitliche Praxis und damit die Rechtssicherheit. Standardverträge der Bauwirtschaft gestatten zudem einen besseren Vergleich der Leistungsangebote im Beschaffungswesen. Aus diesen Gründen haben standardisierte Generalunternehmerverträge im Ausland teilweise bereits eine jahrzehntelange Tradition. So verlangt denn auch die Weltbank bei der Kreditvergabe die Anwendung von international anerkannten Vertragsmustern.

Zürich, im August 1996   Felix Huber

Vorwort zur zweiten Auflage

Das Vertragsmuster für einen Generalunternehmer-Werkvertrag des Verbandes Schweizerischer Generalunternehmer erfreut sich grosser Beliebtheit. Nicht nur viele grosse Schweizer Generalunternehmer, sondern auch kleinere Unternehmungen sowie Liegenschaftenpromotoren wenden das Vertragsmuster meistens in weitgehend unveränderter Form an. Es bestand deshalb auch ein grosser Wunsch nach einer Aktualisierung der vergriffenen Wegleitung zum VSGU-Mustervertrag. Die Autoren der zweiten, erweiterten Auflage vertreten in der vorliegenden Wegleitung ihre persönlichen Ansichten. Sie stellen die Querverweisungen der einzelnen Vertragsziffern dar, erörtern die werkvertraglichen Grundlagen und weisen auf verschiedene praktische Aspekte hin. Die Gewichtung der Kommentierung ergibt sich primär aufgrund der praktischen Erfahrung der Autoren. So finden sich Hinweise zur Preisgestaltung, zur Formulierung von Baubeschrieben, zu den Terminen sowie zur Abnahme und Gewährleistung. Die Kommentierung hat das Ziel, in einem immer komplexer werdenden Rechtsumfeld die wesentlichen Grundzüge des Generalunternehmer-Werkvertrages aufzuzeigen und dem Praktiker als Hilfsmittel bei der Ausgestaltung und Anwendung von Generalunternehmer-Werkverträgen zu dienen.

Für die sorgfältige Durchsicht des Manuskripts der erweiterten, zweiten Auflage danken wir unserem Bürokollegen Thomas Spoerri, Rechtsanwalt.

Zürich, im August 2005   Felix Huber / Niklaus Schwendener

Inhaltsverzeichnis

Vorwort	V
Abkürzungsverzeichnis	IX
Literaturverzeichnis	XI

Einleitung		1
1.	Der Generalunternehmervertrag	1
2.	Der VSGU	1
3.	Der Generalunternehmervertrag des VSGU	2
A.	**Rechtsgrundlagen**	4
1.	Geltendes Recht	4
2.	Vertragsbestandteile	11
B.	**Projektorganisation**	22
3.	Bauherr	22
4.	Beauftragte des Bauherrn	27
5.	Generalunternehmer	31
6.	Beauftragte des Generalunternehmers	34
7.	Subunternehmer und Lieferanten	37
8.	Projektkoordination	42
C.	**Vertragsunterlagen**	47
9.	Baubeschrieb	47
10.	Vertragspläne	52
11.	Planbearbeitung durch den Bauherrn	55
12.	Planbearbeitung durch den Generalunternehmer	56
13.	Baugrundstück	58
D.	**Preisbestimmung**	65
14.	Globalpreis	67
15.	Pauschalpreis	73
16.	Offene Abrechnung	74
17.	Kostendach	78
18.	Budgetpreis	81
19.	Bauteuerung	82

E.	**Änderungen**	84
20.	Notwendige Änderungen	84
21.	Änderungswünsche des Bauherrn	86
22.	Änderungsvorschläge des Generalunternehmers	91

F.	**Bauausführung**	93
23.	Termine	93
24.	Bauprogramm	99
25.	Kontrollrecht des Bauherrn	100
26.	Vertretungsbefugnis des Generalunternehmers	101
27.	Material- und Farbwahl	102
28.	Versicherungen	103
29.	Baudokumentation	111
30.	Werbemassnahmen	112

G.	**Zahlungen**	114
31.	Fälligkeit des Werkpreises	114
32.	Bauhandwerkerpfandrecht	125

H.	**Bauabnahme und Garantie**	134
33.	Bauabnahme	134
34.	Mängelhaftung	144
35.	Garantiefrist und Verjährung	155
36.	Garantiearbeiten	160

I.	**Schlussbestimmungen**	167
37.	Vertragsabschluss	167
38.	Parteiwechsel und Abtretung	168
39.	Vorzeitige Vertragsauflösung	171
40.	Streitigkeiten und Gerichtsstand	180

Anhang

Muster für einen Generalunternehmer-Werkvertrag	183
Allgemeine Bedingungen (AVB)	195
Sachregister	215

Abkürzungsverzeichnis

A.	Auflage
a.a.O.	am angeführten Ort
a.M.	anderer Meinung
Abs.	Absatz
Art.	Artikel
AVB	Allgemeine Vertragsbedingungen
BGE	Entscheidungen des Schweizerischen Bundesgerichts (Amtliche Sammlung)
BR	Baurecht, Mitteilungen des Seminars für Schweizerisches Baurecht, Freiburg
bzw.	beziehungsweise
d.h.	das heisst
ff.	fortfolgende
GU	Generalunternehmer
Hrsg.	Herausgeber
IPRG	Bundesgesetz über das Internationale Privatrecht vom 18. Dezember 1987, SR 291
N.	Note
OR	Bundesgesetz über das Obligationenrecht vom 30. März 1911, SR 220
S.	Seite(n)
s.	siehe
SIA	Schweizerischer Ingenieur- und Architekten-Verein
SIA-Norm 118	Allgemeine Bedingungen für Bauarbeiten, Hrsg. SIA, Ausgabe 1977/1991
SR	Systematische Sammlung des Bundesrechts
TVA	Technische Verordnung über Abfälle vom 10. Dezember 1990, SR 814.015
USG	Bundesgesetz über den Umweltschutz vom 7. Oktober 1983, SR 814.01
UWG	Bundesgesetz gegen den unlauteren Wettbewerb vom 19. Dezember 1986, SR 241

VSGU	Verband Schweizerischer Generalunternehmer
Vurk	Vertragsurkunde des Generalunternehmervertrags des VSGU
ZGB	Schweizerisches Zivilgesetzbuch vom 10. Dezember 1907, SR 210
Ziff.	Ziffer
zit.	zitiert
ZR	Blätter für Zürcherische Rechtsprechung

Literaturverzeichnis

BENTELE ROLAND — Die Konventionalstrafe nach Art. 160-163 OR, Freiburg 1994

BÜHLER THEODOR — Der Werkvertrag (Art. 363-379 OR) in: Gauch Peter/ Schmid Jörg (Hrsg.), Kommentar zum Schweizerischen Zivilgesetzbuch, 3. A., Zürich 1998

EGLI ANTON — Der General- und der Totalunternehmer, in: Tagungsunterlagen der Baurechtstagung 1991, Seminar für Schweizerisches Baurecht, Freiburg 1991

GAUCH PETER — Der Werkvertrag, 4. A., Zürich 1996 (zit. Werkvertrag)

GAUCH PETER/ SCHLUEP WALTER R./ SCHMID JÖRG/REY HEINZ — Schweizerisches Obligationenrecht, Allgemeiner Teil, 8. A., Zürich 2003

GAUCH PETER (Hrsg.) — Kommentar zur SIA-Norm 118, Art. 38-156, Zürich 1992 (zit. Gauch, Kommentar SIA-Norm 118)

GAUCH PETER — Kommentar zur SIA-Norm 118, Art. 157-190, Zürich 1991 (zit. Gauch, Kommentar SIA-Norm 118)

HEPPERLE ERWIN — Bauversicherungen, in: Lendi Martin/Nef Urs Ch./ Trümpy Daniel (Hrsg.), Das private Baurecht der Schweiz, Zürich 1994, S. 199 ff.

KOLLER ALFRED — Das Nachbesserungsrecht im Werkvertrag, 2. A., Zürich 1995

KOLLER ALFRED — Der Werkvertrag (Art. 363-366 OR) in: Hausheer Heinz (Hrsg.), Berner Kommentar, Bern 1998 (zit. BK-Koller)

HONSELL HEINRICH/ VOGT NEDIM PETER/ WIEGAND WOLFGANG — Kommentar zum Schweizerischen Privatrecht, Basel 1992

LENZLINGER GADIENT ANNETTE — Mängel- und Sicherungsrechte des Bauherrn im Werkvertrag, Zürich 1994

MOSIMANN RUDOLF	Der Generalunternehmervertrag im Baugewerbe, Zürich 1972
RÜEDE THOMAS/ HADENFELDT REIMER	Schweizerisches Schiedsgerichtsrecht, z. A.,1. Zürich 1993
SCHUMACHER RAINER	Bauen mit einem Generalunternehmer, BR 1983/3, S. 43 ff. (zit. Bauen mit einem GU)
SCHUMACHER RAINER	Das Bauhandwerkerpfandrecht, 2. A., Zürich 1982
SCHUMACHER RAINER	Die Vergütung im Bauwerkvertrag, Freiburg 1998 (zit. Schumacher, Vergütung)
TRÜMPY-LÄGER EVELINE	Vorzeitige Beendigung von Bauwerkverträgen, in: Lendi Martin/Nef Urs Ch./Trümpy Daniel (Hrsg.), Das private Baurecht der Schweiz, Zürich 1994, S. 137 ff.
WIDMER CHRISTIAN	Die massgeblichen Leistungen im Generalunternehmervertrag, in: Lendi Martin/Nef Urs Ch./Trümpy Daniel (Hrsg.), Das private Baurecht der Schweiz, Zürich 1994, S. 119 ff.
WIRTH MARKUS/ GRAWEHR PATRICK	Die (kollisionsrechtlich) anzuwendende Rechtsordnung bei Bauverträgen, in: Lendi Martin/Nef Urs Ch./Trümpy Daniel (Hrsg.), Das private Baurecht der Schweiz, Zürich 1994, S. 319 ff.

Einleitung

Der Generalunternehmervertrag

Beim traditionellen Bauen schliesst der Bauherr mit verschiedenen Unternehmern einzelne Werkverträge für die Errichtung eines Bauwerks ab. In diesem Fall ist der Bauherr bzw. der von ihm beauftragte Architekt für die Koordination der verschiedenen Unternehmer verantwortlich (Gauch, Werkvertrag, N. 221). Beim Generalunternehmervertrag schliesst der Bauherr nur einen einzigen Werkvertrag ab. Der Generalunternehmer übernimmt die gesamte Ausführung eines (Bau)Werks (BGE 114 II 54). Damit wird der Bauherr von der Aufgabe der Koordination entlastet. Zieht der Generalunternehmer für die Erfüllung seiner vertraglichen Pflichten weitere Unternehmer (Subunternehmer) bei, trifft ihn die Koordinationspflicht der am Werk beteiligten Unternehmer (Gauch, Werkvertrag, N. 224). Da der Generalunternehmer grundsätzlich einziger Vertragspartner des Bauherrn bei der Ausführung des Werks ist, obwohl sich allenfalls mehrere Unternehmer am Bau des Werks beteiligen, übernimmt der Generalunternehmer gegenüber dem Bauherrn die vollständige Verantwortung und im Regelfall auch das Kostenrisiko. Diese Konzentration der Verantwortung auf den Generalunternehmer ist primärer Zweck des Generalunternehmervertrags. Der Generalunternehmer übernimmt sodann typischerweise Qualitäts- und je nach Ausgestaltung des Vertrags auch Termingarantien. Für den Bauherrn gelten beispielsweise einheitliche Rüge- und Verjährungsfristen betreffend Werkmängel. Aus den genannten Gründen ist die Vereinbarung eines Generalunternehmervertrags auch bei kleineren Bauvorhaben sinnvoll (vgl. zum Ganzen Mosimann, S. 23 ff.; Widmer, S. 119 f.).

Der VSGU

Der Verband Schweizerischer Generalunternehmer (VSGU) wurde 1970 gegründet. Unter anderem setzte er sich zum Ziel, Richtlinien für die Tätigkeit der Generalunternehmer zu schaffen. Dem Verband gehören Firmen an, die ihre Erfahrung und ihre fachliche Kompetenz als Generalunternehmer

Einleitung

erfolgreich bewiesen haben und bereit sind, die Standesregeln des VSGU als Leitlinie bei ihrer täglichen Arbeit anzuwenden. Die Mitglieder des Verbandes bekennen sich zu verschiedenen Geschäftsgrundsätzen wie das Bemühen um Baurationalisierung durch zweckmässige Planung, Projektierung und Arbeitsausführung, um Integrität und Loyalität im Verkehr mit allen Beteiligten, um loyale Vorsorge für das Wohlergehen der eigenen Mitarbeiter usw. Der Verband hat eine Standeskommission konstituiert, welche die Einhaltung der Standesregeln überwacht. Der VSGU betreibt ferner eine Auskunfts- und Schlichtungsstelle.

3   Verschiedene Mitglieder des VSGU sind der europäischen Charta der Generalunternehmer beigetreten, welche vom Verband der Europäischen Bauindustrie (FIEC) im Jahre 1992 konstituiert worden ist. Die Charta regelt drei Bereiche: Die Definition der Leistungen und die Anwendungsprinzipien der Generalunternehmerverträge, die Verhaltensregeln der Generalunternehmer und die Kontrollorgane in jedem Landesverband. Gemäss der Charta verfügt der Generalunternehmer über die notwendige, vom Berufsstand anerkannte Sachkompetenz, insbesondere hinsichtlich Management-Techniken. Er übernimmt die Verantwortlichkeit hinsichtlich der Gesundheitsvorsorge und der Arbeitssicherheit im Rahmen der am Ort der Baustelle geltenden Gesetze und Richtlinien. Er bemüht sich um die Gewährleistung der vereinbarten Bauwerkqualität sowie die vereinbarten Garantien für Preis und Termin. Mit Unterzeichnung der Charta verpflichtet sich ein Mitglied, die Charta zu respektieren und seine Leistungsfähigkeit einwandfrei zu belegen. Bei gravierenden oder wiederholten Regelverstössen kann ein Generalunternehmer durch Beschluss des nationalen Kontrollorgans von der Liste der der Charta beigetretenen Generalunternehmer gestrichen werden.

Der Generalunternehmervertrag des VSGU

4   Der Generalunternehmervertrag des VSGU setzt sich aus zwei Teilen zusammen. Die Vertragsurkunde (Vurk) und die allgemeinen Vertragsbedingungen (AVB) bilden eine Einheit und sind systematisch aufeinander abgestimmt. Die Vertragsurkunde einerseits bezeichnet die Vertragsparteien, den Ort und das Datum des Vertragsabschlusses. Ferner enthält sie die Angaben zum Gegenstand des Vertrags (Bestimmung des Bauwerks) und zum Werkpreis, die Aufzählung der Vertragsbestandteile (Baubeschrieb, Vertragsplä-

ne, Leistungsverzeichnis usw.), die Termine, die Projektorganisation usw. Die AVB anderseits erläutern die in der Vertragsurkunde benutzten Begriffe und präzisieren den Vertrag als spezifischen Generalunternehmervertrag. Die Regelungen der AVB sind nach dem üblichen Baufortgang gegliedert. Einige wesentliche wirtschaftliche Vertragselemente wie die Vereinbarung von Erfüllungsgarantien lässt der VSGU-Vertrag offen. Entsprechende individuelle Abreden sind in der Vertragsurkunde festzuhalten.

Bereits anfangs der 70er Jahre erarbeitete der VSGU die ersten Musterverträge. Im Jahre 1990 gab der VSGU die Vorlage eines neuen Generalunternehmervertrags heraus. Dieser wurde als «Muster für den Abschluss von Generalunternehmerverträgen» bezeichnet und mit dem Hinweis versehen, dass das Muster als Wegleitung gelte und in jedem einzelnen Fall den Objekten und den jeweils vorliegenden Gegebenheiten angepasst werden müsse. Der Mustervertrag war relativ knapp abgefasst. Er wurde häufig als Vorlage verwendet. 5

Die allgemeinen Vertragsbedingungen des VSGU-Vertrags von 1992 verstehen sich nicht als Muster, sondern als Vertragsvorlage, die vollständig übernommen werden soll. Inhaltlich wurde etwa der Schutz des Bauherrn vor der Eintragung von Bauhandwerkerpfandrechten verbessert. In formeller Hinsicht wurde der Vertrag für den juristischen Laien lesbarer gestaltet. Er enthält deshalb auch Aussagen, die sich bereits aus dem allgemeinen Werkvertragsrecht oder der subsidiär geltenden SIA-Norm 118 ergeben. Die neuen AVB sollen ferner die Auslegungsprobleme des alten Mustervertrags beheben und sind deshalb auch ausführlicher. Dies gilt beispielsweise für die Regelungen betreffend die Beauftragten des Bauherrn und des Generalunternehmers sowie betreffend die Planungsleistungen nach Vertragsabschluss. 6

Der VSGU-Vertrag wurde im Jahre 1995 revidiert und als zweite, überarbeite Ausgabe 1995 den Benützern zugänglich gemacht. Der VSGU respektierte im Rahmen der Überarbeitung verschiedene Wünsche der Bauherrenvertreter, präzisierte mehrere Bestimmungen und fügte einen neuen Artikel über die vorzeitige Vertragsauflösung in die AVB ein. 7

Der VSGU-Vertrag erfreut sich anhaltender Beliebtheit. Er wird nicht nur von den grossen Unternehmern der Schweizer Baubranche angewandt oder beigezogen, sondern zunehmend auch von kleineren Bauunternehmungen oder auch Architekten, die in Verbindung mit dem Verkauf von Bauland Wohneigentum erstellen. Die vorliegende Wegleitung soll auch diesen Anwendern des VSGU-Vertrages dienen. 8

A. RECHTSGRUNDLAGEN

1. Geltendes Recht

Ziff. 1.1

Der Generalunternehmer-Werkvertrag untersteht dem schweizerischen Recht, insbesondere den Bestimmungen über den Werkvertrag (Art. 363 ff. OR).

Abgrenzungen

9   Der *Generalunternehmer* übernimmt aufgrund eines Projekts, das ihm vom Bauherrn übergeben wird, die gesamte Ausführung eines grösseren Bauwerks, dessen Ausführung ein Bauherr herkömmlicherweise mehreren Unternehmern in verschiedenen Werkverträgen zu vergeben pflegt (Gauch, Werkvertrag, N. 223). Mit dem Generalunternehmervertrag überträgt der Bauherr dem Generalunternehmer aufgrund eines vorhandenen Projekts die vollständige Ausführung eines Bauwerks oder eines Bauwerkteils einschliesslich Bauleitung. Der Teilunternehmer dagegen beteiligt sich lediglich mit einer spezifischen Leistung an der Errichtung des Gesamtbauwerks (BGE 114 II 54). Es ist dem Generalunternehmer freigestellt, einzelne Arbeiten durch Dritte (Subunternehmer) ausführen zu lassen. Der Generalunternehmer haftet dem Bauherrn allein, was auch dann gilt, wenn er sämtliche Arbeiten Subunternehmern überlässt und somit als Generalübernehmer auftritt. Die Subunternehmer stehen mit dem Bauherrn in keinem Vertragsverhältnis. Immerhin hat der Unternehmer den Werkvertrag mit dem Subunternehmer so auszugestalten, dass die Interessen des Bauherrn gewahrt sind (Art. 29 Abs. 4 SIA-Norm 118, welche mangels besonderer Bestimmung in Art. 7 AVB anwendbar ist).

10 Der *Totalunternehmer* unterscheidet sich vom Generalunternehmer dadurch, dass er auch die Planungsarbeiten, namentlich die Projektierungsarbeiten, für die vom Bauherrn bestellte Baute leistet. Der Totalunternehmer ist ein projektierender Generalunternehmer (Gauch, Werkvertrag, N. 233). Der Totalunternehmer verpflichtet sich auch zu allen erforderlichen planerischen Leistungen (z.B. alle Leistungen der Architekten, Bauingenieure, Fachingenieure für die Haustechnik, Geologen usw.) und der Einholung aller notwendigen Bewilligungen. Er verpflichtet sich namentlich auch zur Projektkoordination und zur Koordination sämtlicher Planer, Spezialisten

und Unternehmer. Der Totalunternehmer übernimmt ausdrücklich die Risiken von allfälligen Planungsfehlern oder Baumängeln.

Gibt der Bauherr dem Beauftragten lediglich einen vollständigen Projektierungsauftrag und ist es diesem freigestellt, einzelne Projektierungsarbeiten durch Dritte ausführen zu lassen, wird der Beauftragte Generalplaner genannt. Schliesslich ist von den genannten Vertragsverhältnissen der Baubetreuungsvertrag zu unterscheiden, bei dem sich der Beauftragte lediglich verpflichtet, die Werkausführungen im Namen und auf Rechnung des Bauherrn zu vergeben sowie die Arbeiten in technischer und wirtschaftlicher Hinsicht zu beaufsichtigen und insbesondere zu kontrollieren (zum Ganzen vgl. insbesondere Gauch, Werkvertrag, N. 222 ff.; Widmer, S. 120; Schumacher, Bauen mit einem GU, S. 43 f.). 11

Der VSGU-Vertrag

Der VSGU-Vertrag ist auf den Generalunternehmer zugeschnitten. Dies ergibt sich insbesondere aus den folgenden Vertragsbestimmungen: Ziff. 1.1 Vurk geht vom Vorliegen einer Baubewilligung aus und Ziff. 10 AVB setzt das Vorliegen von Projekt- und Ausführungsplänen voraus (die allerdings noch weiter bearbeitet werden können oder müssen, vgl. Ziff. 11 und 12 AVB). 12

Die AVB basieren auf dem Schweizer Recht. Der VSGU-Vertrag ist daher primär für inländische Bauprojekte mit der Beteiligung von Schweizer Parteien ausgestaltet. Soweit Kaufvertragsrecht zur Anwendung gelangen könnte (vgl. zum Werklieferungsvertrag N. 24), ist die ausdrückliche Zusatzvereinbarung sinnvoll, dass das schweizerische Recht anwendbar sein soll unter Ausschluss des «Wiener Kaufrechts» (Übereinkommen der Vereinten Nationen über Verträge betreffend den internationalen Warenverkauf vom 11. April 1980). 13

Die Anwendung des VSGU-Vertrags rechtfertigt sich aber auch dann, wenn der Besteller Ausländer ist und der Bauplatz in der Schweiz liegt. So sind auch in diesen Fällen beispielsweise Vertragsbestimmungen zum schweizerischen Bauhandwerkerpfandrecht nötig. Für Schweizer Generalunternehmer, die im Ausland aktiv sind, verhilft die Wahl des VSGU-Vertrags zum Vorteil, dass einheimisches Recht für Bauplätze im Ausland anwendbar wird. Da der VSGU-Vertrag internationalen Standards entspricht, kann er auch für ausländische Baustellen mit ausländischen Parteien in Verbindung mit der Vereinbarung einer schweizerischen Schiedsgerichtsbarkeit empfohlen werden. Die Ausführlichkeit der AVB fördert die Klarheit der 14

A. Rechtsgrundlagen

Vertragsgrundlagen insbesondere auch für ausländische Vertragsparteien, die sich auf neutrales Recht und wegen der Neutralität der Schweiz auf die schweizerische Schiedsgerichtsbarkeit beziehen wollen.

15 Für internationale Verhältnisse ist eine ausdrückliche Vereinbarung zugunsten des schweizerischen Rechts in der Vertragsurkunde zu empfehlen. Zwar ist bereits aufgrund der vertraglichen Bestimmungen mit alleinigem Bezug auf schweizerisches Recht und schweizerische Normen sowie aufgrund der Tatsache, dass der Vertrag eines schweizerischen Verbandes gewählt worden ist, eine ausdrückliche Vereinbarung der Parteien zugunsten schweizerischen Rechts anzunehmen (ein hypothetischer, lediglich durch Vertragsauslegung ermittelter Vertragswille genügt nicht, Art. 116 Abs. 2 IPRG). Allfällige Behauptungen gegenteiliger mündlicher Vereinbarungen können jedoch nicht ohne weiteres entkräftet werden. Der Beweis einer ausdrücklichen Wahl des schweizerischen Rechts fällt ohne schriftliche Vereinbarung umso schwerer, wenn beide Parteien und auch der Bauplatz ausländisch sind. Im Falle einer fehlenden Rechtswahl gelten die Regeln der objektiven Anknüpfung des internationalen Privatrechts (vgl. Wirth/Grawehr, S. 324 ff.).

Der Generalunternehmer-Werkvertrag

16 Der Generalunternehmervertrag ist ein Werkvertrag im Sinne von Art. 363 OR (BGE 114 II 55 und die herrschende Lehre, abweichend EGV-SZ 1987 Nr. 19 und 1998 Nr. 30). Ein Generalunternehmer-Werkvertrag liegt auch vor, wenn der Generalunternehmer sämtliche Bauarbeiten an Subunternehmer weitervergibt (beim Generalunternehmer wird vermutet, dass er das Werk teilweise oder ganz nicht persönlich i.S.v. Art. 364 Abs. 2 OR ausführt, BGE 94 II 162). Der Totalunternehmer, der ein Bauwerk projektiert und realisiert, untersteht ebenfalls einheitlich dem Werkvertragsrecht (BGE 114 II 54).

17 Der Werkvertrag wird in Art. 363–379 OR geregelt. Es handelt sich um eine sehr kurze Regelung für einen im Rechtsleben besonders bedeutenden Vertragstypus. Dies führt dazu, dass sich eine Vielzahl von Publikationen mit diesem Vertrag auseinander gesetzt haben (als Standardwerk sei zu erwähnen: Peter Gauch, Der Werkvertrag, 4. A., Zürich 1996) und eine umfangreiche Rechtsprechung zu diesem Vertragstyp entwickelt wurde.

18 Die gesetzliche Regelung des Werkvertrags gilt nur subsidiär, d.h. wenn die Parteien keine anderslautende Vereinbarung getroffen haben. Art. 363 ff. OR enthalten keine zwingenden Bestimmungen (zu Art. 377 OR vgl. N. 628). Der

Inhalt eines Werkvertrags kann daher innerhalb der Schranken des Gesetzes grundsätzlich frei festgelegt werden (Art. 19 Abs. 1 OR).

Das obligationenrechtliche Vertragsverhältnis des Generalunternehmervertrags steht im Umfeld weiterer gesetzlicher Bestimmungen. Hinsichtlich der Haftung sind beispielsweise das Produktehaftpflichtgesetz sowie verschiedene Haftungsnormen des ZGB von Bedeutung (z.B. Art. 684 ZGB betreffend Immissionen, vgl. im Übrigen Ziff. 1.2 AVB). Bei Vertragsabschlüssen mit öffentlichen Bauherrschaften ist insbesondere die Submissionsgesetzgebung zu berücksichtigen (Binnenmarktgesetz, Bundesgesetz über das öffentliche Beschaffungswesen, das Konkordat der Kantone zum öffentlichen Beschaffungswesen usw.). 19

Wesentliche Vertragspunkte des Werkvertrags

Ein Vertrag kommt nur zustande, wenn sich die Parteien über alle wesentlichen Punkte geeinigt haben (Art. 2 Abs. 1 OR). Wesentliche Leistung beim Werkvertrag ist einerseits die *Herstellung eines Werks und dessen Ablieferung*. Unter den Begriff der Herstellung fallen auch die Veränderung und die Erhaltung eines Werks. 20

Als vertragstypische Gegenleistung anderseits schuldet der Besteller eine *Vergütung*. Die Begriffe der Vergütung, des Werklohns und des Werkpreises haben die gleiche Bedeutung. Wurde die unentgeltliche Herstellung eines Werks vereinbart, ist der Vertrag nicht als Werkvertrag zu qualifizieren. Bisweilen wird ein solcher Vertrag als einfacher Auftrag oder als gesetzlich nicht geregelter Vertrag gewürdigt (Gauch, Werkvertrag, N. 115). Ist nach den Umständen eine Leistung nur gegen Vergütung zu erwarten, spricht eine natürliche Vermutung dafür, dass eine Vergütung zumindest stillschweigend vereinbart worden ist (Gauch, Werkvertrag, N. 112). 21

Nicht wesentlich ist die *Höhe der Vergütung*. Es ist daher zwischen Werkverträgen mit und ohne Preisvereinbarung zu unterscheiden (vgl. zum Ganzen: Rainer Schumacher, Die Vergütung im Bauwerkvertrag, Freiburg 1998). Ist die Höhe des Werkpreises nicht von vornherein festgelegt, bestimmt sich die Vergütung nach Massgabe des Werts der Arbeit und der Aufwendungen des Unternehmers (Art. 374 OR; vgl. N. 239). 22

Typische Leistung beim Werkvertrag ist die Herstellung eines Werks. Das Werk i.S.v. Art. 363 OR ist ein *bestimmter Arbeitserfolg*. Der Unternehmer schuldet nicht nur eine Arbeitsleistung im Sinne eines «Werkens», sondern 23 auch ein Arbeitsergebnis. Der Arbeitserfolg ist häufig ein körperliches Werk (z.B. ein Möbel, ein Haus usw.). Darunter fällt auch die Arbeit an einer Sache (z.B. Reparatur eines Autos). Auch die Herstellung von Bauplänen durch einen Architekten wird beispielsweise vom Werkvertragsrecht erfasst. Der Arbeitserfolg kann sodann unkörperlich sein (BGE 109 II 34 für die Vermessungsarbeit eines Geometers). Auch reine Geist-Werkverträge können unter Art. 363 ff. OR fallen (Gauch, Werkvertrag, N. 45, verlangt ein gewisse Körperlichkeit des Werks, ablehnend BGE 112 II 46 für den Musikantenvertrag). Die Abgrenzung zwischen einem körperlichen und einem geistigen Werk ist fliessend, da jeder Arbeitserfolg eine geistige Leistung mitbedingt. Selbst das Fehlen eines objektiven Massstabs zur Beurteilung des Arbeitserfolgs spricht nicht gegen das Vorliegen eines Werks. So ist die eingeschränkte Prüfungsmöglichkeit eines Kunstwerks und eine damit verbundene Einschränkung der Mängelrechte kein Grund dafür, die werkvertraglichen Bestimmungen nicht anzuwenden (BGE 115 II 54). Differenziert zu betrachten ist gemäss einem neueren Bundesgerichtsentscheid (BGE 127 III 328) die Erstellung eines Gutachtens. So soll Werkvertragsrecht nur dann anwendbar sein, wenn es sich um die Erstellung eines technischen Gutachtens handelt, welches nach objektiven Kriterien überprüft und als richtig oder falsch qualifiziert werden kann. Auftragsrecht soll dagegen anwendbar sein, wenn objektive Kriterien für die Beurteilung der Richtigkeit des Gutachtensergebnisses fehlen. Ein Gutachten über den Verkehrswert einer Liegenschaft wurde vom Bundesgericht als Auftrag qualifiziert.

24 Übernimmt der Unternehmer zusätzlich die Pflicht, den Werkstoff zu liefern, ist ebenfalls Werkvertragsrecht anwendbar (*Werklieferungsvertrag*, BGE 117 II 274), einzig die Rechtsgewährleistung richtet sich nach Kaufrecht (Art. 365 Abs. 1 OR). Das Wiener Kaufrechtsübereinkommen (SR 0.221.211.4) gilt auch für Werklieferungsverträge. Die Abgrenzung zwischen Werklieferungsvertrag und Kauf mit Montagepflicht richtet sich nach dem Verhältnis zwischen Arbeits- und Sachleistung. Bei Gleichwertigkeit der Leistungen liegt ein gemischter Vertrag vor. Der Werklieferungsvertrag unterscheidet sich vom Kauf einer künftigen Sache dadurch, dass der Unternehmer verpflichtet ist, die Sache herzustellen, und der Besteller allenfalls befugt ist, auf den Arbeitsprozess Einfluss zu nehmen oder die Nachbesserung der mangelhaften Sache zu verlangen (Honsell/Vogt/Wiegand, Art. 363 OR, N. 21 ff.).

25 Ein *gemischter Kauf-/Werkvertrag* liegt vor, wenn der Generalunternehmer dem Besteller gleichzeitig auch das Bauland verkauft. Dieser Vertrag, der

mit der Pflicht des Verkäufers verbunden ist, auf dem Grundstück ein Gebäude zu errichten oder darauf stattfindende Bauarbeiten fortzusetzen, ist vom Kaufvertrag betreffend ein Grundstück mit Gebäude zu unterscheiden. Beim gemischten Kauf-/Werkvertrag wird die kaufrechtliche Leistungspflicht mit der typischen Herstellungspflicht des Werkvertrags verschmolzen. Die Auffassung, wonach ein Kaufvertrag über eine künftige Sache vorliege, wenn die vereinbarte Pauschalsumme auch den Preis für das Land umfasse (BGE 94 II 162), wird zu Recht abgelehnt (Gauch, Werkvertrag, N. 231 f.; falls das Gebäude nach dem Eigentumsübergang des Landes erstellt wird, kann als Folge des Akzessionsprinzips das Kaufvertragsrecht ohnehin nicht zur Anwendung gelangen). Nach dem Willen der Parteien dürften die werkvertraglichen Regeln bei gemischten Kauf-/Werkverträgen grundsätzlich auch für Gebäudeteile anzuwenden sein, die bei Vertragsabschluss bereits erstellt waren.

Ziff. 1.2

Der Generalunternehmer ist verpflichtet, die zwingenden gesetzlichen Vorschriften sowie die behördlichen Verordnungen, welche am Ort des Bauvorhabens gelten, zu befolgen und insbesondere alle Vorschriften, Bedingungen und Auflagen der Baubewilligung sowie der übrigen behördlichen und polizeilichen Bewilligungen und Verfügungen einzuhalten.

Diese Bestimmung bezieht sich auf das *öffentliche Baurecht im weitesten Sinne*, das grundsätzlich zwingender Natur ist. 26

Zu beachten sind die öffentlichrechtlichen Vorschriften aller Stufen des Staatswesens. Die öffentlichrechtlichen, raumrelevanten Vorschriften sind umfassend und betreffen den Wald, die Landwirtschaft, das Gewässer, die Fischerei usw. Auf Bundesebene gilt dies insbesondere für das Raumplanungsgesetz, das Umweltschutzgesetz und das Natur- und Heimatschutzgesetz. Auf kantonaler Stufe stehen die Planungs- und Baugesetze einschliesslich der kantonalen Richt- und Nutzungspläne im Vordergrund, ferner die Einführungsvorschriften zum Umweltschutzgesetz des Bundes sowie kantonale Schutzverordnungen und Brandschutzbestimmungen. Auf Gemeindeebene sind die kommunale Bau- und Zonenordnung, ferner kommunale Schutzverordnungen usw. zu berücksichtigen. Ein vertragskonformes Werk hat zudem die individuell-konkreten Verfügungen von Behörden (z.B. Auflagen in Baubewilligung) zu beachten. 27

A. Rechtsgrundlagen

28 Das geschuldete Werk wird durch die öffentlichrechtlichen Rahmenbedingungen mitbestimmt, da der Bauherr ein Werk erwartet, das den öffentlichrechtlichen Vorschriften entspricht. Im Hinblick auf pauschalierte Preise bedeutet dies grundsätzlich, dass die Kosten von Massnahmen, die für die Einhaltung des öffentlichen Rechts erforderlich sind, zulasten des Generalunternehmers gehen. Vorbehalten bleiben besondere Bestimmungen wie diejenigen betreffend die Beseitigung von Altlasten (vgl. Ziff. 13.1 AVB) oder die notwendigen Änderungen im Sinne von Ziff. 20 AVB.

29 Die vertragliche Leistungspflicht, das öffentliche zwingende Recht einzuhalten, ist mit der Vereinbarung zu präzisieren, welches Datum für den Geltungsbereich und den Umfang des öffentlichen Rechts massgebend sei. Ziff. 5.1.2 Vurk sieht vor, dass die Parteien einen frei gewählten Stichtag zu bestimmen haben. In diesem Zusammenhang ist darauf hinzuweisen, dass die AVB betreffend notwendige Änderungen im Sinne von Ziff. 20 AVB ohne anderweitige Vereinbarung vom Datum des Vertragsabschlusses ausgehen (Ziff. 20.1 Abs. 1 AVB). Respektiert das Werk die am Stichtag geltenden gesetzlichen Bestimmungen und behördlichen Verfügungen, liegt kein rechtlicher Mangel vor, denn der Vertrag ist vereinbarungsgemäss erfüllt, auch wenn spätere Gesetzesvorschriften beispielsweise im Zeitpunkt der Ingebrauchnahme die Benützung des Werks verhindern oder beschränken. Allerdings hat der Generalunternehmer gemäss Ziff. 20.2 AVB die Pflicht, den Bauherrn über Gesetzesänderungen zu orientieren, damit notwendige Änderungen rechtzeitig vorgenommen werden können.

30 Vom genannten Stichtag gemäss Ziff. 5.1.2 Vurk zu unterscheiden ist der Zeitpunkt der Baueingabe als massgeblicher Stichtag für die dannzumal geltenden technischen Bedingungen der einschlägigen Normen gemäss Ziff. 2.2.2 Vurk (vgl. dazu Ziff. 2.2.2 AVB). Werden die technischen Bedingungen von Normen in öffentlichrechtlichen Gesetzen und Verfügungen erwähnt, ist zu prüfen, ob diese kraft Verweis als zwingendes öffentliches Recht gelten. Falls dies zu bejahen ist, gilt der Stichtag gemäss Ziff. 5.1.2 Vurk.

31 Im Hinblick auf Ziff. 2.2.2 Vurk wäre als Stichtag gemäss Ziff. 5.1.2 Vurk das Datum der Baueingabe insoweit sinnvoll, als damit eine zeitlich einheitliche Regelung vereinbart würde. Für Bauwerke drängt sich primär ein Datum auf, das möglichst mit dem Zeitpunkt der Rechtskraft der Baubewilligung und einer allfälligen Umweltverträglichkeitsprüfung gemäss Art. 9 USG zusammenfällt, denn diese verwaltungsrechtlichen Entscheide bestimmen die wesentlichen öffentlichrechtlichen Aspekte eines Bauwerks (Bauvolumen, Nut-

zungsweise, Grösse der Zufahrten, Anzahl der Parkplätze usw.). Falls separate Betriebsbewilligungen erforderlich sind, wie etwa bei einer Deponie, kann eine Aufteilung der Stichdaten für gesonderte Rechtsgebiete sinnvoll sein.

Verletzt das Werk zwingendes öffentliches Recht, leidet es allenfalls an einem *rechtlichen Mangel* (Gauch, Werkvertrag, N. 1462), wofür der Generalunternehmer im Sinne der Mängelhaftung gemäss Ziff. 34 AVB haftet. Rechtliche Mängel aufgrund von Gesetzesverletzungen oder Verstössen gegen Verfügungen können allenfalls mit Rechtsmitteln und nach Ablauf der Rechtsmittelfristen mittels Wiedererwägungsgesuch geheilt werden. Während der Bauphase kommen notwendige Änderungen im Sinne von Ziff. 20 AVB in Frage, sofern es sich um öffentliches Recht handelt, das erst nach dem vertraglichen Stichtag (Ziff. 5.1.2 Vurk, Ziff. 20.1 AVB) in Kraft getreten ist. 32

2. Vertragsbestandteile

Ziff. 2.1

Die Vertragsbestandteile sowie die Rangordnung ihrer Gültigkeit sind im Vertrag festzulegen.

Allgemeines

Der Generalunternehmervertrag des VSGU besteht formell aus der Vertragsurkunde und den Allgemeinen Vertragsbedingungen. Diese zwei Vertragsteile werden durch Vertragsbeilagen ergänzt, die in der Vertragsurkunde zu bezeichnen sind. 33

Der VSGU-Vertrag umfasst in seiner ordentlichen Ausgestaltung die Vertragsurkunde inklusive der separat bestimmten Ziff. 4 betreffend den Werkpreis, die allgemeinen Vertragsbedingungen, die Vertragsbestandteile gemäss Ziff. 2.1 Vurk und die weiteren ergänzenden Vertragsbestandteile gemäss Ziff. 2.2 Vurk. 34

In der *Vertragsurkunde* (Vurk) werden das Werk und der Werkpreis bestimmt. Vertragsgegenstand ist regelmässig die Erstellung eines Bauwerks gemäss einer Baubewilligung (Ziff. 1.1 Vurk). Für die Preisgestaltung stehen fünf Varianten von Werkpreisbestimmungen in einer gesonderten Dokumentation der Ziff. 4 Vurk zur Auswahl (Globalpreis, Pauschalpreis, 35

A. Rechtsgrundlagen

offene Abrechnung, offene Abrechnung mit Kostendach einschliesslich Bauteuerung und offene Abrechnung mit Kostendach ausschliesslich Bauteuerung).

36 In der Vertragsurkunde wird auf weitere Dokumente verwiesen, die das Bauwerk und den übrigen Vertragsinhalt näher umschreiben. Zu diesen in Ziff. 2.1 Vurk als «*Vertragsbestandteile*» bezeichneten weiteren Unterlagen gehören der Baubeschrieb, die Vertragspläne, die Leistungstabelle des Generalunternehmers, die Termine, die Projektorganisation des Bauherrn und des Generalunternehmers, die Bezeichnung allenfalls vorbestimmter Subunternehmer usw.

37 Als «*weitere ergänzende Vertragsbestandteile*» gelten gemäss Ziff. 2.2 Vurk die unabhängig vom konkret vereinbarten Bauwerk subsidiär anwendbaren Normen und die Bestimmungen des OR.

38 Die *allgemeinen Vertragsbedingungen* (AVB) sind vollständig vorformuliert. Sie sind in 40 Ziffern umschrieben und in neun Kapitel unterteilt (Rechtsgrundlagen, Projektorganisation, Vertragsunterlagen, Preisbestimmung, Änderungen, Bauausführung, Zahlungen, Bauabnahme und Garantie, Schlussbestimmungen).

Vertragsbestandteile

39 Der *Baubeschrieb* ist gemäss Ziff. 2.1.1 Vurk Vertragsbestandteil. Er ist in Ziff. 9 AVB ausführlich definiert und hat bei Vertragsabschluss vorzuliegen. In der Praxis wird er indessen oft erst später erstellt (vgl. auch Ziff. 8.2 lit. a AVB). Insbesondere wenn der Baubeschrieb erst nach Vertragsabschluss fertiggestellt wird, können bei pauschalierten Werkpreisen Differenzen darüber entstehen, ob eine gewisse Leistung in der Werkpreispauschale inbegriffen ist oder nicht. Anders gesagt kann Streitgegenstand sein, ob eine Änderung im Sinne der Ziff. 20 ff. AVB vorliegt. Diese Frage kann nur klar beantwortet werden, wenn ein ausführlicher und möglichst lückenloser Baubeschrieb die vertragliche Ausgangslage definiert. Ein einwandfreier Baubeschrieb im Zeitpunkt des Vertragsabschlusses erhöht deshalb die Rechtssicherheit in hohem Masse. Ein genauerer Baubeschrieb gibt dem Generalunternehmer insbesondere die Möglichkeit, das Bestellungsänderungsregime konsequent durchzusetzen. Danach soll vom Vertrag nur abgewichen werden, wenn eine schriftliche Vertragsänderung vorliegt. Kommt die Vertragsänderung beispielsweise als Folge von Differenzen über Mehr- und Minderkosten nicht zustande, kann der Generalunternehmer die Erstellung des Werkes gemäss

Baubeschrieb fortsetzen. Ist der Baubeschrieb jedoch ungenau, kann unklar sein, welche Ausführung geschuldet ist. In diesem Fall ist eine Einigung der Parteien erforderlich oder beide Parteien laufen das Risiko, dass der Richter später gegen die eine oder andere Partei entscheidet.

Die *Vertragspläne* gemäss Ziff. 2.1.2 Vurk sind in Ziff. 10 AVB näher beschrieben. Nach Abschluss des Generalunternehmervertrags erstellte Pläne sind keine Vertragspläne im Sinne von Ziff. 10 AVB (vgl. N. 187 zu Ziff. 10.1 AVB). Soweit den Vertragsplänen funktionaler Charakter zukommt, ist deren Rangfolge vor dem Baubeschrieb für den Bauherrn von Vorteil. 40

Die *Leistungstabelle* ist in Ziff. 2.1.3 Vurk zu bezeichnen. Die Leistungstabelle nennt alle Planungs- und Koordinationsleistungen und ordnet diese dem Generalunternehmer oder dem Bauherrn zu. Sie ist relevant für die Aufteilung der Teilleistungen und Honorare zwischen den Beauftragten des Bauherrn und des Generalunternehmers (vgl. Ziff. 6.3 Vurk). Sie dient der Planungs- und Ausführungskoordination. Zusammen mit dem Bauprogramm gibt sie auch Anhaltspunkte für Lösungen bei Vertragsstörungen. Beispielsweise kann sie bei einer vorzeitigen Beendigung des Vertragsverhältnisses mit einer Pauschalpreisvereinbarung Aufschluss über den geschuldeten Werkpreisanteil geben. 41

Das *Bauprogramm* ist in Ziff. 2.1.4 Vurk zu bezeichnen. Es ist in Ziff. 24 AVB näher geregelt. Ohne ausdrückliche Vereinbarung hat das Bauprogramm grundsätzlich keine verbindliche Wirkung (vgl. Ziff. 24.1 AVB und Ziff. 3 Vurk). Es dient der Koordination der Arbeiten. Bei Bauverzögerungen kann es unabhängig von der Verbindlichkeit der angegebenen Termine Hinweise auf das Verschulden der Beteiligten geben. Das Bauprogramm steht im Übrigen in einem Zusammenhang mit dem Zahlungsplan, welcher bei Bauverzögerungen dem neuen Bauprogramm anzupassen ist (vgl. Ziff. 31.1 AVB). 42

Der *Zahlungsplan* ist in Ziff. 2.1.5 Vurk zu definieren. Es empfiehlt sich, den Zahlungsplan derart auf das Bauprogramm abzustimmen, dass beispielsweise auch gestützt auf die Verwendung derselben Begriffe eine widerspruchslose Verknüpfung zwischen dem Bauprogramm und dem Zahlungsplan gewährleistet ist. Der Zusammenhang von Zahlungsplan und Bauprogramm kommt in den Ziff. 23.5 und 31.1 AVB zum Ausdruck. Das Recht auf Zahlungsrückbehalt ist in Ziff. 31.3 AVB geregelt. 43

Neben einem allfälligen *geologischen Gutachten* (Ziff. 2.1.6 Vurk) können weitere Vertragsbestandteile vereinbart werden. Vertragsbestandteile wie ein 44 geologisches Gutachten sind nicht Vertragsinhalte im engeren Sinne, sondern Vertragsgrundlagen, die im Hinblick auf das Vertrauensprinzip bei der Vertragsauslegung massgebend sein können. Das Verhältnis zwischen einem geologischen Gutachten und der Regelung betreffend die Übernahme des Baugrundrisikos ist durch Auslegung zu ermitteln. Dies gilt beispielsweise für den Fall, da der Generalunternehmer entgegen Ziff. 13.1 AVB das Baugrundrisiko in Kenntnis eines vorliegenden geologischen Gutachtens übernommen hat.

45 Oft werden als Vertragsbestandteil des Generalunternehmervertrags auch die neuesten Ausgaben des *Baukostenplans* (BKP) und der *Normpositionenkataloge* (NPK), herausgegeben von der Zentralstelle für Baurationalisierung (CRB), vereinbart. Es ist indessen nicht ersichtlich, welche vertraglich geschuldeten Leistungen aus diesen Katalogen abgeleitet werden können.

46 In der Praxis werden sehr oft die *Submissionsunterlagen* des Bauherrn integral als Vertragsbestandteil übernommen. Sodann werden ebenfalls die nachfolgenden *Korrespondenzen* zwischen den Parteien dazu als Vertragsbestandteile vereinbart. Dabei kommt es vor, dass in dieser Übernahme auch allgemeine Vertragsbedingungen des Generalunternehmers oder seiner Subunternehmer enthalten sind. Dies kann zu grossen Unklarheiten und unlösbaren Widersprüchen führen. Bei der Vertragsredaktion ist daher zu beachten, dass allfällige Widersprüche bereinigt werden. Der hiefür erforderliche Aufwand wird in der Praxis oft unterschätzt.

47 Sämtliche Vertragsbestandteile sind mit einem Datum zu versehen. Dies wird in der Praxis oft unterlassen, so dass später unklar ist, welche Version eines Dokuments Vertragsbestandteil geworden ist. Sinnvollerweise entspricht die Liste der Vertragsbestandteile auch dem Verzeichnis der Vertragsbeilagen am Ende der Vertragsurkunde.

48 Bei den Vertragsbestandteilen gemäss Ziff. 2.1.1 bis 2.1.7 Vurk bzw. Ziff. 2.1 AVB handelt es sich um Vereinbarungen, welche sich von den weiteren ergänzenden Vertragsbestandteilen im Sinne von Ziff. 2.2 Vurk bzw. 2.2 AVB dadurch unterscheiden, dass sie das konkrete, Gegenstand des Generalunternehmervertrags bildende Bauwerk umschreiben und keine allgemeinen Regeln der Baukunde bzw. subsidiär geltende Gesetzesbestimmungen wiedergeben.

Mangelhafte Vertragsbestandteile

49 Die vorstehend genannten und allenfalls weitere Vertragsbestandteile umschreiben das geschuldete Werk. Sind die Vertragsbestandteile im Hinblick

auf das zu erstellende Bauwerk fachlich falsch, unbrauchbar oder inadäquat, so stellt sich die Frage, welche Vertragspartei dafür einzustehen hat. Soweit der Generalunternehmer selbst die Vertragsbestandteile erstellt hat, haftet er für diese auch. Andernfalls hat der Bauherr dafür selbst einzustehen. Dieses Risiko kann er dem Generalunternehmer mit der Vereinbarung überwälzen, dass dieser bestätigt, sämtliche Vertragsbestandteile zur Kenntnis genommen zu haben, mit diesen einverstanden zu sein, sich über die Art und den Umfang der Arbeiten und über die örtlichen Verhältnisse, insbesondere des Grundstücks, der Umgebung und der Nachbarn eingehend orientiert zu haben, und auf spätere Einwendungen, die Vertragsbestandteile seien ungenügend oder mangelhaft bzw. er sei unzulänglich aufgeklärt worden, zu verzichten.

AVB

Die AVB des VSGU sind das *Regelwerk eines Verbandes* und haben wie auch die SIA-Norm 118 keine allgemeine Verbindlichkeit im Sinne eines Gesetzes oder einer Verordnung, sondern gelten nur, soweit sie von den Vertragsparteien rechtsgeschäftlich übernommen worden sind (vgl. BGE 118 II 295 ff.). Allgemeine Vertragsbestimmungen sind vertragliche Regelungen, die im Hinblick auf eine Vielzahl von Verträgen eines bestimmten «Typs» generell vorformuliert wurden (Gauch/Schluep/Schmid/ Rey, N. 1118). Allgemeine Vertragsbestimmungen werden im Werkvertragsrecht sehr häufig vereinbart (SIA-Norm 118, Allgemeine Geschäftsbedingungen eines Unternehmers). Haben die Parteien individuelle Abreden getroffen, so gehen diese der Regelung in den AVB vor (BGE 123 III 44, mit Hinweisen).

50

AVB sind grundsätzlich nur dann gültig, wenn sie von den Vertragsparteien übernommen wurden. Die *Übernahme der AVB* erfolgt nach den allgemeinen obligationenrechtlichen Grundsätzen von Offerte und Akzept. Die Übernahme kann ausdrücklich oder auch stillschweigend erfolgen. Eine «Globalübernahme» liegt vor, wenn eine Partei den Inhalt der AVB vertraglich übernimmt und diesen entweder nicht zur Kenntnis nimmt oder nicht überlegt und versteht (Gauch/Schluep/Schmid/Rey, N. 1130). Zulasten einer Partei, welche die AVB global übernommen hat, erlangen diese somit nur Geltung, wenn sie die Möglichkeit hatte, sich in zumutbarer Weise Kenntnis vom Inhalt der AVB zu verschaffen (Gauch/Schluep/Schmid/Rey, N. 1140). Es ist daher zu empfehlen, AVB möglichst der Vertragsurkunde beizuheften. Eine Bestimmung der AVB, welche global übernommen wurden, erlangt keine Gültigkeit, wenn sie ungewöhnlich ist und die global zustimmende Partei mit dieser Bestimmung nicht gerechnet hat und aus ihrer Sicht zur

51

Zeit des Vertragsabschlusses vernünftigerweise auch nicht rechnen musste (Gauch/Schluep/Schmid/Rey, N. 1141). Diese Einschränkung wird *Ungewöhnlichkeitsregel* genannt. Keine Geltung erlangen AVB, wenn sie gegen zwingende Vorschriften des Gesetzes oder sonstige Schranken des Gesetzes verstossen (Art. 19 Abs. 2 OR). Die einzelnen Bedingungen sind nach Art. 8 UWG ungültig, wenn sie in irreführender Weise zum Nachteil einer Vertragspartei von der unmittelbar oder sinngemäss anwendbaren gesetzlichen Ordnung erheblich abweichen oder eine der Vertragsnatur erheblich widersprechende Verteilung von Rechten und Pflichten vorsehen.

52 Werden AVB übernommen, so gelten sie als *Bestandteil eines konkreten Einzelvertrags* und sind daher individuell anhand der Umstände des Einzelfalls auszulegen (BGE 122 III 121), obwohl die AVB für eine Vielzahl von Anwendungsfällen formuliert sind. Die Entstehungsgeschichte der AVB oder die Ansichten der Vertragskommission des VSGU sind für die Auslegung der AVB deshalb bedeutungslos. Ist eine Bestimmung unklar und führt auch die Auslegung nicht zu einer Klärung, so ist im Zweifel diejenige Bedeutung vorzuziehen, die für den Verfasser der auszulegenden Bestimmung ungünstiger ist. Diese Auslegungsregel nennt man *Unklarheitsregel* (Gauch/Schluep/Schmid/Rey, N. 1231 f.). Hat eine Partei den Vertragstext nicht selber verfasst, aber die Verwendung der AVB vorgeschlagen, so ist sie gleich zu behandeln wie der Verfasser. Dies rechtfertigt sich aber nur, wenn der vorgeschlagene Text nicht im Interesse der Gegenpartei oder von der Gegenpartei selber verfasst wurde oder beide Parteien zum fraglichen Text in gleicher Beziehung stehen bzw. es lediglich vom Zufall abhing, welche Partei die Verwendung des Texts vorschlug (Gauch/Schluep/Schmid/Rey, N. 1234). Die Unklarheitsregel kommt dann nicht zur Anwendung, wenn die AVB von beiden Parteien durchberaten worden sind (Gauch, Kommentar, SIA-Norm 118, Art. 38-156, Einleitung N. 34).

Rangordnung der Vertragsbestandteile

53 Komplexe Verträge wie der VSGU-Vertrag mit mehreren Vertragsbestandteilen, die in separaten Dokumenten festgehalten werden können, benötigen eine Regelung betreffend die Rangordnung der Vertragsbestandteile (Widerspruchsregel, vgl. Gauch, Werkvertrag, N. 303 ff.). Gemäss Ziff. 2.1 AVB ist die Rangordnung der Vertragsbestandteile in der Vertragsurkunde festzulegen. Der VSGU-Vertrag sieht die in den folgenden Noten beschriebene Systematik der Rangordnung zur Vermeidung von Widersprüchen vor. Individuelle Abreden gehen allerdings auch diesbezüglich vor.

Das Verhältnis zwischen der Vertragsurkunde und den AVB ist nicht ausdrücklich bestimmt. Grundsätzlich geht der Inhalt der (spezielleren) Vertragsurkunde den AVB vor, soweit die AVB nicht im Rahmen individueller Abreden abgeändert worden sind. Individuelle Abreden gehen auch der Vertragsurkunde vor. Ob eine individuelle Abrede zustande gekommen ist, hat derjenige zu beweisen, der daraus Rechte ableiten will (Art. 8 ZGB; vgl. N. 44 und N. 220 zum Verhältnis zwischen einem geologischen Gutachten und der Regelung betreffend die Übernahme des Baugrundrisikos).

54

Ziff. 2.1.1–2.1.7 Vurk nennen die folgenden «Vertragsbestandteile» im Sinne von Ziff. 2.1 AVB und definieren die Rangfolge mittels Aufzählung in dieser Reihenfolge: Baubeschrieb, Vertragspläne, Leistungstabelle, Bauprogramm, Zahlungsplan, geologische Gutachten und weitere Dokumente. Diese Rangordnung entspricht einer inhaltlichen Betrachtungsweise. Vorerst gelten die individuellen Umschreibungen des Werks (Baubeschrieb und Vertragspläne, vgl. N. 39 f.), sodann die dazugehörigen Nebenleistungen bzw. Rahmenbedingungen. Für die Rangfolge der individuellen Vertragsbestandteile gelten somit beispielsweise nicht das Alter der Dokumente oder deren Detaillierungsgrad. Letzteres Kriterium gilt lediglich bei allfälligen Widersprüchen zwischen verschiedenen Vertragsplänen (vgl. Ziff. 10.2 AVB; davon unterscheidet sich der SIA-Generalunternehmervertrag dadurch, dass er die primäre Geltung der funktionellen Anforderungen des Werks (dem Baubeschrieb vorgehend) statuiert, Art. 2 SIA-Generalunternehmervertrag).

55

Das Verhältnis der Baubewilligung zum Baubeschrieb und den durch die Baugenehmigung baurechtlich bewilligten Baueingabeplänen ist nicht ausdrücklich geregelt. Aus formeller Sicht geht die Baubewilligung den übrigen Vertragsbestandteilen vor, da sie in der Vertragsurkunde bereits in Ziff. 1 den Gegenstand des Generalunternehmervertrags bezeichnet. Von der Baubehörde verweigerte Bauteile werden demzufolge nicht zum Vertragsgegenstand, selbst wenn die Baueingabepläne als Vertragspläne bezeichnet worden sind. Dies kann allenfalls Auswirkungen auf den Werkpreis haben. Bei der Auslegung von Baubewilligungen ist zu beachten, dass Gegenstand der Baubewilligung nur das sein kann, was bewilligungsbedürftig ist. Baueingabepläne und Baubewilligungen lassen somit insoweit keine Rückschlüsse auf den Vertragsinhalt zu, als nicht bewilligungspflichtige Werkteile strittig sind.

56

Aufgrund der subsidiären Anwendbarkeit der SIA-Norm 118 gemäss Ziff. 2.2.1 AVB ist auch deren Widerspruchsregel gemäss Art. 21 SIA-Norm 118

57

zu beachten, soweit diejenige der AVB nicht vorgeht. Beispielsweise ist die Unterscheidung zwischen den technischen Normen des SIA und anderer Verbände (vgl. Art. 21 Ziff. 5 b) und c) SIA-Norm 118) gemäss Ziff. 2.2.2 Vurk bzw. AVB nicht zu beachten. Die subsidiäre Geltung von Art. 21 SIA-Norm 118 ist zudem insoweit beschränkt, als dessen Inhalt nicht zu Generalunternehmerverträgen passt. So dürfte sich beispielsweise das Problem sich widersprechender Ausschreibungsunterlagen nicht stellen, da dieses lediglich zwischen dem Generalunternehmer und seinen Subunternehmern relevant ist (zur Widerspruchsregel gemäss Art. 21 SIA-Norm 118 vgl. im übrigen Gauch, Werkvertrag, N. 309 ff.).

Ziff. 2.2

Weitere ergänzende Vertragsbestandteile sind, soweit sie vorgenannten Dokumenten nicht widersprechen:

Ziff. 2.2.1

Die SIA-Norm 118.

58 Die SIA-Norm 118 ist das Regelwerk eines privaten Vereins. Obwohl neben dem Schweizerischen Ingenieur- und Architektenverein auch Vertreter des Gemeinwesens an der Ausarbeitung der Norm teilgenommen haben, handelt es sich nicht um Gesetzesrecht (vgl. zum Ganzen Gauch, Werkvertrag, N. 262 ff.). Als Branchenbedingungen gelten sie auch nicht als Usanz (BGE 118 II 295 ff.). Um Vertragsinhalt zu werden, müssen sie daher von den Parteien in den Vertrag aufgenommen werden. Auch die SIA-Norm 118 unterliegt wie die AVB den Regeln der allgemeinen Geschäftsbedingungen (vgl. N. 50 ff. zu Ziff. 2.1 AVB). So kann beispielsweise auch bezüglich der SIA-Norm 118 die Unklarheitsregel angerufen werden (Gauch, Werkvertrag, N. 294).

59 Die SIA-Norm 118 wird global übernommen (vgl. N. 51 zu Ziff. 2.1 AVB). Die Bestimmung von Ziff. 2.2 AVB ist insoweit abschliessend, als alle Fragen nach der SIA-Norm 118 zu beantworten sind, die nicht in einer Vorschrift der AVB geregelt sind. Auf die ausdrückliche Wegbedingung einzelner (nicht passender) Bestimmungen wurde verzichtet. Die integrale Übernahme der SIA-Norm 118 schliesst jedoch nicht aus, dass auf den Generalunternehmervertrag nicht passende Bestimmungen keine Anwendung finden. Wieweit eine Vor-

schrift der SIA-Norm 118 nicht mit dem Rechtscharakter des Generalunternehmervertrags des VSGU vereinbar ist, ist durch Auslegung zu ermitteln.

Gemäss der Präambel der SIA-Norm 118 enthält die Norm Regeln betreffend Abschluss, Inhalt und Abwicklung von Verträgen über Bauarbeiten. Sie klärt die in diesen Verträgen gebräuchlichen Begriffe, bietet eine Übersicht über die einschlägigen Rechtsfragen und zeigt, gestützt auf praktische Erfahrung, wie diese gelöst werden können, in angemessener Berücksichtigung der beidseitigen Interessen. Die Norm soll den Abschluss und die Gestaltung der Verträge erleichtern. Auch soll sie bewirken, dass im Bauwesen möglichst einheitliche Vertragsbedingungen verwendet werden. Dadurch trägt sie zur Förderung des wirtschaftlichen Bauens bei. Grundlegende Abweichungen vom Werkvertragsrecht gemäss den Bestimmungen des Obligationenrechts (Art. 363 ff. OR) enthält die SIA-Norm 118 beispielsweise bezüglich der Mängelrügefrist (keine Sofortrüge in den ersten zwei Jahren nach Abnahme, Art. 173 SIA-Norm 118), bezüglich den Gewährleistungsansprüchen (primäres Nachbesserungsrecht des Unternehmers, Art. 169 SIA-Norm 118) und der Sicherstellung («Garantieschein» für Einheitspreisverträge, Art. 181 SIA-Norm 118).

60

Als Auslegungshilfe mag der Vergleich mit dem Mustervertrag von 1990 dienen, welcher folgende Vorschriften der SIA-Norm 118 als nicht anwendbar erklärte:

61

Art. 3 bis und mit Art. 7 (Abschluss des Werkvertrags)

Art. 19, 20 und 22 (Verhandlungen vor Vertragsabschluss)

Art. 28 bis und mit Art. 36 (Subunternehmer und Konsortien)

Art. 44 bis Art. 57 (Regiearbeiten)

Art. 60 Abs. 2 (Zuschläge für schlechte Witterung)

Art. 64 bis und mit Art. 82 (Teuerungsabrechnung)

Art. 94, 96.4, 99, 100, 102 (Fristerstreckung und Ausführungsunterlagen)

Art. 125 Abs. 2 und 3 (Vorbehalt von Baustelleneinrichtungen)

Art. 126 und 131 (Nebenunternehmer)

Art. 135 (Energie- und Transporteinrichtungen)

Art. 149 bis und mit Art. 152, 181 und 182 (Sicherheitsleistungen)

Verschiedene Artikel galten in abgeänderter Form (Art. 18 Abs. 2, 93 Abs. 1, 121, 127 Abs. 2, 145, 154 und 155 SIA-Norm 118).

A. Rechtsgrundlagen

Ziff. 2.2.2

Die zum Zeitpunkt der Baueingabe geltenden technischen Bedingungen übriger Normen, sofern sie ortsüblich und als Regeln der Bautechnik allgemein anerkannt sind.

62 In der Ausgabe 1992 stimmte der Text der AVB betreffend den Verweis auf übrige Normen nicht mit demjenigen der Vertragsurkunde (Ziff. 2.2.2 Vurk) überein. Dies ist in der Ausgabe 1995 korrigiert worden. Als ergänzende Vertragsbestandteile im Sinne von Ziff. 2.2.2 AVB galten nicht die «übrigen Normen», sondern lediglich die «technischen Bedingungen» übriger Normen.

63 Technische Bedingungen geben die Regeln der Baukunst wieder. Sie stehen damit im Gegensatz zu administrativen oder formellen Vorschriften wie beispielsweise Vorgaben über die Ausmassberechnungen usw. Ebenso wenig gelten andere allgemeine Vertragsbedingungen von Normen wie die Bedingungen über die Lieferung oder die Gewährleistung.

64 Verschiedene Normen enthalten teilweise Regelungen über die Wahl verschiedener Qualitätsstandards. Dies gilt insbesondere für die SIA-Norm 181 über den Schallschutz im Hochbau. Hier gelten die erhöhten Anforderungen nur dann, wenn dies vertraglich vereinbart ist. Eine ausdrückliche Regelung ist empfehlenswert. Aufgrund der Sachumstände wie beispielsweise beim qualitativ hochstehenden Wohnungsbau kann zwar allenfalls von einer stillschweigenden Vereinbarung ausgegangen werden (BGE 4C.267/2004 vom 23. November 2004), doch dient eine schriftliche Vereinbarung der Rechtssicherheit.

65 Allgemeine Bedingungen Bau (ABB; Swissconditions). Mit dem Beitritt der Schweiz zum Europäischen Komitee für Normung (CEN) entstand die Verpflichtung, die allgemein verbindlichen Prinzipien des CEN zu übernehmen. Die Schweiz hat sich entschlossen, statt die europäischen Normen zu übernehmen, die eigenen Normen zu überarbeiten. Nach den Prinzipien des CEN sind aber technische Vorschriften und vertragliche Bedingungen in getrennten Dokumenten darzustellen. Mit dem Projekt Swissconditions hat der Schweizerische Baumeisterverband (SBV) mit Partnern aus Verwaltung und Privatwirtschaft die Aufgabe in Angriff genommen, in einer neuen Normenreihe die vertraglichen Bedingungen festzulegen.

66 Neben den technischen Normen gibt es die 118er-Normenreihe. Sie umfasst die übergeordnete SIA-Norm 118 und die Allgemeinen Bedingungen Bau (ABB) der einzelnen Bauweisen. Zu beachten sind folgende ABB: SIA

118/262 (Betonbau), SIA 118/263 (Stahlbau), SIA 118/265 (Holzbau), SIA 118/266 (Mauerwerk), SIA 118/267 (Geotechnik), SIA 118/198 (Untertagbau). In einer weiteren Phase sollen auch ABB in den Bereichen Gebäudehülle, Gebäudeausbau und Gebäudetechnik geschaffen werden.

Wird auf die Einhaltung bestimmter technischer Normen besonderen Wert gelegt oder sollen diese im Hinblick auf die Umschreibung des vertraglich geschuldeten Werks zweifelsfrei festgehalten werden, so empfiehlt es sich, diese Normen bei den Vertragsbestandteilen explizit aufzuzählen. Der generelle Verweis auf alle geltenden Normen ist problematisch. Zum einen ist der Verweis allenfalls zu unpräzise, um im Einzelfall bestimmen zu können, ob eine Norm vertraglich übernommen worden ist. Zum anderen erscheint fraglich, ob eine völlig offene Übernahme aller Normen, von welchen die Parteien allenfalls nicht im Ansatz Kenntnis haben, rechtsverbindlich vereinbart werden kann. Aus den genannten Gründen ist es beispielsweise sinnvoll, die SIA-Norm 331 (Fenster) oder die SIA-Norm 253 (Bodenbeläge aus Linoleum, Kunststoff, Gummi, Kork, Textilien und Holz) vertraglich explizit zu übernehmen, so dass eine Mangelhaftigkeit von Fenstergläsern oder eines Parketts nach konkreten Regeln bestimmt werden kann. 67

Als Stichtag für die massgebliche Ausgabe der anwendbaren Norm gilt das Datum der Baueingabe. Diese Vereinbarung kann allenfalls in Abweichung von den AVB der Regelung in Ziff. 5.1.2 Vurk angepasst werden (vgl. N. 30 ff. zu Ziff. 1.2 AVB). 68

Ziff. 2.2.3

Die Bestimmungen des schweizerischen Obligationenrechts.

Vgl. N. 9 ff. zu Ziff. 1.1 AVB. 69

B. PROJEKTORGANISATION

70 Die AVB bezeichnen die Beteiligten des Generalunternehmervertrags umfassend. Sie gehen von folgender Projektorganisation aus.

71 Der Bauherr kann einem Projektleiter als seinem Stellvertreter eine Vollmacht erteilen, deren Umfang gegenüber dem Generalunternehmer in Ziff. 3.3 AVB umschrieben ist. Weiter ist der Bauherr befugt, für seine Beratung und für Leistungen, die er zu erbringen hat, Dritte beizuziehen. Diese Beauftragten des Bauherrn haben je einen Projektverantwortlichen zu bestimmen, der den Beauftragten gegenüber dem Bauherrn vertritt (vgl. Ziff. 4.4 AVB). Die Beauftragten und deren Projektverantwortliche sind nicht befugt, den Bauherrn gegenüber dem Generalunternehmer zu vertreten (vgl. Ziff. 4.3 AVB).

72 Der Generalunternehmer hat ebenfalls einen Projektleiter zu bestimmen, dessen Vertretungsbefugnis gegenüber dem Bauherrn in Ziff. 5.3 AVB definiert ist. Auch der Generalunternehmer kann Beauftragte beiziehen, die keine Vertretungsbefugnis gegenüber dem Bauherrn haben (vgl. Ziff. 6.4 AVB). Als Beauftragte gelten alle für den Generalunternehmer tätigen Dritten wie Architekten, Ingenieure usw. mit Ausnahme der Subunternehmer und Lieferanten (zu letzteren vgl. Ziff. 7 AVB). Projektverantwortliche der Beauftragten des Generalunternehmers sind in den AVB nicht vorgesehen, können aber ohne weiteres bestimmt werden.

3. Bauherr

Ziff. 3.1

Der Bauherr ist Besteller des Werks im Sinne von Art. 363 ff. OR.

73 Die Bezeichnung «Bauherr» dient lediglich der einfacheren Lesbarkeit der Vertragsbestimmungen. Damit wird dem Umstand Rechnung getragen, dass dem Generalunternehmer als Vertragspartner zumeist der Bauherr als Herr des gesamten Baugeschehens (Gauch, Werkvertrag, N. 208) gegenübersteht.

Ziff. 3.2

Soweit der Bauherr seine vertraglichen Aufgaben nicht selbst wahrnimmt, bestellt er einen internen oder externen Projektleiter, der ihn im Rahmen des Bauvorhabens rechtsgültig vertritt.

Die AVB sehen vor, dass sowohl der Bauherr als auch der Generalunternehmer einen Projektleiter bestimmen (vgl. Ziff. 5.2 AVB). Der Projektleiter des Bauherrn ist in Ziff. 6.1.1 Vurk zu benennen. 74

Nach Auffassung der AVB ist der interne Projektleiter eine Person, die in die wirtschaftliche Organisation des Bauherrn integriert ist (Angestellter usw.). Der externe Projektleiter handelt dagegen aufgrund eines Auftragsverhältnisses mit dem Bauherrn als aussenstehender Dritter. Die Unterscheidung zwischen internen und externen Projektleitern betrifft somit lediglich die interne Vertragsbeziehung des Bauherrn zu seinem Projektleiter. 75

Der Bauherr muss in der Lage sein, den Generalunternehmer zu überwachen und zu kontrollieren. Er ist daher auf eine Fachperson angewiesen, welche diese Aufgabe übernimmt, falls er nicht selbst dazu in der Lage ist. Der Bauherr sollte eine externe Kontrolle insbesondere dann beiziehen, wenn er seine Bauherrenfunktion nicht professionell ausübt. Dies gilt in besonderem Masse, wenn der Bauherr sich für einen Totalunternehmervertrag entscheidet. 76

Während beim Generalunternehmervertrag der Architekt des Bauherrn auch eine bautreuhänderische Funktion für diesen auszuüben hat, liegt nicht nur die Erstellung, sondern auch die Planung des Werks in der Hand des Totalunternehmers, so dass der Bauherr grundsätzlich keine weiteren Beauftragten benötigt, aber sich auch nicht auf weitere Hilfspersonen abstützen kann. Zudem liegen im Zeitpunkt des Vertragsabschlusses noch keine detaillierten Unterlagen über die Art und die Qualität der ihm versprochenen Leistungen vor. Sodann wird der Baubeschrieb zumindest teilweise funktionaler Natur sein. Schliesslich muss sich der Bauherr bei einem Totalunternehmervertrag stärker binden, da die grundsätzlich freie Kündigungsmöglichkeit des Auftragsrechts für den Architektenvertrag nicht zur Anwendung kommt. 77

Es ist für den Bauherrn somit durchaus sinnvoll, einen Bauherrenberater oder Projektsupervisor zu beauftragen. In diesem Fall sollte der Generalunternehmer verpflichtet werden, dem Beauftragten des Bauherrn alle Unterlagen, welche dieser für seine Tätigkeit als erforderlich erachtet, unentgeltlich auszuhändigen. 78

B. Projektorganisation

Ziff. 3.3

Die Vertretungsbefugnis des Projektleiters des Bauherrn umfasst alle für die Erfüllung des Werkvertrags notwendigen Kompetenzen, insbesondere:

a) Koordination der bauherrenseitigen Projektorganisation;

b) Kontroll- und Weisungsrecht gegenüber dem Generalunternehmer sowie den Beauftragten des Bauherrn;

c) Genehmigung von Plänen, Material- und Farbwahl;

d) Veranlassung und Genehmigung von Änderungen, einschliesslich Kosten- und Terminfolgen;

e) sofern vertraglich vorgesehen, Ausübung des Vorschlagsrechts und des Mitspracherechts bei der Wahl der Subunternehmer und Lieferanten;

f) Freigabe der Zahlungen gemäss den vertraglichen Zahlungsbedingungen, Genehmigung der Schlussabrechnung;

g) Abnahme des Bauwerks und Geltendmachung der Gewährleistungsrechte;

h) Delegation der Vertretungsbefugnis an einen Stellvertreter.

79 Gemäss Art. 33 Abs. 2 OR beurteilt sich der Umfang und der Inhalt der Vertretungsvollmacht nach der Ermächtigung durch Rechtsgeschäft. Wird die Ermächtigung vom Vollmachtgeber einem Dritten mitgeteilt, so beurteilt sich ihr Umfang diesem gegenüber nach Massgabe der erfolgten Kundgebung (Art. 33 Abs. 3 OR). Wird in der Vertragsurkunde (Ziff. 6.1.1 Vurk) ein Projektleiter des Bauherrn bezeichnet, so handelt es sich dabei im Zusammenhang mit Ziff. 3.3 AVB gegenüber dem Generalunternehmer als Kundgebung im Sinne von Art. 33 Abs. 3 OR. Der Generalunternehmer hat sich somit nicht darum zu kümmern, welchen Umfang die dem Projektleiter des Bauherrn durch Rechtsgeschäft eingeräumte Vollmacht aufweist. Die Vertretungsbefugnis des Projektleiters richtet sich ihm gegenüber – solange ihm nichts anderes kundgegeben wird – allein nach Ziff. 3.3 AVB.

80 Im Interesse des Generalunternehmers an einer reibungslosen Vertragsabwicklung sind die Vertretungsbefugnisse des Projektleiters des Bauherrn weit gefasst. Die Vollmacht des Projektleiters erfolgt im Aussenverhältnis gegenüber dem Generalunternehmer indessen nicht uneingeschränkt, sondern lediglich «im Rahmen des Bauvorhabens». Damit ist die Erfüllung des

Generalunternehmervertrags gemeint. Die Vertretungsbefugnis endet allerdings nicht schon dort, wo irgendeine Vertragsänderung zur Diskussion steht. Die Aufzählung der Kompetenzen sieht vielmehr eine weiter gehende Vertretungsvollmacht vor (Ziff. 3.3 lit. d AVB). Gemäss dieser Bestimmung können auch Änderungen einschliesslich Kosten- und Terminfolgen vom Projektleiter veranlasst und genehmigt werden. Die Grenzen der Vollmacht sind durch Auslegung zu bestimmen. In der Vertretungsbefugnis nicht enthalten sind insbesondere die Vertragskündigung oder Vertragsänderungen, die offenkundig nicht im Sinne des Gesamtwerks oder der allgemeinen Ziele des Bauherrn sind. Im Zweifelsfalle ist nach dem Prinzip von Treu und Glauben davon auszugehen, dass der Bauherr selbst den Entscheid zu fällen hat.

Die Vertretungsbefugnis nach Ziff. 3.3 AVB ist jederzeit abänderbar bzw. widerrufbar, denn Art. 34 Abs. 2 OR sieht ein Widerrufsrecht vor, das zwingender Natur ist. Der Bauherr kann dem Generalunternehmer den gänzlichen oder teilweisen Widerruf der Vollmachten nur dann entgegenhalten, wenn er diesem den Widerruf mitgeteilt hat oder wenn der Generalunternehmer aus anderen Gründen ein Vorliegen der Vollmachten des Beauftragten nicht mehr gutgläubig annehmen konnte (Art. 34 Abs. 3 OR). Wird die Vertretungsbefugnis gänzlich oder teilweise widerrufen und will der Bauherr seine Aufgaben dennoch nicht selber wahrnehmen, so hat der Generalunternehmer Anspruch darauf, dass ein neuer Projektleiter bezeichnet wird, der den Bauherrn ihm gegenüber vertritt. Er muss nicht hinnehmen, dass der Bauherr seine Aufgaben auf mehrere Dritte verteilt und all diese Dritten ihm gegenüber als Vertreter des Bauherrn auftreten. 81

Die in Ziff. 3.3 AVB genannten Kompetenzen sind nicht abschliessend aufgezählt, was sich bereits aus dem Text (vgl. «insbesondere») ergibt. Zu den einzelnen Bestimmungen ist Folgendes anzumerken. 82

Lit. a meint die Koordination der parteiinternen Organisation des Bauherrn mit der Planungs- und Bautätigkeit des Generalunternehmers. 83

Zu *lit. b:* Das Kontrollrecht des Bauherrn ist in Ziff. 25 AVB geregelt. Das Weisungsrecht und dessen Umfang bestimmt sich nach Art. 369 OR. Weisungen sind Anordnungen des Bauherrn, die der Generalunternehmer nach dem Inhalt des Generalunternehmervertrags befolgen muss (Gauch, Werkvertrag, N. 1927). Das Weisungsrecht des Bauherrn gegenüber dem Generalunternehmer und seinen Beauftragten ist in den Ziff. 6.3 und 4.3 AVB näher umschrieben. 84

B. Projektorganisation

85 Das Kontroll- und Weisungsrecht des Projektleiters gegenüber den Beauftragten des Bauherrn ergibt sich aus den betreffenden Auftragsverhältnissen zwischen dem Bauherrn und seinen Beauftragten sowie der Vollmachtserteilung des Bauherrn an seinen Projektleiter. Es betrifft nicht das Vertragsverhältnis des Bauherrn mit dem Generalunternehmer. Der Generalunternehmer darf aber davon ausgehen, dass der Projektleiter zur Vertretung des Bauherrn gegenüber dessen Beauftragten ermächtigt ist.

86 *Lit. c* betrifft die Genehmigung von Plänen, Material- und Farbwahlvorschlägen des Generalunternehmers und seiner Beauftragten. Sie bezieht sich somit auf Ziff. 12 AVB (Planbearbeitung durch den Generalunternehmer) und Ziff. 27 AVB (Material- und Farbwahl).

87 Gemäss *lit. d* umfasst die Vertretungsbefugnis betreffend die Veranlassung und Genehmigung von Änderungen einschliesslich Kosten- und Terminfolgen. Sie räumt dem Projektleiter die weitestgehende Kompetenz ein. Nach dem Wortlaut geht die Vertretungsbefugnis über Sachverhalte hinaus, die der blossen Erfüllung des Werksvertrags (wie er abgeschlossen worden ist) dienen. Gemeint sind indessen auch hier nur Vertragsänderungen, die dem eigentlichen Vertragsziel entsprechen (zu den Grenzen der Vollmacht vgl. N. 80 zu Ziff. 3.3 AVB). Im Vordergrund stehen somit die notwendigen Vertragsänderungen (vgl. Ziff. 20 AVB), aber auch Mehrbestellungen und andere Änderungswünsche des Bauherrn bzw. Änderungsvorschläge des Generalunternehmers gemäss den Ziff. 21 und 22 AVB.

88 Zu *lit. e* kann auf Ziff. 7.3–7.6 AVB verwiesen werden.

89 Zu *lit. f:* Das Bundesgericht hat im Entscheid BGE 118 II 316 festgehalten, die Anerkennung einer Schlussabrechnung setze eine Sondervollmacht voraus. Eine umfassende Vollmachtserteilung im Rahmen eines Auftragsverhältnisses sei grundsätzlich auf die für die Auftragsausführung notwendigen Rechtshandlungen beschränkt. Die Überprüfung von Unternehmerrechnungen auf ihre sachliche und rechnerische Richtigkeit erfordere Fachkenntnis und gehöre grundsätzlich zur Aufgabe des Architekten. Allein aus der blossen Tatsache der Auftragserteilung dürfe der Unternehmer aber nicht schliessen, der Architekt sei auch ermächtigt, das von ihm geprüfte Rechnungsergebnis auch für den Bauherrn anzuerkennen. Es stellt sich daher die Frage, ob lit. f der Ziff. 3.3 AVB den bundesgerichtlichen Anforderungen einer Sondervollmacht genügt. Dies dürfte zu bejahen sein, da die Vollmacht zur Genehmigung der Schlussabrechnung zwar nur in den AVB, aber immerhin ausdrücklich genannt wird. Fraglich könnte in diesem Fall

auch sein, ob die Bestimmung mit der Ungewöhnlichkeitsklausel (vgl. N. 51 zu Ziff. 2.1 AVB) vereinbar ist (Gauch, Werkvertrag, N. 1267). Auch dies ist zu bejahen. Die Vertragsbestimmung geht nicht über das hinaus, womit der Bauherr aufgrund der gesamten Projektorganisation gemäss den AVB mit der hervorragenden Stellung des Projektleiters rechnen musste.

Zu *lit. g* kann auf Ziff. 33 ff. AVB verwiesen werden. 90

Zu *lit. h:* Obwohl Ziff. 3.3 AVB grundsätzlich lediglich die Vertretungsbefugnis des Projektleiters des Bauherrn umschreibt, ist aus lit. h auch abzuleiten, dass nicht nur der Projektleiter, sondern auch ein von diesem genannter Stellvertreter den Bauherrn gegenüber dem Generalunternehmer vertreten darf. 91

Ziff. 3.4
Die seitens des Bauherrn am Bauvorhaben interessierten Dritten (Käufer, Mieter, Kreditgeber) haben keine Vertretungsbefugnis gegenüber dem Generalunternehmer.

Diese Bestimmung entspricht den grundsätzlichen Vertragsbeziehungen. Sie steht im Interesse widerspruchsloser Weisungen an den Generalunternehmer sowie einer für den Generalunternehmer vereinfachten Kommunikation mit dem Bauherrn. Ausserdem schützt sie den Bauherrn vor unerwünschten Einmischungen aus seinem Umfeld. Selbst wenn aber der Bauherr derartigen Dritten die Befugnis erteilen würde, ihn zu vertreten, und dies gegenüber dem Generalunternehmer kundtun würde, wäre dieser ohne anderslautende Vereinbarung nicht verpflichtet, von diesen Dritten irgendwelche Weisungen entgegenzunehmen (vgl. Ziff. 4.3 und 5.4 AVB). 92

4. Beauftragte des Bauherrn

Ziff. 4.1
Als Beauftragte des Bauherrn gelten alle in seinem Auftrag und auf seine Kosten im Rahmen des Bauvorhabens tätigen Dritten, insbesondere die für die Planung verantwortlichen Architekten, Ingenieure und Spezialisten.

B. Projektorganisation

93 Ziff. 4.1 dient der klaren Abgrenzung und der terminologischen Differenzierung. Inhaltlich verdeutlicht sie die beim Generalunternehmervertrag gegebenen Vertragsverhältnisse, wonach zwar auf beiden Seiten Dritte beigezogen werden können, aber lediglich der Bauherr und der Generalunternehmer in einem direkten Vertragsverhältnis zueinander stehen.

94 Im Gegensatz zum Totalunternehmervertrag erstellt der Generalunternehmer sein Werk aufgrund von Architekturplänen, die der Bauherr liefert. Ziff. 1.1 Vurk setzt denn auch eine Baubewilligung voraus (vgl. auch Ziff. 23.1 AVB). Die Tätigkeiten von Beauftragten des Bauherrn gemäss Ziff. 4.1 AVB beziehen sich vorwiegend auf Leistungen nach Abschluss des Generalunternehmervertrags. Sie erfolgen beispielsweise bei der Planbearbeitung durch den Bauherrn gemäss Ziff. 11 AVB oder im Rahmen von Änderungsbestellungen gemäss Ziff. 21 AVB.

95 Als Beauftragte des Bauherrn gelten diejenigen für ein Bauvorhaben tätigen Dritten, die im Auftrag und auf Kosten des Bauherrn Leistungen erbringen. Im Vordergrund stehen die für die Planung verantwortlichen Architekten, Ingenieure und Spezialisten. Der Projektleiter gemäss Ziff. 3.2 AVB ist ebenfalls ein Beauftragter des Bauherrn (mit gesondert geregelten Kompetenzen). Unternehmer sind nicht gemeint. Ohne Zustimmung des Generalunternehmers ist der Bauherr nicht berechtigt, Drittunternehmer für die Erstellung von Teilen des Bauwerks beizuziehen. Das Gegenteil würde dem Charakter des Generalunternehmervertrags widersprechen, wonach der Generalunternehmer ein Gesamtwerk allein bzw. unter Beizug von Subunternehmern zu erstellen hat. Dass Unternehmer nicht als «Beauftragte» gelten, geht auch aus der analogen, betreffend den Generalunternehmer präzisierten Ziff. 6.1 AVB hervor.

96 Falls der Bauherr Nebenbaustellen betreibt oder Drittunternehmer in Absprache mit dem Generalunternehmer gewisse technische Anlagen gemäss separatem Werkvertrag herstellen sollen, ist der Bauherr für eine rechtzeitige Information des Generalunternehmers verantwortlich. Die Koordination der Arbeiten obliegt dem Bauherrn, denn sie ist Gegenstand der bauherrenseitigen Projektorganisation (vgl. Ziff. 3.3 lit. a AVB). In diesem Zusammenhang ist auch Ziff. 5.4 AVB zu beachten, wonach der Generalunternehmer weder berechtigt noch verpflichtet ist, im Rahmen des Bauvorhabens für Dritte (Käufer, Mieter des Bauherrn usw.) Leistungen zu erbringen.

97 Ist unklar, ob ein Beauftragter für den Bauherrn oder den Generalunternehmer tätig wird bzw. geworden ist, hilft das Kriterium, auf wessen Kosten der

Beauftragte mandatiert worden ist, nicht weiter (vgl. die gleiche Regelung in Ziff. 6.1 AVB). Oft ist in diesen Fällen gerade strittig, auf wessen Kosten der Beauftragte tätig geworden ist. Die Verteilung der Kostentragungspflicht kann sich allenfalls aufgrund der Leistungstabelle gemäss Ziff. 2.1.2 Vurk ergeben. Zu beachten ist auch, in wessen Aufgabenbereich die Tätigkeit des Beauftragten fällt. Zur Vermeidung von Differenzen ist bei Vertragsabschluss somit auf die Vollständigkeit der in Ziff. 6.1.2 und 6.2.2 Vurk aufzuführenden Liste der Beauftragten Wert zu legen. Sodann ist nach Vertragsabschluss im Auge zu behalten, ob neue, im Vertrag nicht erwähnte Beauftragte beigezogen werden. Allenfalls ist der Vertrag beim Beizug eines neuen Beauftragten unverzüglich schriftlich zu ergänzen. Zu beachten ist dies vor allem beim Beschluss von Änderungen im Sinne von Ziff. 20 ff. AVB.

Die Beauftragung eines Bauherrentreuhänders oder Fachingenieurs oder dergleichen durch den Bauherrn hat zur Folge, dass der Bauherr, der allenfalls als Laie im Baufach bezeichnet werden könnte, diese Stellung ganz oder teilweise verliert. Deshalb wird oft festgehalten, dass der Beizug einer entsprechenden Fachperson die Aufgaben und Pflichten des Generalunternehmers in keiner Weise einschränke oder reduziere. Es ist allerdings fraglich, ob mit einer derartigen Klausel der «Laienbonus» des Bauherrn erhalten werden kann. 98

Ziff. 4.2

Unter Vorbehalt der Prüfungs- und Abmahnpflicht des Generalunternehmers ist der Bauherr Letzterem gegenüber für die Tätigkeit seiner Beauftragten verantwortlich.

Die Beauftragten des Bauherrn stehen ausschliesslich in einem Auftragsverhältnis zum Bauherrn. Im Verhältnis zum Generalunternehmer sind die Beauftragten des Bauherrn Hilfspersonen nach Art. 101 OR. Der Bauherr haftet für die Tätigkeit seiner Beauftragten somit nach den allgemeinen Regeln der Hilfspersonenhaftung. 99

Der Vorbehalt bezieht sich auf die gegenüber Art. 25 SIA-Norm 118 verschärfte Prüfungs- und Abmahnpflicht des Generalunternehmers (vgl. auch N. 192 f. zu Ziff. 10.4 und 11.3 AVB). 100

B. Projektorganisation

Ziff. 4.3

Ohne anderweitige Vereinbarung sind die Beauftragten des Bauherrn dem Generalunternehmer gegenüber nicht weisungsberechtigt.

101 Da der Beauftragte des Bauherrn in keinem Vertragsverhältnis zum Generalunternehmer steht, verfügt er auch über kein Weisungsrecht gegenüber dem Generalunternehmer; es wird ihm zur Vereinfachung der Abläufe auch nicht eingeräumt. Die AVB wollen verhindern, dass der Generalunternehmer mehreren Weisungsberechtigten des Bauherrn gegenübersteht. Gegenteilige Vereinbarungen zwischen dem Bauherrn und dem Generalunternehmer bleiben ausdrücklich vorbehalten. Für grössere Bauvorhaben kann im Rahmen eines Projekthandbuchs eine differenzierte Regelung vorgesehen werden.

102 Die Beauftragten des Bauherrn sind auch nicht befugt, diesen zu vertreten. Diese Befugnis steht allein dem vom Bauherrn bezeichneten Projektleiter sowie dem allenfalls von diesem eingesetzten Projektleiter-Stellvertreter zu.

103 Allenfalls können den Beauftragten des Bauherrn beschränkte Kompetenzen eingeräumt werden. Denkbar ist beispielsweise das Recht, anstelle des Bauherrn bzw. dessen Projektleiters Bestellungsänderungen mit dem Generalunternehmer zu vereinbaren, die Mehrkosten nur bis zu einem bestimmten Betrag und keine oder nur untergeordnete Verschiebungen der verbindlichen Termine zur Folge haben.

Ziff. 4.4

Jeder Beauftragte des Bauherrn bestimmt einen Projektverantwortlichen, der ihn im Rahmen des Bauvorhabens rechtsgültig vertritt.

104 Terminologisch ist zwischen den Projektverantwortlichen eines Beauftragten und dem Projektleiter des Bauherrn zu unterscheiden. In Ziff. 6.1.2 Vurk sollten neben den Beauftragten auch die jeweiligen Projektverantwortlichen bezeichnet werden.

105 Die Bestimmung betrifft primär die bauherreninternen Vertretungsverhältnisse. Für den Generalunternehmer ist diese Angabe insofern von Bedeutung, als er für die Projektkoordination verantwortlich ist (Ziff. 8.1 AVB) und die Beauftragten des Bauherrn an den Koordinationssitzungen teilzunehmen haben, soweit ihre Anwesenheit erforderlich ist (Ziff. 8.4 AVB).

5. Generalunternehmer

Ziff. 5.1

Der Generalunternehmer ist bezüglich des Generalunternehmer-Werkvertrags Unternehmer im Sinne von Art. 363 ff. OR.

Die Bestimmung dient der einfacheren Lesbarkeit der AVB und hat keine zusätzliche Bedeutung. 106

Zur persönlichen Ausführung – nicht nur zur persönlichen Leitung – ist der einzelne Unternehmer dann verpflichtet, wenn das von ihm geschuldete Werk derart durch seine individuellen körperlich-geistigen Fähigkeiten geprägt wird, dass ein anderer – trotz persönlicher Leitung durch den betreffenden Unternehmer – ein gleiches Werk nicht herstellen kann. Alsdann schöpft das vereinbarte Werk seine individuelle Eigenart und seinen Wert aus der Person des Ausführenden, die deshalb «unvertretbar» ist (Gauch, Werkvertrag, N. 609). In allen anderen Fällen kann der Unternehmer das Werk unter seiner persönlichen Leitung ausführen lassen. Darunter fällt auch die Werkvertragserfüllung bei juristischen Personen. Die persönliche Leitung umfasst unter anderem die Organisation der Arbeit, die Bereitstellung der personellen und materiellen Mittel, aber auch die Anleitung der Hilfspersonen und die Überwachung der Arbeit (ZK-Bühler, Art. 364 OR, N. 58). 107

Das Bundesgericht sieht die persönliche Leitung nur bei betriebseigenem Personal gewährleistet und schliesst den Beizug von Subunternehmern aus (BGE 103 II 57). Gauch (Werkvertrag, N. 622 f.) weist darauf hin, dass es in der Praxis leitungsintensive Subunternehmerverträge gebe, die dem Subunternehmer eine ähnliche Stellung wie einem Arbeitnehmer geben würden. In solchen Fällen sei der Beizug von Subunternehmern zulässig. Der persönliche Charakter der Verpflichtung wird im Gegensatz zu Art. 68 OR vermutet (BGE 103 II 55). Zulässig ist der Beizug von Subunternehmern, wenn dies vertraglich vereinbart wurde oder der Besteller dem Beizug zustimmt (vgl. Art. 29 Abs. 3 SIA-Norm 118). Die Zustimmung ist formlos gültig und kann konkludent durch Duldung oder nachträglich erfolgen (ZK-Bühler, Art. 364 OR, N. 65). Bei General- und Totalunternehmern ist in der Regel davon auszugehen, dass eine persönliche Ausführung oder Leitung nicht notwendig ist (BGE 94 II 162; Honsell/Vogt/Wiegand, Art. 364 OR, N. 40; a.M. Gauch, Werkvertrag, N. 626). 108

109 Die Parteien können ausdrücklich vereinbaren, dass der Generalunternehmer zur Vertragserfüllung qualifiziertes Personal in ausreichender Zahl (allenfalls einer Mindestzahl) auf der Baustelle einsetzt. Es kann auch verlangt werden, dass der Generalunternehmer die jederzeitige Verfügbarkeit genügenden und qualifizierten Personals auch für allenfalls erforderliche Beschleunigungsmassnahmen garantiert. Sodann kann vereinbart werden, dass neben dem verantwortlichen Projektleiter weitere Fachpersonen mit Namen bestimmt werden.

Ziff. 5.2

Der Generalunternehmer bezeichnet einen verantwortlichen Projektleiter, der ihn im Rahmen des Bauvorhabens rechtsgültig vertritt.

110 Der Projektleiter des Generalunternehmers ist in Ziff. 6.2.1 Vurk zu benennen.

111 Sehr oft ist es sinnvoll, dass bestimmte Persönlichkeiten als Vertreter des Generalunternehmers genannt werden. So soll die Erfahrung dieser Personen in das Bauwerk einfliessen. Eine ausdrückliche Regelung, dass eine bestimmte Person für einen bestimmten Fachbereich zuständig sei und nur bei Ferienabwesenheit oder Krankheit durch einen Stellvertreter ersetzt werden darf, dient der Vertragsklarheit. Ohne klare Vereinbarung ist es eine Auslegungsfrage ist, ob einem Organigramm mit bestimmten Namen bereits eine derartige Bedeutung zukommt.

Ziff. 5.3

Die Vertretungsbefugnis des Projektleiters des Generalunternehmers umfasst alle für die Erfüllung des Werkvertrags notwendigen Kompetenzen, insbesondere:

a) **Entgegennahme von Weisungen des Bauherrn, gegebenenfalls auch seiner Beauftragten;**

b) **Kontroll- und Weisungsrecht gegenüber den Beauftragten des Generalunternehmers, sowie gegenüber den Subunternehmern und Lieferanten;**

c) **Offertstellung und Vereinbarung von Änderungen, einschliesslich Kosten- und Terminfolgen;**

d) **Aufstellen der Submittentenliste und Entscheid über die Vergabe an Unterakkordanten und Lieferanten;**
e) **Einfordern der Zahlungen gemäss den vertraglichen Zahlungsbedingungen, Aufstellen der Schlussabrechnung;**
f) **Übergabe des Bauwerks, Entgegennahme allfälliger Mängelrügen;**
g) **Delegation der Vertretungsbefugnis an einen Stellvertreter.**

Es gilt das zu Ziff. 3.3 AVB Gesagte analog. Die Aufzählung der Vertretungsbefugnisse ist nicht abschliessend. Die Vertretungsbefugnis umfasst alles, was vom Sinn und Zweck des Vertrags noch erfasst wird (vgl. N. 80 zu Ziff. 3.3 AVB). 112

Zu *lit. a* vgl. Ziff. 4.3 AVB. 113

Lit. b hat lediglich informativen Charakter im Sinne von Art. 33 Abs. 3 OR, denn diese Bestimmung betrifft nicht das Verhältnis zwischen den Vertragsparteien, sondern dasjenige zwischen dem Generalunternehmer und anderen Vertragspartnern des Generalunternehmers. 114

Zu *lit. c* vgl. Ziff. 21.3 und 22.2 AVB. 115

Zu *lit. d* vgl. auch Ziff. 7.3 bis 7.5 AVB. 116

Zu *lit. e* vgl. N. 89 zu Ziff. 3.3 AVB. 117

Zu *lit. f* vgl. Ziff. 33 ff. AVB. 118

Zu *lit. g:* Obwohl Ziff. 5.3 AVB grundsätzlich lediglich die Vertretungsbefugnis des Projektleiters des Generalunternehmers umschreibt, ist aus lit. g auch abzuleiten, dass nicht nur der Projektleiter, sondern auch ein von diesem genannter Stellvertreter den Generalunternehmer gegenüber dem Bauherrn vertreten darf. 119

Ziff. 5.4

Ohne anderweitige Vereinbarung ist der Generalunternehmer weder berechtigt noch verpflichtet, im Rahmen des Bauvorhabens für Dritte (Käufer, Mieter) Leistungen zu erbringen oder von diesen Weisungen entgegenzunehmen.

Die Bestimmung entspricht den Vertragsverhältnissen der Parteien (vgl. auch Ziff. 3.4 AVB). 120

121 Falls vereinbart wird, dass Dritte und der Generalunternehmer im Rahmen des Bauvorhabens direkt miteinander kommunizieren dürfen, ist klarzustellen, welche Bedeutung dies haben soll. Es muss unbedingt festgehalten werden, ob die Dritten als Vertreter des Bauherrn (im Rahmen des Vertrags zwischen Bauherrn und Generalunternehmer) oder für sich selber (neues Vertragsverhältnis zwischen Dritten und Generalunternehmer) handeln. Wenn der Generalunternehmer gleichzeitig für Dritte tätig wird, sind klare Regelungen hinsichtlich der Abgrenzung zwischen dessen Tätigkeit für den Bauherrn und derjenigen zugunsten Dritter zu treffen. Im Zeitpunkt des Tätigwerdens des Generalunternehmers für Dritte sind deshalb insbesondere der Baubeschrieb und die Leistungstabelle im Hinblick auf Schnittstellen neu zu überprüfen und allenfalls zu präzisieren.

6. Beauftragte des Generalunternehmers

Ziff. 6.1

Als Beauftragte des Generalunternehmers gelten alle in seinem Auftrag und auf seine Kosten im Rahmen des Bauvorhabens tätigen Dritten, mit Ausnahme der Subunternehmer und Lieferanten. Es handelt sich insbesondere um die vom Generalunternehmer direkt beauftragten Architekten, Ingenieure und Spezialisten.

122 Die AVB gehen davon aus, dass der Generalunternehmer Dritte zur Vertragserfüllung beizieht (vgl. N. 107 f. zu Ziff. 5.1 AVB; zu den Subunternehmern und Lieferanten vgl. Ziff. 7 AVB). Es werden insbesondere Architekten, Ingenieure und Spezialisten genannt. Der Generalunternehmer ist damit berechtigt, derartige Dritte beizuziehen.

123 Der Bezeichnung der Beauftragten des Generalunternehmers in Ziff. 6.2.2 Vurk kommt hinsichtlich der Hilfspersonenhaftung des Generalunternehmers Bedeutung zu (vgl. N. 126 zu Ziff. 6.2 AVB).

124 Die Beauftragten stehen in der Regel in einem Auftragsverhältnis mit dem Generalunternehmer. Dieses Verhältnis kann gemäss dem zwingend geltenden Art. 404 OR jederzeit ausser zur Unzeit gekündigt werden.

Ziff. 6.2

Der Generalunternehmer ist dem Bauherrn gegenüber für die Tätigkeit seiner Beauftragten verantwortlich, auch wenn dieser die Wahl ausdrücklich genehmigt hat.

Gegenüber dem Bauherrn gelten die Leistungen der Beauftragten des Generalunternehmers als dessen Leistungen, da dieser ein Gesamtwerk schuldet. Im Verhältnis zum Bauherrn sind die Beauftragten des Generalunternehmers Hilfspersonen im Sinne von Art. 101 OR. Die Hilfspersonenhaftung von Art. 101 OR zielt darauf ab, dass der Geschäftsherr dann haftet, wenn die Handlung seiner Hilfsperson ihm vorzuwerfen wäre, hätte er sie selbst vorgenommen (Prinzip der hypothetischen Vorwerfbarkeit, vgl. Gauch/Schluep/Schmid/Rey, N. 2884). Ziff. 6.2 AVB verhindert allerdings, dass der Generalunternehmer geltend machen könnte, wohl treffe die Hilfsperson aufgrund ihrer Spezialistenstellung ein Verschulden, ihm selber komme aber diese Spezialistenstellung nicht zu, so dass er wegen fehlender hypothetischer Vorwerfbarkeit nicht für deren Fehler einzustehen habe. Diese Regelung entspricht dem Wesen des Generalunternehmer-Werkvertrags, bestimmt sich doch die besondere Leistungsfähigkeit eines Generalunternehmers insbesondere auch nach dessen Geschäftskontakten zu geeigneten Spezialisten (Gauch, Werkvertrag, N. 224).

125

Werden in Ziff. 6.2.2 Vurk ausgewiesene Spezialisten als Beauftragte des Generalunternehmers genannt und zieht dieser stattdessen andere Beauftragte bei, kann sich dies hinsichtlich der Hilfspersonenhaftung zuungunsten des Generalunternehmers auswirken. Weist der tatsächlich beigezogene Dritte nicht die gleiche Befähigung auf, wie der in der Vertragsurkunde genannte Beauftragte, und führt dies zu einer Schädigung, welche dem Spezialisten im Falle eines Beizugs vorzuwerfen gewesen wäre, so haftet der Generalunternehmer dem Bauherrn. Er kann nicht einwenden, weder ihm noch dem beigezogenen Dritten könne eine Sorgfaltspflichtverletzung vorgeworfen werden. Mit der Bezeichnung eines ausgewiesenen Spezialisten in der Vertragsurkunde verspricht der Generalunternehmer dem Bauherrn die Beachtung einer überdurchschnittlichen Sorgfalt (vgl. Gauch/Schuep/Schmid/Rey, Schweizerisches Obligationenrecht, Allgemeiner Teil, 7. A., Zürich 1998 N. 2871).

126

Die Genehmigung der Wahl eines Beauftragten des Generalunternehmers durch den Bauherrn bedeutet kein Vorausakzept für allfällige Mängel, Verzögerungen oder andere Vertragsverletzungen. Diese hat der Generalunternehmer gegenüber dem Bauherrn zu vertreten, auch wenn sie letztlich in den

127

Verantwortungsbereich seines Beauftragten fallen. Der Generalunternehmer soll sich nicht durch die Einholung der entsprechenden Genehmigung seiner Verantwortung entziehen können. Die Bestimmung geht zugunsten des Bauherrn davon aus, dass der Generalunternehmer (kraft seiner Erfahrung) fähig ist, die Leistungsfähigkeit seiner Beauftragten und die Folgen ihrer allfälligen Fehlleistungen zu erkennen.

128 Anders verhält es sich dann, wenn der Generalunternehmer gestützt auf eine individuell vereinbarte Abweichung von Ziff. 6.2 AVB nachweisen kann, dass der Bauherr ein bestimmtes Risiko im Verantwortungsbereich des Beauftragten übernommen hat. Dies kann beispielsweise der Fall sein, weil der Bauherr den Beizug eines konkreten Spezialisten durch den Generalunternehmer verlangt und dieser nur bereit ist, den Dritten zu beauftragen, wenn der Bauherr zumindest einen Teil des Risikos aus dem Verantwortungsbereich des Spezialisten übernimmt.

129 Vgl. auch Ziff. 7.6 AVB für vom Bauherrn genehmigte Subunternehmer und Lieferanten des Generalunternehmers.

Ziff. 6.3

Der Bauherr hat kein Weisungsrecht gegenüber den Beauftragten des Generalunternehmers. Alle Weisungen sind schriftlich an den Generalunternehmer zu richten.

130 Der Generalunternehmer ist dem Bauherrn gegenüber für die vertragsgemässe Erstellung des Werks verantwortlich. Er haftet dem Bauherrn gegenüber insbesondere auch für die Tätigkeit seiner Beauftragten (Ziff. 6.2 AVB). Diese für den Bauherrn vorteilhafte Verantwortungsregelung ist aber nur dann gerechtfertigt, wenn sichergestellt ist, dass allfällige Weisungen der Bauherrschaft, welche von den Beauftragten des Generalunternehmers beachtet werden sollen, vom Generalunternehmer geprüft und daraufhin – allenfalls unter Abmahnung der Bauherrschaft – an die Beauftragten weitergegeben werden. Hält sich der Bauherr nicht an diese Bestimmung, kann die Haftung des Generalunternehmers für seine Beauftragten entfallen. Der Bauherr unterlässt somit direkte Weisungen an die vom Generalunternehmer beauftragten Dritten in eigenem Interesse.

131 Die Vorschrift, dass die Weisungen schriftlich zu erteilen sind, präzisiert Ziff. 3.3 lit. b AVB. Im Übrigen gilt das zu Ziff. 4.3 AVB Gesagte analog.

Ziff. 6.4

Ohne anderweitige Vereinbarung haben die Beauftragten des Generalunternehmers keine Vertretungsbefugnis gegenüber dem Bauherrn.

Dies gilt ohne ausdrücklichen Hinweis in den AVB auch für die Beauftragten des Bauherrn gegenüber dem Generalunternehmer (vgl. N. 102 zu Ziff. 4.3 AVB).

132

7. Subunternehmer und Lieferanten

Ziff. 7.1

Gegenüber seinen Subunternehmern und Lieferanten handelt der Generalunternehmer als Besteller im Sinne von Art. 363 ff. OR bzw. als Käufer im Sinne von Art. 184 ff. OR.

Regelmässig zieht der Generalunternehmer weitere Unternehmer zur Realisierung des Werks bei. Sie stehen in keinem Vertragsverhältnis zum Bauherrn (vgl. Ziff. 7.2 AVB). Die beigezogenen Unternehmer werden Subunternehmer genannt. Der Subunternehmer führt ein Werk für einen Unternehmer aus, der das Werk seinem Besteller schuldet. Die beiden Werkverträge sind voneinander unabhängig. Insbesondere hat der Erst-Besteller bzw. der Bauherr kein Weisungsrecht gegenüber dem Subunternehmer. Der Generalunternehmer hat für den Arbeitserfolg seines Subunternehmers als seines Erfüllungsgehilfen einzustehen. Er haftet kausal gegenüber den unmittelbaren Gewährleistungsansprüchen des Bestellers und gegenüber Ansprüchen auf Ersatz von Mangelfolgeschaden gemäss Art. 101 OR (BGE 116 II 308).

133

Für die Qualität des Stoffs, den der Generalunternehmer von seinen Lieferanten bezieht, hat der Generalunternehmer ebenfalls voll einzustehen. Allerdings sind die Lieferanten nicht Hilfspersonen, so dass der Generalunternehmer für einen aus mangelhaftem Werkstoff resultierenden Folgeschaden nicht kausal nach Art. 101 OR haftet (Gauch, Werkvertrag, N. 1894).

134

Ziff. 7.1 AVB will lediglich aufzeigen, dass Subunternehmer und Lieferanten in einem gesonderten Vertragsverhältnis zum Generalunternehmer stehen und mit dem Bauherrn vertraglich nicht verbunden sind.

135

B. Projektorganisation

136 Mit dem Hinweis auf die zitierten Bestimmungen des OR soll dem Generalunternehmer nicht vorgeschrieben werden, dass er sich bei den Verträgen mit den Subunternehmern und Lieferanten an das dispositive Recht des OR halten muss. So ist es ihm beispielsweise nicht verwehrt, mit den Subunternehmern SIA-Werkverträge abzuschliessen, die von den Bestimmungen des OR teilweise abweichen. Auch die Wahl ausländischen Rechts wird nicht ausgeschlossen, da Ziff. 7.1 AVB bloss orientierenden Charakter hat.

Ziff. 7.2

Die Wahl der Subunternehmer und Lieferanten obliegt dem Generalunternehmer. Er schliesst die entsprechenden Verträge in seinem Namen und auf eigene Rechnung ab.

137 Es ist jeweils anhand des konkreten Vertrags zu ermitteln, in welchem Umfang der Generalunternehmer berechtigt ist, die Erfüllung seiner vertraglichen Pflichten auf Dritte zu übertragen (vgl. dazu N. 107 f. zu Ziff. 5.1). Ohne Zustimmung des Bauherrn darf insbesondere ein Generalsubunternehmer dann nicht eingeschaltet werden, wenn etwa vertraglich davon ausgegangen wurde, dass der betreffende Generalunternehmer mit Absicht für bestimmte Tätigkeiten ausgewählt worden ist (z.B. wegen besonderer Kenntnis der regionalen Subunternehmer oder wegen des Orts seines Geschäftssitzes im Hinblick auf die Anordnung und Überwachung von Garantiearbeiten usw., vgl. Schumacher, Bauen mit einem GU, S. 47). Ohne den gegenteiligen Beweis einer individuellen Abrede ist daher gestützt auf Art. 364 Abs. 2 OR davon auszugehen, dass der Generalunternehmer seine Kernaufgabe selbst zu erfüllen hat.

138 Zulässig ist der Beizug von Subunternehmern, wenn dies vertraglich vereinbart wurde oder der Bauherr dem Beizug zustimmt (vgl. Art. 29 Abs. 3 SIA-Norm 118). Die Zustimmung ist formlos gültig und kann konkludent durch Duldung oder nachträglich erfolgen (ZK-Bühler, Art. 364 OR, N. 65). Den Generalunternehmer trifft grundsätzlich keine Pflicht gemäss Art. 364 Abs. 2 OR, das Werk selbst zu erstellen. Es gehört vielmehr zur Natur des Geschäfts, dass Subunternehmer beigezogen werden. Die AVB gehen denn auch davon aus, dass Subunternehmer beigezogen werden.

Ziff. 7.3

Ist vertraglich ein Vorschlagsrecht des Bauherrn vereinbart, so wird die Submittentenliste des Generalunternehmers entsprechend erweitert. Ein Mitspracherecht des Bauherrn bei der Arbeitsvergabe ist damit nicht verbunden.

Die AVB unterscheiden zwischen einem Vorschlagsrecht und einem Mitspracherecht (vgl. Ziff. 7.4 AVB) des Bauherrn bei der Auswahl von Subunternehmern.

139

Die Vergabe von Arbeiten und Lieferungen an Subunternehmer bzw. Lieferanten kann bereits bei Vertragsabschluss vereinbart werden. Die Vertragsurkunde sieht entsprechende Ziff. 7.1, 7.2 und 7.3 vor, in welchen das Vorschlagsbzw. Mitspracherecht oder allenfalls die direkte Vergabe schriftlich festgehalten werden kann. Die Vertragsurkunde hält zu Recht fest, dass die entsprechenden Verträge durch den Generalunternehmer abzuschliessen sind.

140

Ziff. 7.4

Ist vertraglich ein Mitspracherecht des Bauherrn vereinbart, kann dieser die Vergabe der Arbeiten an einen vom Generalunternehmer vorgeschlagenen Subunternehmer verweigern oder die Vergabe an einen bestimmten Subunternehmer verlangen, sofern er die allenfalls gegenüber dem Vergabevorschlag des Generalunternehmers entstehenden Mehrkosten übernimmt.

Das vereinbarte Mitspracherecht des Bauherrn ist in Ziff. 7.2 Vurk festzuhalten.

141

Das Prozedere betreffend das Mitspracherecht des Bauherrn kann vertraglich präzisiert werden. So kann festgehalten werden, innert welcher Frist vor der Vergabe eine bereinigte Submittentenliste mit den jeweiligen Angebotspreisen dem Bauherrn vorzulegen ist. Der Bauherr kann sich das Recht zur Einsichtnahme in die Originalofferten einräumen lassen. Eine entsprechende Vertragsklausel ist vom Generalunternehmer insbesondere dann wenig erwünscht, wenn ein Gesamtpreis vereinbart werden soll. Andernfalls könnte er faktisch verpflichtet sein, seine interne Kalkulation offen zu legen, wenn für eine Vielzahl von Subunternehmern ein Mitspracherecht ausbedungen wird.

142

143 Die Missachtung des Mitspracherechts des Bauherrn durch den Generalunternehmer stellt eine Vertragsverletzung dar.

144 Vorbehalten bleibt die rechtsmissbräuchliche Ausübung des Mitspracherechts durch den Bauherrn.

Ziff. 7.5

Der Generalunternehmer kann einen vom Bauherrn gewünschten Subunternehmer ablehnen, wenn dieser nach seiner Ansicht nicht die nötige Gewähr für einwandfreie Arbeit und fristgerechte Fertigstellung bietet oder aus anderen Gründen nicht vertrauenswürdig ist.

145 Anders als im Fall, in dem bloss ein Vorschlagsrecht gemäss Ziff. 7.3 AVB vereinbart ist, muss der Generalunternehmer beim verabredeten Mitspracherecht Gründe angeben, warum er allenfalls einen vom Bauherrn gewünschten Subunternehmer ablehnt. Dies geht mittelbar aus Ziff. 7.5 AVB hervor, die das Vorliegen von Ablehnungsgründen voraussetzt. An die Begründungspflicht und an die Form der Ablehnung dürfen jedoch keine hohen Anforderungen gestellt werden, da die Vereinbarung eines Mitspracherechts gemäss Ziff. 7.4 f. AVB einen Einbruch in das typische Generalunternehmervertragsverhältnis darstellt, und der Generalunternehmer für seine Subunternehmer als Hilfspersonen gemäss Art. 101 OR und betreffend Mängel noch weiter gehend haftet, selbst wenn der Bauherr die Wahl des Subunternehmers genehmigt hat (vgl. Ziff. 7.6 AVB). Auch im Hinblick auf ein Kreditschädigungsrisiko des Generalunternehmers sollte die Begründungspflicht nicht allzu weit gehen.

146 Schliesst der Generalunternehmer auf ausdrücklichen Wunsch des Bauherrn trotz der kundgegebenen Ablehnungsgründe mit dem entsprechenden Subunternehmer doch einen Vertrag ab, stellt sich die Frage, ob dies gestützt auf Art. 29 Abs. 5 SIA-Norm 118 zu einer Haftungsbeschränkung des Generalunternehmers führt. Nach dieser Vorschrift kann sich der Unternehmer von der Haftung für Mängel befreien, wenn der Bauherr die Wahl des Subunternehmers bestimmt und der Unternehmer den Subunternehmer richtig eingesetzt, instruiert und überwacht hat.

147 Voraussetzung einer solchen Haftungsbeschränkung ist, dass der Generalunternehmer den Bauherrn schriftlich und deutlich abgemahnt und ihm insbesondere die preislichen, terminlichen usw. Konsequenzen dargelegt hat.

7. Subunternehmer und Lieferanten

Hält der Bauherr trotz einer solchen Abmahnung an seiner Wahl fest, wird der Generalunternehmer im Umfang der Abmahnung von der Haftung befreit (Gauch, Werkvertrag, N. 2026 ff.). Allerdings ist gestützt auf Ziff. 7.6 AVB in Verbindung mit Ziff. 2.2.1 AVB eine Haftungsbeschränkung zu vereinbaren. Besteht der Generalunternehmer auf seiner Abmahnung, schliesst aber auf ausdrückliche Anordnung des Bauherrn den Vertrag mit dem Subunternehmer trotzdem ab, kann eine derartige Haftungsbeschränkung als konkludent vereinbart gelten.

Ziff. 7.6

Der Generalunternehmer ist dem Bauherrn gegenüber für die Tätigkeit seiner Subunternehmer verantwortlich, auch wenn dieser die Wahl ausdrücklich genehmigt hat.

Subunternehmer sind Hilfspersonen des Generalunternehmers gemäss Art. 101 OR, für die der Generalunternehmer auch bei erlaubtem Beizug vollumfänglich einstehen muss, wie wenn er selbst die Leistung des Subunternehmers erbracht hätte. Bei unerlaubtem Beizug ist allenfalls zusätzlich der Haftungstatbestand von Art. 97 Abs. 1 OR erfüllt (Gauch, Werkvertrag, N. 177; vgl. auch N. 552 zu Ziff. 34.2 AVB; zur Mängelhaftung vgl. N. 537 zu Ziff. 34.1 AVB). 148

Überträgt ein Unternehmer die Ausführung eines Teils des Werks einem Subunternehmer, obwohl ihm dessen Unfähigkeit bekannt ist, trifft ihn im internen Verhältnis mit dem Subunternehmer ein beschränktes Selbstverschulden (Gauch, Werkvertrag, N. 2054). Falls der Bauherr in Kenntnis dieser Umstände dem Beizug des Subunternehmers zustimmt, hat (auch) dieser sich ein Mitverschulden im Verhältnis zum Generalunternehmer anrechnen zu lassen. 149

Von dieser Rechtslage weichen die AVB wie folgt ab: Die AVB verzichten auf eine Freizeichnung des Generalunternehmers und damit auf die Ablehnung der Haftung für einen vom Bauherrn genehmigten Subunternehmer. Ziff. 7.6 AVB ändert die Regelung des OR dahingehend, dass der Bauherr aus der Verantwortung entlassen wird. Vorbehalten bleiben Fälle der absichtlichen Täuschung durch den Bauherrn. Der Generalunternehmer hat allenfalls von seinem in Ziff. 7.5 AVB geregelten Recht der Ablehnung eines vom Bauherrn gewünschten Subunternehmers Gebrauch zu machen (vgl. auch Ziff. 6.2 AVB betreffend vom Bauherrn genehmigte Beauftragte des 150

Generalunternehmers). Aus den gleichen Gründen ist auch Art. 29 Abs. 5 SIA-Norm 118 wegbedungen bzw. gestützt auf Ziff. 2.2.1 in Verbindung mit Ziff. 7.6 AVB nicht anwendbar.

Ziff. 7.7

Der Bauherr hat kein Weisungsrecht gegenüber den Subunternehmern und Lieferanten des Generalunternehmers und darf nicht direkt mit ihnen über die Vergabe verhandeln. Alle Weisungen sind schriftlich an den Generalunternehmer zu richten.

151 Die Regelung dient der Klarstellung und entspricht den Vertragsverhältnissen zwischen den Parteien und Beteiligten. Es kann auf das zu Ziff. 6.3 AVB Gesagte verwiesen werden.

8. Projektkoordination

Ziff. 8.1

Der Generalunternehmer ist verantwortlich für die Projektkoordination vom Zeitpunkt des Vertragsabschlusses bis zur Vollendung des Bauwerks.

152 Die Projektkoordination (vgl. Ziff. 8.2 AVB) ist von besonderer Bedeutung für die Leistung des Generalunternehmers und für die Beziehung zwischen dem Generalunternehmer und seinem Bauherrn. Durch den Generalunternehmer-Werkvertrag wird der Bauherr von seiner ihm beim traditionellen Bauen obliegenden Koordinationsaufgabe entlastet. Die Aufgabe des Generalunternehmers umfasst die Koordination all seiner Beauftragten, Subunternehmer und Lieferanten, aber auch die Pflicht, Bauherrenentscheide und andere notwendige Mitwirkungen des Bauherrn rechtzeitig abzurufen. Bei grösseren Bauvorhaben erleichtert ein Projekthandbuch die Projektkoordination.

153 Der Begriff der Vollendung des Bauwerks ist in Ziff. 23.3 AVB definiert.

Ziff. 8.2

Die Projektkoordination bezieht sich insbesondere auf folgende Punkte:

a) **Ausarbeiten und Genehmigung der zum Zeitpunkt des Vertragsabschlusses noch nicht vorhandenen Pläne, allenfalls des Baubeschriebs;**
b) **Material- und Farbwahl;**
c) **Studien und Entscheide bezüglich allfälliger Änderungen.**

Die Auflistung ist nicht abschliessend. Sie bezieht sich auf die wichtigsten Schnittstellen zwischen den Entscheiden und Mitwirkungspflichten des Bauherrn und der Werkerstellung des Generalunternehmers. Die Projektkoordination ist als umfassende Aufgabe zu verstehen. Es steht dem Generalunternehmer indessen frei, wie er sich intern organisiert, denn er schuldet letztlich lediglich einen Arbeitserfolg. Dies gilt vor allem bei einem vereinbarten Pauschalwerkpreis. Hat der Generalunternehmer aber auch dafür zu sorgen, dass der Werkpreis möglichst tief ausfällt, wie dies beim Kostendachpreis oder bei offener Abrechnung der Fall ist, hat er auch alle Sorgfalt darauf zu verwenden, dass der Bau möglichst kosteneffizient abgewickelt wird. Analoges gilt für die termingebundene Erstellung des Werks. 154

Zu einer umfassenden Projektorganisation gehören beispielsweise die eindeutige Regelung von Aufgaben, Kompetenzen und Verantwortlichkeiten aller am Projekt beteiligten Leistungsträger, das Erstellen von Leistungsbeschrieben, detaillierten Leistungsverzeichnissen, Organigrammen und Ablaufschemen, die Gesamtkoordination der architektonischen und technischen Probleme sowie aller am Projekt Beteiligten zum Zwecke eines wirtschaftlichen und betrieblichen Optimums der Gesamtanlage. Die Projektorganisation hat auch die Sicherstellung der Informationsflüsse zwischen allen am Projekt beteiligten Instanzen, Terminplanung und Terminkontrolle mittels Balkendiagrammen und Netzplänen, aufgeteilt nach den für die Ausführung verantwortlichen Beteiligten und mit separaten Hinweisen auf die von ihnen zu treffenden Entscheide, die Bauterminplanung, die Überwachung der Baukosten und die periodische Berichterstattung an den Bauherrn zu umfassen. Der Generalunternehmer hat dem Bauherrn nach Bedarf für die Beratung und Beurteilung von planungs- und ausführungsspezifischen Problemen zur Verfügung zu stehen und an den entsprechenden Sitzungen teilzunehmen. Der Umfang der Projektorganisation sollte in Ergänzung zu den AVB vom Vertrag erfasst werden. 155

Ziff. 8.3

Die Projektkoordination erfolgt an regelmässigen Koordinationssitzungen zwischen dem Projektleiter des Generalunternehmers und dem Bauherrn oder seinem Projektleiter.

156 Für die genügende Koordination und beispielsweise für die hinreichende Anzahl von Besprechungen zwischen den Vertragsparteien ist der Generalunternehmer als Fachkraft verantwortlich (vgl. auch Ziff. 8.5 AVB). Die zeitliche Kadenz der Koordinationssitzungen kann vertraglich festgehalten werden (beispielsweise alle zwei Wochen).

157 Zum Nachweis der umfassenden Projektorganisation kann vertraglich aber auch bestimmt werden, welche weiteren Sitzungen abzuhalten sind. Darunter fallen insbesondere Baustellensitzungen und Koordinationssitzungen des Generalunternehmers mit seinen Subunternehmern und Beauftragten. Da Ziff. 25 AVB diesbezüglich keine Aussagen macht, ist auch das allfällige Recht des Bauherrn zu vereinbaren, an diesen Sitzungen teilzunehmen bzw. sich Protokolle zukommen zu lassen. Entsprechende Regeln können auch für Verhandlungen mit den Anstössern und den Behörden getroffen werden. Immerhin ist der Generalunternehmer bereits vertraglich verpflichtet, Mitteilungen Dritter (Behörden, Unternehmer und Lieferanten, Bau- und Fachingenieure usw.) von erheblicher Tragweite (namentlich Mitteilungen über Preisänderungen und Bauzeitverlängerungen, Abmahnungen, Anzeigen usw.) unverzüglich an den Bauherrn weiterzuleiten.

Ziff. 8.4

Die Beauftragten des Bauherrn und des Generalunternehmers nehmen an den Koordinationssitzungen teil soweit ihre Anwesenheit erforderlich ist, ebenso einzelne Subunternehmer und Lieferanten für die sie speziell betreffenden Punkte.

158 Der Generalunternehmer ist dafür verantwortlich, dass die betroffenen Beteiligten zu den Koordinationssitzungen eingeladen werden. Der Einbezug der Beauftragten der Parteien sowie der Subunternehmer und Lieferanten erweist sich als überaus sinnvoll, da damit der direkte Austausch der am Vorhaben Beteiligten ermöglicht wird.

Ziff. 8.5

Der Projektleiter des Generalunternehmers bereitet die Koordinationssitzungen vor und führt das Protokoll. Die im Protokoll aufgeführten Entscheide gelten als schriftliche Vereinbarung, sofern sie nicht innert 10 Tagen nach Zustellung des Protokolls beim Generalunternehmer beanstandet werden.

Gegenstand der Koordinationssitzungen sind nicht nur Koordinationsbeschlüsse, sondern allenfalls auch Vertragsänderungen im Sinne von Ziff. 20 ff. AVB (vgl. insbesondere Ziff. 21.4 AVB). 159

Gemäss Ziff. 2.1 Vurk sind die Vertragsurkunde und die AVB von beiden Parteien rechtsgültig zu unterzeichnen. Ziff. 37.3 AVB verlangt Schriftlichkeit grundsätzlich auch für eine Änderung des Werkvertrags und für ergänzende Vereinbarungen. 160

Soweit in den Protokollen neue Verpflichtungen des Generalunternehmers festgehalten werden, genügen die Protokolle ohne weiteres dem Erfordernis der Schriftlichkeit, wenn diese vom Generalunternehmer erstellt werden (vgl. Art. 13 Abs. 1 OR). Da es den Vertragsparteien freigestellt ist, die vorgesehene Schriftform zu definieren (vgl. Art. 16 Abs. 2 OR), ist Ziff. 8.5 AVB mit Ziff. 37.3 AVB vereinbar. Daher genügen diese Protokolle auch für Vereinbarungen, die Verpflichtungen des Bauherrn enthalten. 161

Die Gültigkeit der Bestimmung, wonach das Stillschweigen während einer bestimmten Frist als schriftliche Vereinbarung gilt, könnte wegen der Ungewöhnlichkeitsregel (vgl. N. 51 zu Ziff. 2.1 AVB) gefährdet sein. Bei den Anwendungsfällen gemäss Ziff. 8.5 AVB könnte sich ein Bauherr dagegen wehren, dass sein Stillschweigen als schriftliche Zustimmung qualifiziert wird, weil er mit der Regel von Ziff. 8.5 AVB nicht habe rechnen müssen. Allerdings verlangt bereits das Vertrauensprinzip einen Widerspruch gegen ein angeblich falsches Protokoll. Die Regelung ist deshalb zulässig. Zumindest für Vertragsänderungen, die mit dem ursprünglichen Vertragsziel nicht mehr ohne weiteres in Einklang stehen (vgl. auch N. 80 zu Ziff. 3.3 AVB), sollten jedoch vorsichtshalber beidseitig unterzeichnete Vereinbarungen getroffen werden. Dies kann auch durch die schriftliche Unterzeichnung des Protokolls durch den Bauherrn und dessen Rücksendung an den Generalunternehmer geschehen. Dabei genügen allerdings die Unterschriften der Projektleiter der Parteien dann nicht, wenn die Vertragsänderungen den ursprünglichen Rahmen des Werkvertrags sprengen. 162

163 Für die Zustellung des Protokolls ist der Generalunternehmer beweispflichtig. Ein Widerspruch des Bauherrn hat innert 10 Tagen beim Generalunternehmer einzutreffen. Eine fristgerechte Postaufgabe des Widerspruchs genügt somit nicht. Den Widerspruch hat der Bauherr zu beweisen.

C. VERTRAGSUNTERLAGEN

9. Baubeschrieb

Ziff. 9.1

Der Baubeschrieb bestimmt, zusammen mit den Vertragsplänen, Umfang und Qualität der Ausführung.

Der Baubeschrieb definiert insbesondere den Umfang und die Qualität des Werks sowie die Qualitätsgarantien, Funktionen und Funktionsgarantien. Er ist auch für Änderungswünsche relevant. 164

Die Ziff. 9.2 und 9.5 AVB betreffen in erster Linie den Leistungsumfang. Die Ziff. 9.3 und 9.4 AVB enthalten Angaben zur Qualität des Bauwerks.

Der Baubeschrieb (vgl. Ziff. 2.1.1 Vurk) und die Vertragspläne (vgl. Ziff. 2.1.2 Vurk) definieren das vom Generalunternehmer zu erstellende Werk. Dabei geht der Baubeschrieb den Vertragsplänen gemäss Ziff. 10 AVB vor (vgl. Ziff. 2.1 Vurk). Ergänzt wird der Vertragsinhalt durch die Angaben in Ziff. 5 Vurk, wo festzuhalten ist, welche Leistungen des Generalunternehmers im Werkpreis inbegriffen sind und welche nicht. 165

Der Baubeschrieb ist normalerweise der konkreteste Vertragsbestandteil über ein noch nicht erstelltes, künftiges Werk. Er kann als das Herzstück des Generalunternehmervertrags bezeichnet werden. Abgesehen von den Mängel- und Verzugsproblemen ist die Frage, welche Details eines Werks geschuldet sind, die häufigste Ursache von Streitfällen. Insbesondere bei vereinbarten Pauschal- und Globalpreisen stellt sich der Bauherr tendenziell einen grösseren Umfang und eine bessere Qualität des Werks vor als der Generalunternehmer. Der Baubeschrieb ist daher so detailliert als möglich zu halten. Entsteht er im Rahmen der Vertragsverhandlungen unter Zeitdruck, kann die Vereinbarung sinnvoll sein, dass der Baubeschrieb bis zu einer bestimmten Bauetappe zu präzisieren sei, was einem Auslegungsstreit während der Ausführung bzw. bei der Abrechnung immer noch vorzuziehen ist. 166

Beim Festpreis (insbesondere Pauschal- und Globalpreis) ist nicht die Leistung pauschaliert, sondern der Preis (vgl. N. 258 zu Ziff. 14.1 AVB). Soll der Baubeschrieb umfassend ausgestaltet werden, kann dieser mit einer Vollständigkeitsklausel versehen oder als funktionaler Baubeschrieb ausgestaltet werden. 167

C. Vertragsunterlagen

168 Der Baubeschrieb kann beispielsweise durch ein Raumbuch (verbale Detailbeschreibung aller Räume hinsichtlich Einrichtungsstandard, Qualität, Materialien, Marken usw.) ergänzt werden (vgl. Widmer, S. 122). Ein hilfreiches Mittel, die Leistungen gemäss Baubeschrieb zu gliedern, ist der Baukostenplan des CRB (Schweizerische Zentralstelle für Baurationalisierung). Dieser kann mit einer Baukostenanalyse und einem Normpositionenkatalog ergänzt werden (zum Ganzen Widmer, S. 123). Der Baubeschrieb ist schliesslich in engem Zusammenhang mit Ziff. 5 Vurk (Leistungen des Generalunternehmers) zu sehen. Der Baubeschrieb und der Inhalt von Ziff. 5 Vurk sollten daher koordiniert erarbeitet und vereinbart werden.

Ziff. 9.2

Im Baubeschrieb nicht speziell aufgeführte Nebenleistungen gelten als eingeschlossen, sofern sie für die Erbringung der beschriebenen Leistungen notwendig oder üblich sind.

169 Der Baubeschrieb ist bei Auslegungsdifferenzen infolge von Lücken im Beschrieb eher zulasten desjenigen Vertragspartners auszulegen, der den Baubeschrieb formuliert oder vom strittigen Werkteil die grösseren Fachkenntnisse hat und deshalb für die Unvollständigkeit des Baubeschriebs verantwortlich ist.

170 Bei einem vereinbarten Festpreis ist die Genauigkeit und Vollständigkeit des Baubeschriebs von besonderer Bedeutung (vgl. N. 258 zu Ziff. 14.1 AVB). Da in diesen Fällen der Preis grundsätzlich nicht zur Diskussion stehen kann, wird oft strittig, welcher Leistungsumfang im Preis enthalten sei. Die öfters in den Generalunternehmerverträgen anzutreffenden Aufzählungen von im Preis inbegriffenen bzw. nicht inbegriffenen Leistungen, welche sich jeweils im Kapitel zum Preis finden, sind letztlich durchwegs Definitionen des Baubeschriebs (vgl. N. 258 zu Ziff. 14.1 AVB).

171 Um ein Werk möglichst umfassend zu beschreiben, wird des Öfteren eine «Vollständigkeitsklausel» verwendet (vgl. Gauch, Werkvertrag, N. 909). So kann vereinbart werden, dass sämtliche Leistungen bzw. Kosten von Leistungen irgendwelcher Art, welche zur Erstellung und Ingebrauchnahme des Werks notwendig sind, im Pauschalpreis inbegriffen sind. Weiterführend kann vereinbart werden, dass auch die in den gesamten Vertragsunterlagen nicht aufgeführten, jedoch aufgrund der örtlichen Gegebenheiten erforderlichen, bei Vertragsabschluss nicht ersichtlichen und nicht voraussehbaren

Leistungen enthalten seien. Sodann kann vereinbart werden, dass auch diejenigen Leistungen im Preis inbegriffen sind, die für die Funktionstüchtigkeit und die Benützung des Bauwerks notwendig sind und dem neuesten Stand der Technik entsprechen, insbesondere alle Leistungen und Lieferungen, die für die vereinbarten Funktionen erforderlich sind, soweit im Vertrag nichts Abweichendes vereinbart wird, vor allem auch alle Leistungen, die für das einwandfreie, vertragsgemässe Funktionieren der Apparate und Gebäudeinstallationen usw. erforderlich sind.

Beim Totalunternehmervertrag wird die Vollständigkeitsklausel auf sämtliche planerischen Leistungen ausgedehnt. So kann verdeutlicht werden, dass der Vertragsabschluss in der Erwartung und unter der Voraussetzung erfolgt, dass der Totalunternehmer über das nötige Know how, die Erfahrung und die wirtschaftliche Kraft verfügt, um das vorgesehene Bauprojekt in der erwarteten Qualität und entsprechend den wirtschaftlichen und terminlichen Vorgaben optimal abzuwickeln. Dabei sollen die neuesten technischen und wirtschaftlichen Erkenntnisse umgesetzt sowie eine umfassende und langfristige Qualitätssicherung gewährleistet werden. Zur Planung soll auch die Bearbeitung der baulichen und technischen Schnittstellen zwischen projektierten und bestehenden Bauten gehören. Der Totalunternehmer hat sich in der Regel zu verpflichten, alle erforderlichen planerischen Leistungen der Architekten, Bauingenieure, Fachingenieure für Haustechnik, Biologie usw. zu erbringen und selber für die Einholung aller notwendigen Bewilligungen verantwortlich zu sein. Es sind alle Aufwendungen für Planung und Ausführung des Vertragswerks einzurechnen. Dazu gehören insbesondere auch die baulichen und technischen Schnittstellen zwischen projektierten und bestehenden Bauten und somit ein allgemeines und umfassendes Projektmanagement. 172

Baubeschriebe werden ganz allgemein zunehmend ergebnisorientiert formuliert (zu den funktionellen Leistungswerten vgl. Ziff. 9.3 AVB). Dies gewährleistet dem Bauherrn den von ihm gewünschten Erfolg unabhängig von der Erstellungsweise und lässt dem Generalunternehmer grössere Freiheit bei der Wahl seiner Vorgehensweise. Im funktionalen Baubeschrieb werden Leistungsziele festgesetzt, welche vom Unternehmer zu erreichen sind. So kann beispielsweise festgehalten werden, der Unternehmer habe eine komplette Heizungsanlage mit einem bestimmten Wirkungsgrad zu erstellen. Allenfalls kann aber immerhin vorgeschrieben werden, welche Produkte hierfür zu verwenden seien. 173

Zu den Nebenleistungen gehören etwa die Grundierung vor dem Endanstrich oder das Abdecken und Schützen bereits erfolgter Bauleistungen. 174

C. Vertragsunterlagen

175 Als übliche Leistungen gelten solche, die ortsüblich sind (vgl. auch Ziff. 2.2.2 AVB).

Ziff. 9.3

Enthält der Baubeschrieb funktionelle Leistungswerte (z.B. Nutzlast, k-Wert) so sind alle notwendigen Leistungen eingeschlossen, auch wenn sie nicht im Detail beschrieben sind.

176 Funktionelle Leistungswerte kommen beispielsweise für die Heizung, die Lüftung, die Klimaanlage oder die Schallisolation von Bauteilen in Betracht.

177 Die AVB verwenden die Begriffe «funktionelle Leistungswerte» (Ziff. 9.3 AVB) und «Leistungswerte gemäss Baubeschrieb» (Ziff. 34.1 AVB). Ziff. 9.3 AVB umschreibt die vertragliche Leistungspflicht betreffend einzelne funktionelle Leistungswerte. Ziff. 34.1 AVB regelt dagegen die Haftung für die geschuldete Einhaltung von funktionellen Leistungswerten.

178 Ziff. 9.3 AVB bestimmt, dass die funktionellen Leistungswerte gemäss Baubeschrieb der baulichen Leistungsbeschreibung (Material, Ausführungsart) vorgehen. Ziff. 9.3 AVB ist resultatsbezogen auszulegen. Sie unterscheidet sich von Ziff. 9.2 AVB dahingehend, dass alle Leistungen zu erbringen sind, welche nicht nur für Art und Umfang der versprochenen Leistung, sondern auch für die Gewährleistung der versprochenen Funktionen erforderlich sind.

179 Grundgehalt von Ziff. 9.3 AVB ist die Feststellung, dass der Generalunternehmer für die Einhaltung der funktionellen Leistungswerte unabhängig davon verantwortlich ist, welche Werkleistungen erforderlich sind, um die vereinbarten Zielvorgaben zu erreichen. Der Generalunternehmer kann sich somit grundsätzlich nicht auf einen allenfalls notwendigen unverhältnismässigen Aufwand berufen. Eine Abweichung vom Werkpreis ist lediglich nach den Regeln der festen Vergütung zulässig (vgl. N. 249 ff. zu Ziff. 14.1 AVB). Die Risikoprämie des Generalunternehmers dient unter anderem auch zu dessen Absicherung in diesem Bereich.

180 Die Pflicht zur Erbringung von notwendigen Leistungen für die Einhaltung der funktionellen Leistungswerte ist jedoch nicht unbegrenzt. Nicht mehr unter Ziff. 9.3 AVB fallen insbesondere notwendige Änderungen im Sinne von Ziff. 20 AVB. Falls eine Projektänderung unverhältnismässig wäre, ist dem Bauherrn allenfalls nach Art. 373 Abs. 2 OR eine Preiserhöhung zuzugestehen.

9. Baubeschrieb

Die Vereinbarung von Funktionsgarantien wird immer aktueller. Gleichzeitig wird die Haftung des Generalunternehmers immer weiter ausgedehnt. Die vereinbarten Funktionsgarantien sind deshalb präzis zu fassen. So ist es beispielsweise nicht Sache des Generalunternehmers, auch die Verantwortung für die wirtschaftliche Funktionsfähigkeit seines Werks zu übernehmen (vgl. dazu N. 541 zu Ziff. 34.1 AVB). Aber auch eine allgemeine betriebliche Funktionstüchtigkeit (z.B. eines Spitals) sollte nur mit Vorsicht zum Vertragsgegenstand gemacht werden, da dieser Vertragsinhalt denjenigen eines herkömmlichen Werkvertrags sprengt. 181

Ziff. 9.4

Im Baubeschrieb angeführte Produkte- oder Markenbezeichnungen sind für den Generalunternehmer nur bezüglich des Qualitätsstandards verbindlich. Ohne anderweitige Vereinbarung ist der Generalunternehmer berechtigt, gleichwertige Produkte anderer Marken oder Hersteller zu verwenden.

Die Beweislast für den Nachweis der Gleichwertigkeit trägt der Generalunternehmer. 182

Wo im Baubeschrieb keine bestimmte Qualität vereinbart worden ist, ist ein Werk geschuldet, das brauchbar ist und eine durchschnittliche Art und Güte aufweist. Die Vertragsauslegung kann indessen ergeben, dass eine überdurchschnittliche Güte erwartet werden durfte (vgl. zum Ganzen Gauch, Werkvertrag, N. 1406 ff.). 183

Ziff. 9.5

Im Baubeschrieb aufgeführte Budgetpreise beinhalten sämtliche üblichen Neben- und Vorleistungen, sofern diese nicht anderweitig speziell beschrieben sind.

Im Budgetpreis inbegriffen sind diejenigen Neben- und Vorleistungen, die «üblich» sind. Beispielsweise enthält der Quadratmeterpreis für den Bodenbelag alle Zuschläge für die Vorbereitung, den Zuschnitt, den Bruch usw. 184

Die Bestimmung ist zugunsten des Generalunternehmers ausgestaltet, denn soweit Nebenleistungen nicht ausdrücklich genannt werden, sind sie Bestandteil des Budget- und nicht des Pauschalpreises, so dass sie zusätzlich in Rechnung gestellt werden können. 185

C. Vertragsunterlagen

10. Vertragspläne

Ziff. 10.1

Als Vertragspläne werden die im Generalunternehmer-Werkvertrag aufgeführten Projekt- und Ausführungspläne bezeichnet, die zum Zeitpunkt des Vertragsabschlusses vorliegen und von beiden Parteien genehmigt sind.

186 Die Vertragspläne definieren zusammen mit dem Baubeschrieb (vgl. Ziff. 9.1 AVB) das zu erstellende Werk. Die Vertragspläne sind in Ziff. 2.1.2 Vurk zu benennen.

187 Gemäss der Terminologie der AVB gelten nur die im Zeitpunkt des Vertragsabschlusses vorliegenden Pläne als Vertragspläne. Zwar werden auch die Pläne, welche im Rahmen der weiteren Planbearbeitung erstellt werden, Bestandteil des Generalunternehmervertrags, doch werden sie nicht Vertragspläne genannt.

188 Im Zeitpunkt des Vertragsabschlusses liegen die definitiven Ausführungspläne meistens noch nicht vor. Die Vertragspläne gemäss Ziff. 10.1 bilden in diesen Fällen den Ausgangspunkt für die Planbearbeitung nach Vertragsabschluss (vgl. Ziff. 11 f. AVB). Anhand der Vertragspläne können auch die notwendigen Änderungen (Ziff. 20 AVB) und die Änderungswünsche (Ziff. 21 und 22 AVB) nachvollzogen werden.

189 Der Generalunternehmer übernimmt des öfteren Vorleistungen des Bauherrn. Dies gilt insbesondere für das Projekt des Bauherrn. Dabei kann dieser daran interessiert sein, dass der Generalunternehmer keine Haftungsansprüche gegen die von ihm Beauftragten geltend macht. Hiefür kann beispielsweise die Klausel in den Generalunternehmervertrag aufgenommen werden, dass der Generalunternehmer mit Unterzeichnung des Vertrags die Vorleistungen des Bauherrn übernimmt und diesem gegenüber vollumfänglich haftet sowie auf die Geltendmachung von Haftungsansprüchen gegenüber den (früheren) Beauftragten des Bauherrn aus deren Vorleistungen verzichtet. Dies kann für die Vertragsbestandteile dahingehend vereinbart werden, dass der Generalunternehmer sämtliche Vertragsbestandteile zur Kenntnis genommen und geprüft habe, sich über die Art und den Umfang der Arbeiten sowie über die örtlichen Verhältnisse, insbesondere des Grundstücks, der Umgebung und der Nachbarn eingehend orientiert habe und deshalb darauf verzichte, später Einwendungen zu erheben, er sei ungenügend oder mangelhaft aufgeklärt worden.

Ziff. 10.2

Bei allfälligen Widersprüchen zwischen verschiedenen Vertragsplänen gelten die Angaben mit dem höheren Detaillierungsgrad.

Diese Bestimmung enthält eine spezielle Widerspruchsregel (zur allgemeinen Systematik vgl. N. 53 ff. zu Ziff. 2.1 AVB). Das Kriterium des höheren Detaillierungsgrads gilt nur für die verschiedenen Vertragspläne untereinander (vgl. auch N. 55 zu Ziff. 2.1 AVB). In zeitlicher Hinsicht gibt es hier insoweit kein Problem, als sämtliche Pläne, die am Tag des Vertragsabschlusses vorliegen, vom Vertragswillen erfasst werden (zu den Ausführungs- und Detailplänen vgl. Ziff. 10.5 AVB).

190

Ziff. 10.3

Hat der Generalunternehmer die Vertragspläne selbst oder durch eigene Beauftragte erstellt, so haftet er dem Bauherrn gegenüber für allfällige Planmängel.

Diese Regel ist selbstverständlich und dient lediglich der Klarstellung im Verhältnis zu Ziff. 10.4 AVB.

191

Ziff. 10.4.

Hat der Bauherr die Vertragspläne selbst oder durch eigene Beauftragte erstellt, so hat er für die Folgen allfälliger Planmängel einzustehen.

Der Generalunternehmer ist verpflichtet, die Vertragspläne mit der üblichen Sorgfalt zu kontrollieren und offensichtliche Mängel und Unklarheiten anzuzeigen.

Ist vertraglich eine Übernahme der Haftung für die Vertragspläne durch den Generalunternehmer vereinbart, so hat der Bauherr diesem eine angemessene Frist für die eingehende Prüfung einzuräumen und ihm im Haftungsfall den Rückgriff auf seine Beauftragten zu gewährleisten.

Für allfällige Planfehler in den Vertragsplänen des Bauherrn haftet dieser nach den Regeln des Selbstverschuldens (Art. 166 Abs. 4 SIA-Norm 118 und N. 543 zu Ziff. 34.1 AVB). Es gelten die Kriterien des Wegfalls der Mängelhaftung des Unternehmers bei Selbstverschulden des Bestellers (vgl. Gauch, Werkvertrag, N. 1912 ff.).

192

193 Abs. 2 dieser Vorschrift nennt eine Pflicht des Generalunternehmers, die über die Verpflichtung des Unternehmers gemäss Art. 25 SIA-Norm 118 hinausgeht. Die Prüfungspflicht besteht auch dann, wenn der Bauherr durch eine Bauleitung vertreten oder die Bauherrschaft selbst fachkundig ist.

194 Nach Treu und Glauben ist der Generalunternehmer nicht nur verpflichtet, die offensichtlichen, sondern auch die mit der üblichen Sorgfalt festgestellten bzw. feststellbaren Mängel und Unklarheiten anzuzeigen.

195 Das in Ziff. 10.4 Abs. 3 AVB vereinbarte Rückgriffsrecht des Generalunternehmers auf die Beauftragten des Bauherrn ist als Verpflichtung des Bauherrn zu verstehen, vertragliche Haftungsansprüche abzutreten (zur Problematik der Abtretbarkeit von werkvertraglichen Mängelrechten vgl. N. 621 f. zu Ziff. 38.2 AVB). Soweit eine Abtretung von Mängelrechten rechtlich nicht möglich ist, hat der Bauherr selbst die Mängelrechte auf Risiko und Gefahr des Generalunternehmers geltend zu machen.

196 Zur Form der Abmahnung äussert sich die Bestimmung nicht. Nach Art. 25 Abs. 2 SIA-Norm 118 sollen die Anzeigen in der Regel schriftlich erfolgen; mündliche Anzeigen sind zu protokollieren. Der Text der AVB lässt im Hinblick auf die subsidiär geltende SIA-Norm 118 auf ein qualifiziertes Schweigen schliessen. Mündliche Abmahnungen sind somit gültig. Die Beweislast trägt der Generalunternehmer.

Ziff. 10.5

Für die Bauausführung gehen die nach Vertragsabschluss erstellten und vom Bauherrn genehmigten Ausführungs- und Detailpläne den Vertragsplänen vor.

197 Ziff. 10.5 AVB regelt das Verhältnis zwischen den Vertragsplänen einerseits und den Ausführungs- und Detailplänen andererseits. Für das Verhältnis zwischen den einzelnen Vertragsplänen gilt Ziff. 10.2 AVB.

198 Für die Rangfolge der Pläne, welche während der weiteren Planbearbeitung erstellt worden sind, könnte grundsätzlich die zeitliche Reihenfolge gelten, da die einvernehmliche Planänderung bzw. Präzisierung des Werks in neueren Plänen die älteren überholt. Dies hält Ziff. 10.5 AVB allerdings zu Recht lediglich im Hinblick auf das Verhältnis der Vertragspläne zu den später erstellten Plänen ausdrücklich fest. Bei Widersprüchen zwischen den Ausführungs- und Detailplänen, die bei den Projektierungsarbeiten nach

Vertragsabschluss entstanden sind (aber auch zwischen diesen und Abänderungsplänen), müssen indessen der Konkretisierungsgrad und die zeitliche Abfolge gleichermassen zusammen mit den übrigen gesamten Umständen gewürdigt werden.

11. Planbearbeitung durch den Bauherrn

Ziff. 11.1

Erfolgt die weitere Planbearbeitung durch den Bauherrn oder seine Beauftragten, so ist dieser dem Generalunternehmer gegenüber verantwortlich für rechtzeitige und mängelfreie Planlieferung. Die Folgen für Verspätungen und Planmängel trägt der Bauherr.

Die Aufteilung der Teilleistungen zwischen den Beauftragten des Bauherrn und dem Generalunternehmer ist so weit als möglich bereits in der Leistungstabelle für Planungs- und Koordinationsleistungen (vgl. Ziff. 2.1.3 Vurk) festzuhalten. Sie gilt ohne anderweitige Vereinbarung gemäss dieser Leistungstabelle (vgl. Ziff. 6.3 Vurk). 199

Der Generalunternehmer ist für die behaupteten Verspätungen und Planmängel beweispflichtig. Dennoch ist dem Bauherrn zu empfehlen, den Beweis für die Lieferung der Pläne zu sichern. Es ist im Übrigen Sache des Generalunternehmers, den Zeitpunkt der Ablieferungspflicht zu bestimmen und rechtzeitig anzuzeigen (vgl. auch N. 155 zu Ziff. 8.2 AVB). 200

Ziff. 11.2

Alle dem Generalunternehmer ausgelieferten Pläne gelten als vom Bauherrn genehmigt.

Bei den Plänen des Bauherrn handelt es sich um Weisungen an den Generalunternehmer (Gauch, Kommentar SIA-Norm 118, N. 3 zu Art. 84). Die Bestimmung enthält die vertragliche Zusicherung gegenüber dem Generalunternehmer, dass der Bauherr mit den von ihm gelieferten Plänen einverstanden ist (auch wenn er sie beispielsweise vor der Ablieferung nicht zur Kenntnis genommen hat); vorbehalten bleibt eine absichtliche Täu- 201 schung des Generalunternehmers. In formeller Hinsicht ist Ziff. 11.4 AVB zu beachten.

202　Die im Passiv formulierte Regelung lässt offen, wer die entsprechenden Pläne seitens des Bauherrn auszuliefern hat. Deshalb darf der Generalunternehmer die Pläne auch von den Beauftragten des Bauherrn direkt entgegennehmen. Die Formulierung bestätigt mittelbar die Vollmacht des Projektleiters des Bauherrn (vgl. insbes. Ziff. 3.3 lit. b AVB) und der Projektverantwortlichen der Beauftragten des Bauherrn (vgl. Ziff. 4.4 AVB).

Ziff. 11.3

Der Generalunternehmer ist verpflichtet, gelieferte Pläne mit der üblichen Sorgfalt zu kontrollieren und offensichtliche Mängel und Unklarheiten anzuzeigen. Die gleiche Prüfungs- und Abmahnpflicht gilt für mündliche oder schriftliche Weisungen des Bauherrn.

203　Diese Regelung entspricht Ziff. 10.4 AVB.

Ziff. 11.4

Abweichungen gegenüber den Vertragsplänen und den Angaben des Baubeschriebs gelten als Änderungswünsche des Bauherrn.

204　Auch für diese Änderungswünsche des Bauherrn gelten die Verfahrensregeln gemäss Ziff. 21 AVB.

12. Planbearbeitung durch den Generalunternehmer

Ziff. 12.1

Erfolgt die weitere Planbearbeitung durch den Generalunternehmer oder seine Beauftragten, so ist dieser dem Bauherrn gegenüber verantwortlich für rechtzeitige und mängelfreie Planlieferung. Die Folgen für Verspätungen und Planmängel trägt der Generalunternehmer.

205　Es gelten die Anmerkungen zu Ziff. 11.1 AVB analog.

Falls ein Beauftragter zuerst für den Bauherrn tätig ist und danach vom Generalunternehmer «übernommen» wird, ist eine genaue zeitliche und inhaltliche Abgrenzung der Leistung des Beauftragten im Hinblick auf die Kostentragung notwendig. Gestützt auf die analoge Anwendung von Ziff. 11.3 AVB (Planbearbeitung durch den Bauherrn nach Vertragsabschluss) hat der Generalunternehmer die übernommenen Leistungen der Beauftragten des Bauherrn mit der üblichen Sorgfalt zu kontrollieren sowie Mängel und Unklarheiten zu melden. Der Bauherr hat ihm für die Prüfung der Arbeiten seiner Beauftragten genügend Zeit einzuräumen (vgl. Ziff. 10.4 Abs. 3 AVB).

Ziff. 12.2

Ohne anderweitige Vereinbarung gelten die vom Generalunternehmer oder seinen Beauftragten ausgearbeiteten Pläne als vom Bauherrn genehmigt, sofern sie von diesem nicht innert 10 Tagen nach Zustellung beanstandet werden.

Die Genehmigung der Pläne durch den Bauherrn entbindet den Generalunternehmer nicht von seiner vertraglichen Verantwortung.

Zur Frage der Schriftform und zur Genehmigungsfrist kann auf die Anmerkungen zu Ziff. 8.5 AVB verwiesen werden. Dem Generalunternehmer ist zu empfehlen, die neuen Pläne vom Bauherrn unterzeichnen zu lassen.

Zur Verantwortung des Generalunternehmers für seine Pläne und die Bedeutung einer allfälligen Genehmigung durch den Bauherrn vgl. Ziff. 10.4 und 11.3 AVB.

Ziff. 12.3

Der Bauherr kann die Genehmigung der Pläne nicht verweigern, sofern diese den Vertragsplänen und den Angaben des Baubeschriebs entsprechen. Das Änderungsrecht des Bauherrn bleibt ausdrücklich vorbehalten.

Erfahrungsgemäss versuchen einzelne Bauherren, mit der Nichtgenehmigung an sich vertragskonformer Pläne kostenlose Änderungen oder Mehrleistungen durchzusetzen. Dieses Vorgehen will Ziff. 12.3 AVB unterbinden. Strittig kann allerdings sein, ob die zu genehmigenden Pläne vertragskonform sind oder Änderungen enthalten. In diesen Fällen ist der Baubeschrieb von entscheidender Bedeutung.

Ziff. 12.4

Der Generalunternehmer ist verpflichtet, den Bauherrn auf wesentliche Abweichungen gegenüber den Vertragsplänen und Angaben des Baubeschriebs aufmerksam zu machen.

Der Bauherr kann die Genehmigung dieser Abweichungen verweigern, sofern sie nicht einer sachlichen Notwendigkeit oder einer behördlichen Auflage entspringen.

210 Die Verpflichtung des Generalunternehmers gemäss Abs. 1 entspricht dem Grundsatz von Treu und Glauben und deren Missachtung stellt eine Vertragsverletzung dar.

211 Der Zweck von Abs. 2 entspricht den Regelungen betreffend Vertragsänderungen bzw. Änderungswünschen gemäss Ziff. 20 und 22 AVB.

13. Baugrundstück

Ziff. 13.1

Der Bauherr ist dem Generalunternehmer gegenüber verantwortlich für alle Mängel des Baugrundstücks, die nicht aus den Vertragsunterlagen hervorgehen.

Als Mängel des Baugrunds gelten insbesondere ungenügende Tragfähigkeit für die in Plänen und Baubeschrieb vorgesehene Fundation, Fels, Grundwasser, Werkleitungen, unterirdische Bauten oder andere Hindernisse im Bereich der vorgesehenen Erdbewegungen sowie archäologische Fundstellen und zu beseitigende Altlasten auf dem ganzen Grundstück.

Allgemeines

212 Die Qualität des Baugrunds hat auf die Kosten der Aushub- und Fundierungsarbeiten einen sehr grossen Einfluss, ist aber oft ohne kostspielige Untersuchungen nicht genau bekannt.

213 Betreffend das Baugrundrisiko gelten gemäss dem subsidiär anwendbaren OR die Grundsätze, welche hier den nachfolgenden Erläuterungen zu Ziff. 13.1 AVB vorangestellt werden (vgl. auch N. 44 zu Ziff. 2.1 AVB). Der Generalun-

ternehmer hat den Werkstoff oder den Baugrund auf dessen Eignung hin zu prüfen, es sei denn, der Bauherr habe die sachverständige Prüfung selber übernommen (BGE 52 II 441, 26 II 660 f.). Eine Prüfung ist auch dann nicht vorzunehmen, wenn diese Pflicht vertraglich erlassen ist (vgl. Art. 25 Abs. 3 SIA-Norm 118, wonach die Prüfung nur vorzunehmen ist, wenn der Bauherr weder durch eine Bauleitung vertreten noch selbst sachverständig, noch durch einen beigezogenen Sachverständigen beraten ist) oder der Generalunternehmer in guten Treuen davon ausgehen durfte, eine Prüfung werde von ihm nicht erwartet, weil beispielsweise ein Sachverständiger die Ausschreibungsunterlagen erstellt hat oder der Bauherr selber Fachmann auf dem Gebiet des eingesetzten Werkstoffs ist (BGE 93 II 316). Es wird eine Prüfung mit der Sorgfalt und Umsicht eines tüchtigen Fachmanns erwartet (BGE 26 II 660). Unzumutbar sind aber komplizierte und kostspielige Bodenuntersuchungen (ZK-Bühler, Art. 365 OR, N. 69).

Da der Bauherr den Baugrund stellt, ist er grundsätzlich auch für dessen Mängel verantwortlich. Der Generalunternehmer soll zwar die Verantwortung für erkennbare und beeinflussbare Risiken im Rahmen der Bauausführung übernehmen, da er grundsätzlich für die Bauausführung verantwortlich ist. Nicht voraussehbare Restrisiken, insbesondere betreffend den Baugrund, sollen dagegen beim Bauherrn verbleiben, denn ihm gehören das Ergebnis und der Bestand seiner Investition. 214

Ziff. 13.2 AVB in der Fassung von 1992 hielt ausdrücklich fest, was weiterhin gilt: Der Bauherr trägt die Folgen und Mehrkosten, die sich aus allfälligen Abweichungen der Beschaffenheit des Baugrunds gegenüber den in den Vertragsunterlagen enthaltenen Angaben ergeben. 215

Die Regelung der AVB entspricht der üblicherweise in den Generalunternehmerverträgen vorgesehenen Beschränkung des Kostenrisikos. Gelegentlich kommt dieser Vorbehalt in der Vereinbarung zum Ausdruck, dass die Parteien von einer bestimmten Qualität des Baugrunds ausgehen (als Hinweis auf Art. 373 Abs. 2 OR, Mosimann, S. 36). Die Regelung entspricht insoweit auch Art. 5 SIA-Norm 118. 216

Ziff. 13.1 AVB ist insoweit klar, als sie nach dem Ausschlussprinzip auf die Vertragsunterlagen verweist. Für Risiken, die nicht in den Vertragsunterlagen erwähnt sind, haftet der Bauherr. Er ist somit dafür verantwortlich, alle relevanten Aspekte des Baugrunds selbst zu eruieren, gegebenenfalls einzelne Aspekte zu untersuchen und allfällige Besonderheiten im Vertrag festzuhalten. 217

C. Vertragsunterlagen

218 Entgegen der Regelung von Art. 58 Abs. 2 SIA-Norm 118 haftet der Bauherr für Mängel des Baugrunds auch dann, wenn er nicht fachkundig oder durch einen Fachmann vertreten war. Allenfalls trifft den Generalunternehmer eine Aufklärungspflicht gemäss dem allgemein gültigen Vertrauensprinzip.

219 Gegebenenfalls sind die Baugrundverhältnisse im Rahmen notwendiger Änderungen gemäss Ziff. 20.1 Abs. 2 AVB so auf Kosten des Bauherrn herzurichten, dass das Bauwerk vertragsgemäss erstellt werden kann.

220 Gemäss OR können Probleme, die sich aus dem Baugrund ergeben, unter dem Titel «ausserordentliche Umstände» oder Umstände, «die nicht vorhergesehen werden konnten» (insbesondere trotz vorher erstellter Expertisen betreffend den Baugrund), abgehandelt werden (Art. 373 Abs. 2 OR; Gauch, Werkvertrag, N. 1074 ff.). Allenfalls kommt eine anteilmässige Kostenbeteiligung des Bestellers in Frage. Die AVB regeln bloss die Risikoverteilung zulasten des Bauherrn, sie enthalten dagegen keinen Hinweis darauf, dass damit auch die Anwendung von Art. 373 Abs. 2 OR ausgeschlossen sei.

221 Das Baugrundrisiko kann vertraglich dem Generalunternehmer überwälzt werden. Zu bevorzugen ist eine möglichst abstrakte Regelung, da jede Aufzählung von besonderen Baugrundrisiken implizieren könnte, dass nicht aufgezählte Baugrundrisiken beim Bauherrn verbleiben. So kann eine vertragliche Regelung dahingehend lauten, dass das Baugrundrisiko vollumfänglich beim Generalunternehmer liegt und abweichende Regelungen in den übrigen Vertragsbestandteilen wegbedungen werden. Denkbar ist auch eine vertragliche Regelung dahingehend, dass der Generalunternehmer das Baugrundrisiko soweit übernimmt, als ein Gutachten Arten und Umfang von Baugrundrisiken nennt bzw. nicht ausschliesst. Eine solche Klausel vermag allfällige Abgrenzungsschwierigkeiten wohl kaum vollständig auszuschliessen. Eine derartige Bestimmung müsste gleichzeitig auch die Vereinbarung enthalten, dass der Bauherr für seine Angaben bzw. diejenigen seiner Beauftragten gegenüber dem Generalunternehmer nicht haftet und dass es dessen Sache sei, die fachtechnischen Grundlagen zur Kenntnis zu nehmen, zu prüfen und weiter zu erarbeiten bzw. zu ergänzen.

«Altlast» im Speziellen

222 Der Begriff der Altlast wird schon seit längerer Zeit verwendet, allerdings sehr uneinheitlich. Oft werden darunter allgemein Verunreinigungen des Bodens verstanden. Teilweise wird der Begriff aber auch einschränkender

verwendet, indem nur Bodenverschmutzungen als Altlast verstanden werden, die zu einer Gefährdung der Umwelt führen oder führen könnten.

Mit dem Erlass der Verordnung über die Sanierung von belasteten Standorten vom 26. August 1998 (AltlV) wurde der Begriff zur Verhinderung von Missverständnissen im Zusammenhang mit der Anwendung des Umweltschutzrechts genauer umschrieben. Die AltlV verwendet einen engen Begriff. Nach Art. 2 Abs. 3 AltlV ist eine Altlast ein sanierungsbedürftiger belasteter Standort. Als belastet gilt ein Standort, wenn dessen Belastung von Abfällen stammt und die Belastung eine beschränkte Ausdehnung aufweist (Art. 2 Abs. 1 AltlV). Sanierungsbedürftig ist der belastete Standort, wenn er zu schädlichen oder lästigen Einwirkungen (insbesondere Gewässerverunreinigungen und Luftverunreinigungen) führen kann oder wenn die konkrete Gefahr besteht, dass solche Einwirkungen entstehen (Art. 2 Abs. 2 AltlV). 223

Im Zusammenhang mit der Realisierung eines Bauvorhabens können nicht nur Altlasten im Sinne von Art. 2 Abs. 3 AltlV ein erhebliches Kostenrisiko bedeuten. Auch belastete Standorte können zu unerwarteten Mehrkosten bei der Realisierung eines Bauvorhabens führen. Dabei ist insbesondere auf Art. 3 AltlV hinzuweisen, wonach belastete Standorte durch die Erstellung oder Änderung von Bauten und Anlagen nur verändert werden dürfen, wenn sie nicht sanierungsbedürftig sind und durch das Vorhaben nicht sanierungsbedürftig werden oder ihre spätere Sanierung durch das Vorhaben nicht wesentlich erschwert wird oder sie, soweit sie durch das Vorhaben verändert werden, gleichzeitig saniert werden. Zu beachten ist sodann, dass kontaminierter Aushub Abfall darstellt und dieser allenfalls behandelt und einer speziellen Deponie zugeführt werden muss. 224

Es stellt sich natürlich die Frage, was nun unter Altlast im Sinne von Ziff. 13.1 Abs. 2 AVB zu verstehen ist. In erster Linie ist darauf hinzuweisen, dass die AVB als Bestandteil eines einzelnen Vertrags individuell ausgelegt werden müssen (vgl. N. 52 zu Ziff. 2.1 AVB). Massgebend ist damit, was die Parteien unter diesem Begriff verstanden haben (Art. 18 OR). Dass die AVB bereits vor Erlass der AltlV formuliert worden sind, ist folglich nicht von Bedeutung. Es ist auch irrelevant, was die Verfasser der AVB unter diesem Begriff verstanden haben. Wenn eine tatsächliche Willensübereinstimmung der Parteien nicht nachgewiesen werden kann, sind zur Ermittlung des mutmasslichen Parteiwillens die Erklärungen der Parteien aufgrund des Vertrauensprinzips so auszulegen, wie sie nach ihrem Wortlaut und Zusammenhang sowie den gesamten Umständen verstanden werden durften und 225 mussten (BGE 129 III 707). In diesem Zusammenhang ist auf einen neueren Bundesgerichtsentscheid zu verweisen (BGE 4C.301/2004 vom 9. Dezember 2004). In jenem Fall machte die Käuferin eines Grundstücks geltend, der Begriff der Altlast werde im allgemeinen Sprachgebrauch anders verstanden als nach der Definition von Art. 2 Abs. 3 AltlV. Das Bundesgericht hielt dieser Argumentation entgegen, in Rechtsprechung und Lehre sei anerkannt, dass juristisch-technische Begriffe – wie z.B. der Begriff «Altlast» – entsprechend ihrem juristischen Sinn zu verstehen seien. Zu beachten ist allerdings, dass im massgebenden Kaufvertrag ausdrücklich darauf hingewiesen wurde, dass der Begriff der Altlast sich nach Bundesrecht richte.

226 Wird berücksichtigt, dass Ziff. 13.1 Abs. 2 AVB als nicht abschliessende Liste von Mängeln des Baugrunds formuliert ist, so ist davon auszugehen, dass nicht nur eine Altlast im Sinne von Art. 2 Abs. 3 AltlV als entsprechender Mangel gilt, sondern auch der Umstand, dass das Grundstück als belasteter Standort zu würdigen ist. Die Konsequenzen beim Bau auf einem belasteten Standort können denn auch ebenso gravierend sein, wie wenn eine Altlast vorliegen würde. Zu empfehlen ist allerdings, dass die Parteien in der Vertragsurkunde klar festhalten, wer für das Risiko von kontaminiertem Material im Untergrund des Baugrundstücks einzustehen habe.

Ziff. 13.2

Ohne anderweitige Vereinbarung kann der Generalunternehmer über das bei Abbruch und Aushub anfallende Material frei verfügen. Allfällige Deponiegebühren sowie Rückvergütungen für wiederverwendbares Material sind im vertraglichen Werkpreis berücksichtigt.

227 Diese Bestimmung geht Art. 121 SIA-Norm 118 vor.

228 Die Bestimmung regelt nicht ausdrücklich, ob der Generalunternehmer zum Abtransport des Materials auf seine Kosten nicht nur berechtigt, sondern auch verpflichtet ist. Die dem Generalunternehmer zugesprochene Verfügungsfreiheit sowie die Pflicht zur Übernahme der Deponiegebühren lassen indessen den Schluss zu, dass die Parteien grundsätzlich von einer Entfernung des Abbruch- und Aushubmaterials vom Baugrundstück, und zwar zulasten des Generalunternehmers, ausgehen. Dieser Überlegung entspricht auch die Regelung von Art. 121 Satz 2 SIA-Norm 118, wonach das Eigentum am Abbruch- und Aushubmaterial dann auf den Unternehmer übergeht, wenn dieser zum Abtransport auf eine Deponie vertraglich verpflichtet ist.

Die Beseitigungskosten von verunreinigtem Bodenmaterial werden in dieser Bestimmung nicht geregelt (vgl. auch Art. 121 SIA-Norm 118 und Gauch, Kommentar SIA-Norm 118, N. 11 zu Art. 121). Dagegen ist Ziff. 13.1 AVB zu beachten, wonach der Generalunternehmer davon ausgeht, dass im Baugrund keine Altlasten vorhanden sind und der Baugrund auch sonst keine Mängel aufweist. Anderseits sind Deponiegebühren im Werkpreis (Pauschale) inbegriffen. Dies kann nur für «übliches» Deponiegut gelten. Die Abgrenzung zwischen verunreinigtem Bodenmaterial und üblichem Deponiegut kann indessen sehr schwierig sein. 229

Die Beseitigung von verunreinigtem Material bedingt meistens einen zusätzlichen Aufwand zur Unschädlichmachung des Deponieguts. Diese Kosten gehen regelmässig über die Gebühren hinaus, welche heute als übliche Abgaben für die getrennte Deponie unterschiedlicher Materialien im Hinblick auf die richtige Lagerung bzw. die Wiederverwendung betrachtet werden. Einen weiteren Anhaltspunkt für die allenfalls notwendige Unterscheidung zwischen üblichem Deponiegut und verunreinigtem Material kann die Differenzierung nach den drei Deponietypen (Inertstoff-, Reststoff- und Reaktordeponie) gemäss TVA geben. So können etwa die Gebühren für die Entsorgung von Reaktordeponiegut ein erhebliches Ausmass annehmen. 230

Zwar trägt der Bauherr grundsätzlich das Risiko, dass sich in seinem Grundstück verunreinigtes Material befindet, das vor dem Beginn der Bauarbeiten kostenintensiv beseitigt oder gesichert werden muss. Gegebenenfalls kann sich der Bauherr auf Art. 373 Abs. 2 OR berufen, wonach der Richter den Werkpreis angemessen erhöhen oder die Auflösung des Vertrags bewilligen kann, wenn ausserordentliche Umstände dies rechtfertigen. Allerdings setzt die genannte Bestimmung voraus, das die ausserordentlichen Umstände nicht vorausgesehen werden konnten oder nach den von beiden Parteien angenommenen Voraussetzungen ausgeschlossen waren. Die Voraussehbarkeit ist jedenfalls dann zu bejahen, wenn das Grundstück im Zeitpunkt des Vertragsabschlusses in einem Altlastenkataster oder dem Kataster der belasteten Standorte gemäss Art. 5 AltlV verzeichnet war. Da heute das Problem der belasteten Standorte zumindest in Fachkreisen nicht mehr neu ist, dürfte die Voraussehbarkeit bei neuen Verträgen auch dann bejaht werden, wenn im Zeitpunkt des Vertragsabschlusses bekannt war, dass das betreffende Grundstück früher so genutzt worden ist, dass ein erheblicher Verdacht auf Vorliegen eines belasteten Standorts besteht (z.B. chemische Reinigung). 231

Ziff. 13.3

Der Bauherr ist dem Generalunternehmer gegenüber verantwortlich für die rechtzeitige Beseitigung aller öffentlich- und privatrechtlichen Hindernisse, die die Erstellung des Bauwerks gemäss den in den Vertragsunterlagen enthaltenen Angaben verhindern oder erschweren.

232 Die Bestimmung betrifft Vertragsgrundlagen, für die der Bauherr verantwortlich ist, und nicht Leistungspflichten des Generalunternehmers. Sie gilt nicht nur für Hindernisse betreffend den Baugrund.

233 Ist der Bauherr dafür verantwortlich, dass der Werkausführung des Generalunternehmers rechtliche Hindernisse entgegenstehen, kommt er allenfalls in Gläubigerverzug.

Ziff. 13.4

Der Bauherr trägt sämtliche Risiken für die Entschädigungen und Schadenersatzzahlungen an Nachbarn, Mieter und Dritte, soweit diese nicht durch den Generalunternehmer verschuldet sind.

Ohne anderweitige Vereinbarung gehen allfällige Entschädigungen für die Benützung von öffentlichem Grund während der Bauarbeiten zulasten des Generalunternehmers.

234 Zwar hat der Bauherr allfällige Entschädigungen und Schadenersatzzahlungen zu tragen. Der Generalunternehmer ist jedoch verpflichtet, neben den allenfalls vereinbarten auch die gesetzlich gebotenen Massnahmen zum Schutze Dritter gegen Immissionen (wie z.B. Lärm, Erschütterungen, Rauch), die durch seine Arbeit erzeugt werden, auf eigene Kosten vorzunehmen (Art. 112 Abs. 1 SIA-Norm 118). Schreibt der Bauherr Massnahmen gegen bestimmte Immissionen nach Art und Umfang vor, so hat der Generalunternehmer hinsichtlich dieser nur die Kosten der vorgeschriebenen Massnahmen zu tragen. Nachträglich angeordnete Massnahmen (z.B. auf Einsprache Dritter hin oder gemäss behördlicher Vorschrift) gehen in diesem Fall zulasten des Bauherrn, auch wenn sie gesetzlich geboten sind (Art. 112 Abs. 2 SIA-Norm 118).

D. PREISBESTIMMUNG

Einleitend werden die in der Praxis häufig anzutreffenden Arten der Werkpreisgestaltung kurz zusammengefasst. Auf verschiedene dieser Vergütungsarten wird bei den einzelnen nachfolgenden Ziffern näher eingegangen.   235

Werkvertrag ohne vorgängige Preisbestimmung

Ein Werkvertrag kann ohne vorgängige Preisbestimmung gültig abgeschlossen werden, wenn *Entgeltlichkeit vereinbart* wird und die Preisfrage nicht einen subjektiv wesentlichen Vertragspunkt darstellt. Von einem nicht im Voraus bestimmten Preis wird auch ausgegangen, wenn eine Festpreisvereinbarung von einer Partei behauptet, aber nicht nachgewiesen werden kann, oder wenn der Werkvertrag mit Festpreisabrede abgeändert wird, ohne dass für den dadurch entstandenen Mehr- oder Minderaufwand ein Preis vereinbart worden ist (BGE 113 II 514 ff.). Der Preis ist auch dann nicht im Voraus bestimmt, wenn die Parteien vereinbart haben, dass sich der Preis nach dem Aufwand richte (Gauch, Werkvertrag, N. 936).   236

Ist der Preis zum Voraus nicht bestimmt worden und haben die Parteien nicht vereinbart, wie er zu bestimmen ist, so wird er nach *Massgabe des Werts der Arbeit und der Aufwendungen* des Unternehmers festgesetzt (Art. 374 OR). Darunter sind die Selbstkosten des Unternehmers zuzüglich eines Zuschlags für Risiko und Gewinn zu verstehen. Können sich die Parteien nicht einigen, hat der Richter die Vergütung zu bestimmen, wobei häufig auf Regietarife der Berufsverbände zurückgegriffen wird.   237

Ein *ungefährer Kostenansatz* i.S.v. Art. 375 OR ist unverbindlich und hat nur die Bedeutung einer Geschäftsgrundlage (Gauch, Werkvertrag, N. 936 ff.). Der ungefähre Kostenansatz ist ein *unverbindlicher Kostenvoranschlag* (vgl. ausführlicher Ziff. 16 AVB offene Abrechnung). Er wird auch Richtpreis genannt.   238

Festpreis

Der Werkpreis kann im Voraus genau bestimmt werden (Art. 373 OR). Man spricht in derartigen Fällen von Festpreisen. Als Verträge mit Festpreis gelten *Gesamtpreisverträge* (der Werkpreis wird als Global- oder Pauschalpreis festgelegt; Ziff. 14 und 15 AVB) und *Einheitspreisverträge* (für alle oder   239 einen Teil der Leistungen werden Einheitspreise vereinbart).

240 Der *Einheitspreis* ist ein fester Preis, der sich auf eine bestimmte Masseinheit bezieht (BGE 113 II 516, 104 II 316). Die Vergütung ergibt sich aus der Menge der vom Unternehmer geleisteten Einheiten multipliziert mit dem zugehörigen Einheitspreis (Gauch, Werkvertrag, N. 917). Ohne besondere Vereinbarung sind alle Nebenleistungen wie Transporte, Bewachung von Maschinen usw. sowie die Kosten für fristgerechte Ausführung in den geschuldeten Einheitspreisen inbegriffen. Die erbrachten Mengen werden je nach vertraglicher Vereinbarung tatsächlich ausgemessen oder nach dem plangemässen Ausmass theoretisch ermittelt (vgl. Art. 141 SIA-Norm 118).

241 Mit der Vereinbarung eines festen Werkpreises hat der Unternehmer das Werk zum vereinbarten Festpreis vertragskonform herzustellen und übernimmt damit die *Preisgefahr*. Der Festpreis gilt unabhängig vom tatsächlichen Arbeitsaufwand und der effektiven Kosten sowie unabhängig davon, ob der Unternehmer mit der Erfüllung des Vertrags, der auch langfristig sein kann, einen Verlust oder Gewinn erzielt. Die Vereinbarung eines Festpreises wird nicht vermutet. Das bedeutet, dass derjenige, der die Vereinbarung eines Festpreises behauptet, dies zu beweisen hat. Mangels besonderer Abrede ist die Mehrwertsteuer im Festpreis eingeschlossen (Schumacher, Vergütung, N. 39).

Preis nach Aufwand

242 Die Parteien können vereinbaren, dass die Vergütung nach Aufwand zu bezahlen sei. Die Aufwandvergütung kann auf verschiedene Arten vereinbart werden. Insbesondere kann der Preis *«in Regie»* (nach Aufwand) mit oder ohne vereinbarte Ansätze vertraglich geregelt werden. Es ist möglich, dass der tatsächliche Aufwand des Unternehmers mit einem Zuschlag für Risiko und Gewinn vereinbart wird. Häufig anzutreffen ist aber, dass bestimmte Preisansätze für Mengeneinheiten bestimmter Aufwandkategorien (wie beispielsweise der Stundenlohn eines Maurers) festgesetzt werden. Bei der Vergütung nach Regieansätzen wird gestützt auf eine ausdrückliche oder stillschweigende Vereinbarung auf Verbandstarife einschlägiger Berufsverbände oder aber auf zwischen den Parteien individuell ausgehandelte Vergütungsansätze abgestellt (Gauch, Werkvertrag, N. 952). Der Regiepreis kann sodann mit oder ohne Kostenvoranschlag (ungefährer Kostenansatz) vereinbart werden.

Werkvertrag mit vorgängiger ungefährer Preisbestimmung

Die Bedeutung des im Voraus nur ungefähr bestimmten Preises gemäss Art. 374 OR ist in der Lehre strittig. Insbesondere wird das Verhältnis zum verabredeten ungefähren Ansatz i.S.v. Art. 375 OR kontrovers diskutiert (ZK-Bühler, Art. 374 OR, N. 9 ff.; Honsell/Vogt/Wiegand, Art. 374 OR, N. 1 ff.; Gauch, Werkvertrag, N. 934 ff.). Ist der Preis «nur ungefähr bestimmt» worden, liegt immerhin eine Preisvereinbarung vor. In diesem Fall ist Art. 375 OR nicht anwendbar, da diese Bestimmung voraussetzt, dass der Preis überhaupt nicht, auch nicht ungefähr bestimmt worden ist (Gauch, Werkvertrag, N. 940).   243

Bei einem vereinbarten *«Circa-Preis»* ist durch Vertragsauslegung zu ermitteln, ob dieser Gabelwerte (z.B. +/- 10%) enthält, welche verbindlich sind, so dass im Fall einer Überschreitung Art. 373 Abs. 2 OR anwendbar ist, oder ob dem Vertrag bloss ein ungefährer Kostenansatz i.S.v. Art. 375 OR zugrunde gelegt wurde.   244

14. Globalpreis

Ziff. 14.1

Ein Globalpreis ist eine feste Vergütung für alle gemäss Werkvertrag inbegriffenen Leistungen, mit Ausnahme allfälliger teuerungsbedingter Mehrkosten.

Globalpreis als Festpreis mit Teuerungsberücksichtigung

Der Globalpreis ist ein Festpreis. Der Werkpreis wird als «feste Vergütung» bezeichnet und entspricht dem Begriff der «Vergütung» gemäss Art. 363 OR. Bereits aus dem OR ergibt sich, dass die Vergütung fest ist, doch wird dies in Abgrenzung zur offenen Abrechnung deutlich gemacht. Er steht damit im Gegensatz zur Preisvariante der offenen Abrechnung, bei welcher der Werkpreis aufgrund der Schlussabrechnung des Generalunternehmers bestimmt wird, und zum Budgetpreis, der für einzelne Positionen innerhalb eines Global- oder Pauschalpreises eine offene Abrechnung vorsieht.   245

Der Globalpreis unterscheidet sich vom Pauschalpreis nur dadurch, dass der Generalunternehmer die teuerungsbedingten Mehrkosten separat, d.h.   246

D. Preisbestimmung

zusätzlich berechnen darf (zur Berechnung der Bauteuerung vgl. Ziff. 19 AVB). Die Regelungen betreffend die Erhöhung oder die Einführung neuer Steuern nach Vertragsabschluss (Ziff. 14.2 und 15.3 AVB) sind identisch.

247 Der Pauschalpreis ist Höchst- und zugleich auch Mindestpreis (Gauch, Werkvertrag, N. 900 ff.). Pauschaliert wird die Vergütung und nicht die Leistung, weshalb der Unternehmer bei Änderungsbestellungen grundsätzlich Anspruch auf Mehrvergütung hat. Ein Pauschalpreis kann für eine einzelne Leistung oder für einen Werkteil vereinbart werden. Beim Gesamtpreisvertrag bestimmt sich der Werkpreis ausschliesslich nach Pauschal- oder Globalpreisen.

248 Der Globalpreis wird vom Generalunternehmer insbesondere dann gewählt, wenn das Bauvorhaben in eine Zeit unsicherer Entwicklung der Teuerung fällt. Ergibt die Auslegung des ganzen Vertrags nicht eindeutig, dass ein Pauschalpreis vereinbart wurde, gilt der Preis als Globalpreis (Gauch, Werkvertrag, N. 911 f.).

249 Die «feste Vergütung» ist unabänderlich. Der Generalunternehmer hat Mehrkosten auch dann hinzunehmen, wenn er mit Verlust abschliessen muss. Dies gilt auch bei einem langfristigen Vertrag mit schwerwiegenden Verpflichtungen (Gauch, Werkvertrag, N. 902). Der Generalunternehmer hat unabhängig von den Gründen der Mehrkosten keinen Anspruch auf Preiserhöhung. Es ist deshalb irrelevant, ob die Mehrkosten auf Fehlkalkulationen, Nichteinhalten der Termine oder höhere Kosten der Subunternehmer zurückzuführen sind. Im Hinblick auf letzteren Erhöhungsgrund ist der Generalunternehmer gut beraten, mit den Subunternehmern ebenfalls Pauschalpreise zu vereinbaren (Widmer, S. 125).

Ausnahmen vom Festpreischarakter

250 Der Festpreischarakter ist allerdings nicht absolut und gilt bei ausserordentlichen Umständen nicht. Gemäss Art. 373 Abs. 2 OR bzw. den Art. 59 ff. SIA-Norm 118 ist die Bindung des Unternehmers an die getroffene Festpreisabrede auf ein zumutbares Mass beschränkt. Das in Art. 2 ZGB festgehaltene Gebot der wechselseitigen Rücksichtnahme geht dem Prinzip der Vertragstreue vor (Gauch, Werkvertrag, N. 1047).

251 Ob *ausserordentliche Umstände* vorliegen, die eine Erhöhung des vereinbarten Festpreises rechtfertigen, ist primär nach den nicht abschliessend genannten Fallbeispielen in Ziff. 20.1 AVB und sodann nach den Art. 59 ff.

SIA-Norm 118 zu beurteilen («solche Umstände können zum Beispiel sein: Wassereinbrüche, Erdbeben, Sturm, Gasaustritte, hohe unterirdische Temperatur, Radioaktivität, einschneidende behördliche Massnahmen, Störer des Arbeitsfriedens»). Die Regel der Art. 59 ff. SIA-Norm 118 ist Art. 373 Abs. 2 OR «nachgebildet», weshalb sich eine Auslegung dieser Bestimmungen am Sinngehalt dieser Gesetzesvorschrift orientieren darf (Gauch Kommentar SIA-Norm 118, N. 1 zu Art. 59; zu weiteren Fällen ausserordentlicher Umstände vgl. Gauch, Werkvertrag, N. 1050 ff.).

Eine *übermässige Erschwerung* i.S.v. Art. 373 Abs. 2 OR liegt vor, wenn die Mehrkosten zu einem krassen Missverhältnis zwischen Leistung des Unternehmers und Vergütung des Bestellers führen, so dass die Leistung ohne Vertragsanpassung unzumutbar ist (BGE 113 II 516, 104 II 317). Massgebend sind die tatsächlichen Erstellungskosten ohne Berücksichtigung eines Gewinns (BGE 104 II 317, 50 II 167). Auch ein bedeutender Verlust des Unternehmers stellt noch keine übermässige Erfüllungslast dar. Das Missverhältnis muss aber nicht derart weit gehen, dass die Aufrechterhaltung des Vertrags zum Ruin des Unternehmers führen würde. Die Vermögensverhältnisse der Parteien sind denn auch grundsätzlich nicht zu berücksichtigen.

252

Auch Umstände, die bereits bei Vertragsabschluss bestanden haben, können in den Anwendungsbereich von Art. 373 Abs. 2 OR fallen (BGE 109 II 335, zum Ganzen Gauch, Werkvertrag, N. 1049 ff.). Vom objektiven Standpunkt eines sachkundigen und sorgfältigen Unternehmers aus unvorhersehbare Umstände können eine Anpassung des Festpreises rechtfertigen. Die kostenverändernden Faktoren müssen «werksimmanent» sein, so dass sie auch jeden anderen Unternehmer getroffen hätten. Der Unternehmer als Fachmann hat die massgebenden Umstände zu kennen und diese hinreichend abzuklären, weshalb an die Unvoraussehbarkeit der Verhältnisse eher ein strenger Massstab zu setzen ist (BGE 109 II 336). Eine Abweichung von den Voraussetzungen, welche von den Vertragsparteien angenommen worden sind, rechtfertigt dann einen richterlichen Eingriff, wenn das Festhalten am Festpreis Treu und Glauben widerspräche (BGE 113 II 519, 104 II 315).

253

Nach herrschender Lehre sind auch ausserordentliche Umstände, die zu massiven Unterschreitungen des Festpreises führen, zugunsten des Bauherrn zu berücksichtigen, da gestützt auf das Prinzip von Treu und Glauben eine sinngemässe Anwendung von Art. 373 Abs. 2 OR auch zulasten des Unternehmers zu bejahen ist (Gauch, Werkvertrag, N. 1145 ff.).

254

D. Preisbestimmung

Geltendmachung einer Preiserhöhung

255 Zur Wahrung seiner Rechte hat der Generalunternehmer unverzüglich nach Kenntnis der ausserordentlichen Umstände dem Bauherrn das offenkundige Missverhältnis zwischen Leistung und vereinbarter Vergütung mitzuteilen (Gauch, Werkvertrag, N. 1113). Weiter geht BGE 116 II 315, wonach unverzüglich das Wahlrecht zwischen Preisanpassung und Vertragsauflösung auszuüben sei. Es ist umstritten, ob der Generalunternehmer das genannte Wahlrecht hat. Nach Auffassung von Gauch hat der Unternehmer gemäss dem klaren Wortlaut von Art. 373 Abs. 2 OR kein Gestaltungsrecht betreffend Preiserhöhung oder Vertragsauflösung, sondern einzig ein Gestaltungsklagerecht (Gauch, Werkvertrag, N. 1122 ff.; anders BGE 48 II 125). Es genüge, dem Urteil rückwirkende Kraft zuzuerkennen, so dass der Unternehmer seine Arbeiten vor dem rechtskräftigen Urteil einstellen könne. Auch bei einem Wahlrecht des Generalunternehmers hätte dieser das Risiko, dass der Richter ein Auflösungsrecht im konkreten Fall verneint. Das richterliche Urteil betreffend das ausgeübte Gestaltungsklagerecht hat konstitutiven Charakter. Art. 373 Abs. 2 OR bietet keine Grundlage für andere Vertragsanpassungen wie Minderung des geschuldeten Leistungsumfangs oder Verlängerung der Ausführungsfristen (Gauch, Werkvertrag, N. 1126).

256 Der Richter kann gestützt auf Art. 373 Abs. 2 OR den Preis anpassen oder den Vertrag auflösen. Bei der Preisanpassung darf nur die unzumutbare Leistung des Unternehmers zu einer objektiv zumutbaren werden, ohne dass sie deswegen verlustfrei oder gewinnbringend werden muss (BGE 104 II 317). Bei der Vertragsauflösung sind deren Folgen zu regeln. Preisanpassung und (Teil)auflösung kommen nicht kombiniert zur Anwendung (Gauch, Werkvertrag, N. 1119; a.M. Honsell/Vogt/Wiegand, Art. 373 OR, N. 29). Die Vertragsanpassung hat den hypothetischen Vertragswillen zu berücksichtigen.

257 Art. 373 Abs. 2 OR ist dispositiver Natur. Die Parteien können auch vereinbaren, dass der vereinbarte Festpreis «absolut» sei. Allerdings steht eine derartige Vereinbarung unter dem Vorbehalt von Art. 27 Abs. 2 ZGB, der eine übermässige persönliche Selbstbindung zwingend untersagt (Gauch, Werkvertrag, N. 1130).

Leistungsumfang der festen Vergütung

258 Die Vereinbarung einer festen Vergütung gilt selbstverständlich nur so weit, als das bei Vertragsabschluss vereinbarte Preis-Leistungs-Verhältnis unverändert bleibt. Dies bedeutet, dass bei einem Pauschalpreis nicht unbedingt

alles im Leistungsumfang inbegriffen ist, was irgendwie für das Werk erforderlich ist. Die Leistung ist vielmehr gemäss Baubeschrieb definiert. Soll alles für ein Werk Erforderliche im Leistungsumfang enthalten sein, ist eine «Vollständigkeitsklausel» zu vereinbaren. Dann ist nicht nur der Preis pauschal, sondern wird auch die Leistung pauschaliert, nämlich im umfassenden Umfang (vgl. zum Ganzen und zum funktionalen Baubeschrieb N. 173 ff. zu Ziff. 9.2 AVB). Mehrkosten aufgrund von Bestellungsänderungen sind nach den Regeln der Ziff. 20 ff. AVB betreffend Änderungswünsche abzuhandeln.

Ziff. 5 Vurk präzisiert, welche Leistungen des Generalunternehmers im Werkpreis inbegriffen sind. Gemäss den Ziff. 5.1 und 5.2 Vurk gilt grundsätzlich folgendes Unterscheidungsmerkmal: Im Werkpreis inbegriffen sind sämtliche Leistungen, die für die vertragsgemässe Erstellung des Bauwerks notwendig sind, wogegen die übrigen Kosten nicht inbegriffen sind. Als notwendig gelten die Leistungen gemäss Baubeschrieb und Vertragsplänen, die Leistungen, welche zur Befolgung der gesetzlichen und behördlichen Vorschriften und Auflagen notwendig sind, die Honorare und Spesen des Generalunternehmers und seiner Beauftragten gemäss Leistungstabelle sowie die Garantieleistungen und Risikoübernahmen des Generalunternehmers. Eine allfällige Übernahme von Gebühren und Abgaben durch den Generalunternehmer ist in der Vertragsurkunde festzuhalten (Ziff. 5.1.5 Vurk). Der Generalunternehmer übernimmt ferner die Unternehmerhaftpflichtversicherung, wogegen die Kostentragung der Bauwesenversicherung vertraglich zu regeln ist.   259

Im Werkpreis nicht inbegriffen sind die Honorare und Spesen der Beauftragten des Bauherrn, die Bauherrenhaftpflichtversicherung, die Bauzinsen und die übrigen mit der Finanzierung zusammenhängenden Kosten, Entschädigungen an Nachbarn, Mieter und Dritte, sofern sie nicht durch den Generalunternehmer verschuldet sind, sowie die Mehrkosten infolge notwendiger oder vom Bauherrn gewünschter Änderungen und infolge nicht durch den Generalunternehmer verschuldeter Verzögerungen des Bauprogramms (Ziff. 5.2 Vurk). Eine ähnliche Kostenaufteilung sieht auch der Generalunternehmervertrag des SIA vor. Gemäss dessen Ziff. 5.6 werden zusätzlich folgende Kosten explizit erwähnt und als im Werkpreis nicht inbegriffen bezeichnet: Ersatzmaterialien für das Bauwerk und dessen Betrieb, Restbestand für Heizöl bei Bauübergabe und neben sämtlichen Anschlussgebühren insbesondere auch Perimeterbeiträge (aus Quartierplanverfahren).   260

261 Mehrkosten sind ferner dann zum Festpreis hinzuzuzählen, wenn der Bauherr diese durch eigenes fehlerhaftes Verhalten verursacht hat (Egli, S. 81). Ein fehlerhaftes Verhalten liegt nicht nur bei Vertragsverletzungen des Bauherrn vor, sondern auch dann, wenn er blosse Obliegenheiten nicht erfüllt und damit in Annahmeverzug gerät (Gauch, Werkvertrag, N. 1328). Um Streitigkeiten darüber zu vermeiden, welche Leistungen als Mitwirkungshandlungen vom Bauherrn erwartet werden, sind ein hinreichender Baubeschrieb und eine genügend ausführliche Leistungstabelle gemäss Ziff. 2.1.3 Vurk zu erstellen. Daneben ist die Planbearbeitung durch den Bauherrn im Sinne von Ziff. 11 AVB genügend klar zu regeln. Allenfalls sind gesondert weitere Mitwirkungspflichten des Bauherrn schriftlich festzuhalten .

262 Die Berechnung der Mehrkosten erfolgt nach der Regel von Ziff. 20.3 AVB.

263 Subventionen fallen ohne besondere Vereinbarung dem Bauherrn zu (vgl. auch Art. 17 SIA-Generalunternehmervertrag). Eine abweichende Regelung, wonach allfällige Subventionen und Beiträge der öffentlichen Hand dem Totalunternehmer zustehen, kann insbesondere beim Totalunternehmervertrag sinnvoll sein. Dieser soll auch diesbezüglich das Werk optimieren können. Als Einschränkung wäre allerdings festzuhalten, dass diese Beiträge dem Totalunternehmer nur zustehen, soweit dem Bauherrn dadurch keine Verpflichtungen erwachsen.

Ziff. 14.2

Der Generalunternehmer hat zudem Anspruch auf die Vergütung der Mehrkosten infolge Erhöhung bestehender, Einführung neuer indirekter Steuern oder bei Ausdehnung bestehender Steuern auf bisher nicht pflichtige Leistungen.

264 Eine vertraglich zu regelnde Übernahme der Steuerrisiken durch den Generalunternehmer müsste mit einer separaten Risikoprämie kompensiert werden.

15. Pauschalpreis

Ziff. 15.1

Ein Pauschalpreis ist eine feste Vergütung für alle gemäss Werkvertrag inbegriffenen Leistungen einschliesslich allfälliger teuerungsbedingter Mehrkosten.

Der Pauschalpreis ist ein Festpreis (zum Begriff der festen Vergütung vgl. die N. 245 ff. zu Ziff. 14.1 AVB). 265

Im Gegensatz zum Globalpreis ist die Teuerung im Festpreis inbegriffen. 266

Ziff. 15.2

Der Pauschalpreis bezieht sich auf die vertraglich festgelegten Termine für die Bauausführung.

Verzögert sich der vertraglich festgelegte Baubeginn oder die Ausführung erheblich und ohne Verschulden des Generalunternehmers, so ist der Pauschalpreis entsprechend der nachweislich daraus entstehenden Mehrkosten anzupassen.

Der Generalunternehmer trägt bei der Vereinbarung eines Pauschalpreises das Teuerungsrisiko. Ziff. 15.2 AVB stellt klar, dass dies nicht für Bauverzögerungen gilt, die der Bauherr verschuldet hat. 267

Die Bestimmung in der Fassung von 1995 nennt lediglich die Kosten von Verzögerungen, die erheblich sind. Die Ausgabe 1992 enthielt diese Einschränkung nicht. 268

Erfahrungsgemäss erkennt der Bauherr die Konsequenzen einer Bauverzögerung nicht früh genug, weshalb der Generalunternehmer verpflichtet ist, auch die Mehrkosten infolge Terminverschiebungen, die er nicht verschuldet hat, unverzüglich zu avisieren. 269

Ziff. 15.3

Der Generalunternehmer hat zudem Anspruch auf die Vergütung der Mehrkosten infolge Erhöhung bestehender, Einführung neuer indirekter

Steuern oder bei Ausdehnung bestehender Steuern auf bisher nicht pflichtige Leistungen.

270 Die Regelung entspricht Ziff. 14.2 AVB.

16. Offene Abrechnung

Ziff. 16.1

Wird ein Werkvertrag mit offener Abrechnung vereinbart, so erfolgt die Bestimmung des Werkpreises aufgrund der Schlussabrechnung des Generalunternehmers. Der allenfalls im Werkvertrag aufgeführte Preis gilt in diesem Fall als Kostenschätzung.

271 Die Preisbestimmung nach offener Abrechnung wird eher selten gewählt. Diese Variante hat ihre Bedeutung vor allem in Verbindung mit der Vereinbarung eines Kostendachs (vgl. N. 288 ff. zu Ziff. 17.1 AVB). Die offene Abrechnung ohne Kostendach wird von beiden Parteien insbesondere dann akzeptiert, wenn die Preisprognose offenkundig schwierig ist.

Kostenschätzung

272 Die Genauigkeit der Kostenschätzung ist in Ziff. 4.3 Vurk (Variante offene Abrechnung) zu definieren. Die Kostenschätzung stellt einen ungefähren Kostenansatz im Sinne von Art. 375 OR dar. Sie ist insbesondere vom «Ca.-Preis» mit verbindlichen Gabelwerten zu unterscheiden (vgl. N. 244), denn mit der Preisvariante der offenen Abrechnung wird gerade kein fester Werklohn, auch nicht innerhalb einer fest bestimmten Bandbreite, vereinbart. Der geschuldete Preis richtet sich nicht nach diesem, sondern nach dem Aufwand des Unternehmers, wobei dem Besteller bei unverhältnismässiger Überschreitung die Rechtsbehelfe von Art. 375 OR zur Verfügung stehen (Gauch, Werkvertrag, N. 938).

273 Der ungefähre Kostenansatz ist ein *unverbindlicher Kostenvoranschlag*. Er hat die Bedeutung einer Geschäftsgrundlage für den Besteller (Gauch, Werkvertrag, N. 938; a.M. ZK-Bühler, Art. 375 OR, N. 4; BGE 92 II 331).

274 Falls die Parteien die Genauigkeit der Kostenschätzung nicht bestimmen, gilt die «Faustregel», dass eine *Toleranz von 10%* nicht überschritten wer-

den darf. Diese Regel ist jedoch nicht absolut massgebend, sondern es sind die gesamten Umstände und insbesondere die Prognostizierbarkeit der Kosten mitzuberücksichtigen (BGE 115 II 462; Gauch, Werkvertrag, N. 985).

Folgen der Kostenüberschreitung

Die Haftung gemäss Art. 375 OR für die Überschreitung der Kostenprognose beruht auf dem Gedanken des Grundlagenirrtums (BGE 115 II 461). Er ist nur anwendbar, wenn ein ungefährer Kostenansatz zur Geschäftsgrundlage gemacht worden ist (BGE 92 II 331 spricht von einer entsprechenden Vereinbarung); bei einem festen Preis gilt Art. 373 Abs. 2 OR. 275

Ob eine Überschreitung unverhältnismässig sei, ist entsprechend Art. 24 Abs. 1 Ziff. 4 OR gemäss Treu und Glauben im Geschäftsverkehr zu prüfen (BGE 115 II 462). Der tatsächliche Wert des Werks ist bedeutungslos (Honsell/Vogt/Wiegand, Art. 375 OR, N. 10). Massgebend ist dagegen, ob der Besteller das Werk nicht bestellt hätte, wenn er bei Vertragsabschluss die tatsächlichen Kosten bereits gekannt hätte (BGE 98 II 303; a.M. Gauch, mit dem Hinweis, dass Art. 375 OR nur an das Übermass der Überschreitung anknüpft und nicht auch die Vertragsgrundlage massgebend sei [Gauch, Werkvertrag, N. 986]). 276

Die Überschreitung des ungefähren Kostenansatzes ist grundsätzlich keine Vertragsverletzung. Hat der Unternehmer den ungefähren Kostenansatz mit Absicht oder aus Unsorgfalt zu tief angesetzt, hat er hiefür aus culpa in contrahendo einzustehen. Verlangt der Besteller Preisherabsetzung, wirkt sich das Verschulden bei der Bemessung des Herabsetzungsbetrags aus (weiterführend Gauch, Rz. 1009). Aus der allgemeinen werkvertraglichen Sorgfaltspflicht gemäss Art. 364 Abs. 1 OR und Art. 365 Abs. 3 OR wird die Pflicht des Unternehmers zur Anzeige einer sich abzeichnenden oder erstellten Kostenüberschreitung abgeleitet. 277

Abs. 1 von Art. 375 OR gewährt ein *Rücktrittsrecht ex tunc* (BGE 98 II 304) und statuiert vertragliche Rückabwicklungspflichten (BGE 114 II 157; Gauch, Werkvertrag, N. 976), hingegen keinen Anspruch auf Herabsetzung des Werklohns. Für Bauten auf Grund und Boden des Bestellers gilt indessen die besondere Rechtsfolge des Abs. 2 von Art. 375 OR, welche den Eigentumsübergang des Werks auf den Bauherrn gestützt auf das Akzessionsprinzip berücksichtigt. Art. 375 Abs. 2 OR gibt dem Bauherrn das Wahlrecht, die *Herabsetzung des Werklohns* zu verlangen oder gegen Vergütung der erbrachten Arbeiten vom *Vertrag zurückzutreten*. 278

D. Preisbestimmung

279 Über die *Angemessenheit der Herabsetzung* des Werklohns entscheidet der Richter nach seinem Ermessen. In der Regel haben die Vertragsparteien die Überschreitung der Toleranz von 10% im Sinne einer Risikoteilung je zur Hälfte zu tragen (BGE 115 II 462). Dies wird mit der Überlegung begründet, dass der Unternehmer keinen festen Preis versprochen hat, die Überschreitung aber aus seinem Verantwortungsbereich stammt (zum Ganzen vgl. Gauch, Werkvertrag, N. 979). Es sind indessen die gesamten Umstände zu würdigen und insbesondere das Verschulden einer Partei zu berücksichtigen.

280 Der *Rücktritt* im Sinne von Art. 375 Abs. 2 OR wirkt *ex nunc* (Gauch, Werkvertrag, N. 977). Die bereits ausgeführten Arbeiten sind zu vergüten. Als billiger Ersatz ist die volle Vergütung der bisher geleisteten Arbeit geschuldet.

281 Der Generalunternehmer hat den tatsächlichen Aufwand zu beweisen. Der Bauherr hat das Vorliegen einer ungefähren Kostenschätzung als Voraussetzung seiner Rechte gemäss Art. 375 OR zu beweisen (Honsell/Vogt/Wiegand, Art. 374 OR, N. 18 ff.).

Pflichten des Generalunternehmers

282 Wird offene Abrechnung vereinbart, trifft den Generalunternehmer die Pflicht, seine Kosten und diejenigen der Subunternehmer, Lieferanten und Beauftragten möglichst tief zu halten. Insbesondere ist zu erwarten, dass der Generalunternehmer bei nicht gerade untergeordneten Vergaben eine *Submission* durchführt. Die *Sorgfalts- und Treuepflicht* bedingt sodann, dass der Generalunternehmer alle weiteren Massnahmen wie effiziente Koordination, Bauüberwachung, Kostenkontrolle trifft, um den Werkpreis tief zu halten.

283 Wo der Generalunternehmer mit den Subunternehmern kein Submissionsverfahren durchführen und keinen Festpreis vereinbaren kann, richtet sich der Werkpreis nach dem Aufwand. Für Regiearbeiten sollten die folgenden Grundsätze beachtet werden. Diese gelten auch im Verhältnis zwischen Bauherr und Generalunternehmer.

284 In Abänderung von Art. 45 Abs. 1–2 SIA-Norm 118 sollten Regiearbeiten nur auf ausdrückliche, schriftliche Anordnung des Bauherrn zulässig sein. Häufig ist daher die Regelung anzutreffen, dass Regiearbeiten, die ohne ausdrückliche, schriftliche Anordnung des Bauherrn vorgenommen werden, von diesem finanziell nicht abgegolten werden. Weiter gehend kann verein-

bart werden, dass der Generalunternehmer ausdrücklich darauf verzichte, für nicht schriftlich durch den Bauherrn angeordnete Regiearbeiten eine Vergütung zu verlangen; er verzichte insbesondere darauf, einen entsprechenden Anspruch aus ungerechtfertigter Bereicherung oder Geschäftsführung ohne Auftrag geltend zu machen. Werden dennoch Regiearbeiten ausgeführt und hat der Bauherr Kenntnis davon, ist es in der Praxis allerdings schwierig, sich auf die Verletzung der vereinbarten Formvorschrift zu berufen. Vorerst stellt sich die Frage, ob die Formvorschrift als Beweis- oder Abschlussform vereinbart wurde. Im letzteren Fall fragt sich des Weiteren, ob die Formvorschrift mit Kenntnisnahme der Arbeiten nicht stillschweigend aufgehoben worden sei.

Ziff. 16.2

Die Schlussabrechnung basiert auf den detaillierten und vom Generalunternehmer akzeptierten Abrechnungen sämtlicher Subunternehmer, Lieferanten und Beauftragten des Generalunternehmers sowie den Kostenbelegen für alle im Werkvertrag eingeschlossenen übrigen Leistungen und Kosten. Der Bauherr ist berechtigt, die Abrechnungsbelege einzusehen.

Wird eine offene Abrechnung vereinbart, bedeutet dies, dass der Generalunternehmer dem Bauherrn über sämtliche Honorare und Vergütungen, die er für seine eigenen Leistungen beansprucht und die er an Dritte bezahlt hat, eine offene und detaillierte Abrechnung vorlegt. 285

Das Einsichtsrecht ergibt sich bereits aus der Vertragsauslegung bei vereinbarter offener Abrechnung. Andernfalls wäre die Abrechnung nicht offen und nicht nachvollziehbar. Zum Einsichtsrecht gehört wohl nicht die Pflicht des Generalunternehmers zur (vorübergehenden) Herausgabe der Unterlagen (besondere Umstände vorbehalten), hingegen das Recht des Bauherrn, anlässlich der Einsichtnahme beim Generalunternehmer auf seine (des Bauherrn) Kosten Kopien herzustellen. 286

Ziff. 16.3

Die Honorare und die Risikoentschädigung des Generalunternehmers sowie durch diesen selbst erbrachte Bauleistungen werden gemäss den vertraglich vereinbarten Ansätzen vergütet.

287 Die AVB unterscheiden zwischen den Honoraren und der Risikoentschädigung des Generalunternehmers. Die Honorare berechnen sich aufgrund der Leistungstabelle gemäss Ziff. 2.1.3 Vurk. Die Risikoentschädigung ist in Ziff. 4.5 Vurk (Variante offene Abrechnung) in Prozenten anzugeben. Für eigene Bauleistungen des Generalunternehmers ist eine Vergütung gemäss «den vertraglich vereinbarten Ansätzen» zu entrichten.

17. Kostendach

Ziff.17.1

Wird bei Verträgen mit offener Abrechnung ein Kostendach vereinbart, so gilt dieses als garantierter maximaler Werkpreis für die im Werkvertrag inbegriffenen Leistungen.

288 Wird eine Abrechnung nach Aufwand oder Einheitspreisen vereinbart, fällt es dem Besteller allenfalls schwer, die ihn zu erwartenden Kosten abzuschätzen. Um den Besteller dennoch vor einem übermässigen Werklohn zu sichern, kann ein Kostendach vereinbart werden. Darunter wird in der Regel der maximal zulässige Werklohn verstanden. In selteneren Fällen kann die Vertragsauslegung ergeben, dass unter Kostendach ein Richtpreis oder ein ungefährer Kostenansatz zu verstehen ist. In den AVB wird das Kostendach als maximaler Festpreis verstanden. Die Abrechnung erfolgt zwar nach Aufwand oder nach Einheitspreisen. Das Kostendach darf dabei aber nicht überschritten werden. Vorbehalten bleiben die gleichen Ausnahmefälle wie beim Pauschalpreis, wobei Art. 373 Abs. 2 OR sinngemäss zur Anwendung gelangt (Gauch, Werkvertrag, N. 1036).

289 Die Vergütung nach Aufwand mit Kostendachgarantie rechtfertigt sich immer dann, wenn es den Parteien aufgrund des Leistungsbeschriebs nicht möglich oder zu riskant ist, einen Pauschal- oder Globalpreis zu nennen. Diese Preisvariante gewährt dem Bauherrn eine Kostengarantie, und er profitiert, wenn das Werk billiger als prognostiziert wird. Ferner hat er das Recht auf Einsicht in die Bauabrechnung des Generalunternehmers (vgl. Widmer, S. 129).

290 Ziff. 17.1 AVB ist wegen der Verwendung des Begriffs «garantierter maximaler Werkpreis» missverständlich. Dazu ist Folgendes anzumerken. Die

Bestimmung definiert lediglich das Kostendach in Abgrenzung zur offenen Abrechnung. Es ist nicht davon auszugehen, dass die Parteien mit der vertraglichen Wahl der Kostendachvariante in der Vertragsurkunde zusätzlich auch eine Maximalpreisgarantie im Sinne von N. 257 zu Ziff. 14.1 AVB vereinbaren. Vom Kostendach als maximalem Festpreis kann somit unter den in N. 250 ff. zu Ziff. 14.1 AVB beschriebenen Voraussetzungen abgewichen werden. Das Kostendach kann indessen individuell und in Abweichung von den AVB als Kostendachgarantie (vgl. N. 257 zu Ziff 14.1 AVB) vereinbart werden.

Ziff. 17.2

Im Werkvertrag ist festzulegen, ob sich das Kostendach einschliesslich oder ausschliesslich Bauteuerung versteht. Für die Anpassung des Kostendachs sind die Bestimmungen über den Pauschal- bzw. Globalpreis sinngemäss anzuwenden.

Es kann ein pauschales oder globales Kostendach vereinbart werden. Damit ist nicht auch die Vereinbarung eines Mindestpreises gemeint, sondern lediglich, ob das Kostendach der Teuerung anzupassen ist oder nicht. 291

Die Variante einschliesslich Teuerung wird Pauschalkostendach und diejenige exklusive Teuerung Globalkostendach genannt (Widmer, S. 129). Die Vertragsurkunde sieht zwei gesonderte Formulare für die Abrechnung mit Global- bzw. Pauschalkostendach vor. Bei Bauten mit längerer Ausführungsdauer sollte die Globalkostendachvariante gewählt werden, da der Teuerungsverlauf für beide Parteien schwieriger vorauszusagen ist. 292

Wird nicht vereinbart, ob ein Global- oder Pauschalkostendach gelten soll, so muss das Kostendach als absolute Garantie (wie der Pauschalpreis) verstanden werden; der Generalunternehmer kann die Teuerung nicht zusätzlich fordern (Widmer, S. 129 f.). 293

Ziff. 17.3

Zudem ist das Kostendach anzupassen infolge notwendiger oder vom Bauherrn gewünschter Änderungen, Abrechnung der im Kostendach enthaltenen Budgetpositionen, Mehrkosten infolge Vergabe an einen vom Bauherrn gewünschten Subunternehmer sowie von Verzögerungen des Bauprogramms ohne Verschulden des Generalunternehmers.

D. Preisbestimmung

294 Es kann auf die Anmerkungen in den N. 250 ff. zu Ziff. 14.1 AVB verwiesen werden. Zu den Budgetpositionen vgl. Ziff. 18.2 AVB.

Ziff. 17.4

Keine Anpassung des Kostendachs erfolgt bei Mehr- oder Minderkosten, die vom Generalunternehmer zu vertreten sind. Dies gilt insbesondere für Mehr- oder Minderausmasse, sowie Preisnachlässe oder Nachforderungen seitens der Subunternehmer und Lieferanten.

Minderkosten infolge von vom Bauherrn genehmigten Änderungsvorschlägen des Generalunternehmers haben in der Regel keine Anpassung des Kostendachs zur Folge.

295 Abs. 2 dieser Bestimmung ist im Hinblick auf die Prämie für eine Unterschreitung des Kostendachs bei offener Abrechnung zu würdigen (vgl. Ziff. 4.7 Vurk und Ziff. 17.6 AVB). Von Änderungsvorschlägen des Generalunternehmers, die zu einer Unterschreitung des Kostendachs führen, soll der Generalunternehmer profitieren können. Er soll auch vom ihn allein treffenden Kostenrisiko im Hinblick auf das Kostendach entlastet werden.

296 Als Änderungsvorschläge im Sinne von Ziff. 17.4 Abs. 2 AVB kommen nur diejenigen in Frage, die nicht eine quantitative oder qualitative Abweichung vom vertraglich geschuldeten Werk beinhalten.

Ziff. 17.5

Überschreitet der Gesamtbetrag der Schlussabrechnung das angepasste Kostendach, so geht die Kostendifferenz vollumfänglich zulasten des Generalunternehmers.

297 Im Gegensatz zur offenen Abrechnung wird die Differenz hier vertraglich vom Generalunternehmer übernommen; es liegt kein Fall einer Schadenersatzleistung wegen Überschreitung der Kostenschätzung vor (vgl. Ziff. 16.1 AVB).

Ziff. 17.6

Liegt der Gesamtbetrag der Schlussabrechnung unter dem angepassten Kostendach, so hat der Generalunternehmer Anspruch auf den vertraglich festgelegten Anteil der Kostendifferenz.

Damit der Generalunternehmer möglichst kostengünstig baut, kann vereinbart werden, dass er bei einer Kostendachunterschreitung eine Prämie erhält. Diese ist als prozentualer Anteil der Kostendachunterschreitung in Ziff. 4.7 Vurk (Variante offene Abrechnung mit Kostendach einschliesslich bzw. ausschliesslich Bauteuerung) festzusetzen. Andere Regelungen sind selbstverständlich möglich.

18. Budgetpreis

Ziff. 18.1

Für im Werkvertrag inbegriffene, in Art und/oder Umfang aber noch nicht bestimmte Leistungen kann ein Budgetpreis vereinbart werden.

Budgetpreise werden regelmässig lediglich für einzelne Leistungen vereinbart, die dem Regime der festen Vergütung bei der Abrede eines Pauschal- oder Globalpreises oder eines Kostendachs entzogen werden sollen. Ziff. 18.2 AVB spricht deshalb auch von Budgetpositionen.

Ziff. 18.2

Über diese Leistungen (= Budgetpositionen) wird innerhalb des Werkpreises separat und offen abgerechnet.

Allfällige Differenzen zwischen der Abrechnungssumme und den einkalkulierten Budgetpreisen haben eine entsprechende Erhöhung bzw. Verminderung des sonst vertraglich pauschalierten Werkpreises bzw. eines allfälligen Kostendachs zur Folge. Darin besteht der eigentliche Sinn der Budgetpositionen.

Ziff. 18.3

Ohne anderweitige Vereinbarung sind die Honorare und die Risikoentschädigung für die Budgetpositionen im vertraglichen Pauschal- oder Globalpreis inbegriffen.

Abweichungen vom vereinbarten Budgetpreis gelten als Änderungen mit den entsprechenden Auswirkungen auf die Honorare und die Risikoentschädigung des Generalunternehmers.

301 Im Budgetpreis sind keine Honorare und Risikoentschädigungen des Generalunternehmers inbegriffen. Soweit der Budgetpreis eingehalten werden kann, ist das entsprechende Entgelt im Pauschal- oder Globalpreis bereits enthalten. Da im Budgetpreis keine Honorare und Risikoentschädigungen eingeschlossen sind, kann und muss das Entgelt des Generalunternehmers für allfällige Preisdifferenzen bei den Budgetpositionen direkt und allein aufgrund der Preisdifferenzen berechnet werden.

302 Als Abrechnungsbasis für die Honorare und die Risikoentschädigung des Generalunternehmers gilt die Regelung von Ziff. 4.4 Vurk (Pauschal- oder Globalpreis) bzw. Ziff. 4.2 Vurk (offene Abrechnung) bzw. Ziff. 4.5 Vurk (offene Abrechnung mit Kostendach).

19. Bauteuerung

Ziff. 19.1

Die Berechnungsart der teuerungsbedingten Mehrkosten (= Bauteuerung) ist im Werkvertrag festzulegen.

303 Die Art und Weise der Berechnung der Bauteuerung geht aus Ziff. 19.2 AVB hervor. Die Regeln gelten primär für die Vereinbarung eines Globalpreises. Sie gelten auch im Hinblick auf zusätzliche Teuerungen wegen Bauverzögerung bei Verträgen mit Pauschalpreisen (vgl. Ziff. 15.2 AVB) und sind auch bei Verträgen mit Kostendach exklusive Bauteuerung entsprechend anwendbar.

Ziff. 19.2

Ohne anderweitige Vereinbarung gelten folgende Regeln: Als Ausgangspunkt für die Berechnung der Bauteuerung gilt der Preisstand zum Zeitpunkt der Offertabgabe.

Erhöht sich der Preisstand nach der Offertabgabe, so wird der als Globalpreis vereinbarte Werkpreis entsprechend angepasst. Ein sinkender Preisstand hat keine Anpassung des Werkpreises zur Folge.

Die Berechnung der Bauteuerung erfolgt halbjährlich, nach Massgabe der im betreffenden Zeitraum geleisteten Zahlungen.

Für die Bestimmungen des Preisstands wird der Gesamt-Baukostenindex des Statistischen Amts der Stadt Zürich angewendet. Der Indexstand per 1. April ist massgebend für die erste Hälfte jedes Kalenderjahres, derjenige per 1. Oktober für die zweite Hälfte.

Die vorstehenden Regeln sind sinngemäss anzuwenden auf Verträge mit Kostendach ausschliesslich Bauteuerung.

304 Die Berechnungsart der Bauteuerung kann individuell vereinbart werden und ist in Ziff. 4.3 Vurk der entsprechenden Preisvariante zu umschreiben. Unter dieser Ziffer ist auch der Stichtag für den Stand der Teuerung bei Vertragsabschluss einzutragen.

305 Die subsidiär geltende Berechnungsweise der Bauteuerung basiert auf dem Modell der Teuerungsabrechnung auf den einzelnen Werkpreis-Ratenzahlungen. Sie stellt eine Verbesserung der Regelung gemäss Ziff. 5 des Mustervertrags von 1990 dar, welche die Teuerung auf dem gesamten Werkpreis ab Vertragsabschluss bis Baubeginn voll und anschliessend bis Bauvollendung zu einem prozentualen Anteil vorsah. Die alte Regelung war vor allem dann unbefriedigend, wenn die Teuerung nicht mehr oder weniger linear, sondern insbesondere auf den Zeitpunkt der Bauvollendung hin stark anstieg oder sank.

306 Wird die Berechnung der Teuerung im Generalunternehmervertrag in Abweichung von den AVB nicht geregelt (indem Art. 19.2 AVB gestrichen und keine neue Regelung getroffen wird), gelten die Art. 64–82 SIA-Norm 118 subsidiär (diese Teuerungsabrechnung ist relativ kompliziert; vgl. Widmer, S. 128 f.). Ist auch die SIA-Norm 118 wegbedungen, hat der Generalunternehmer dem Bauherrn seinen Teuerungsanspruch für jede einzelne Leistung nachzuweisen (Widmer, S. 134).

E. ÄNDERUNGEN

20. Notwendige Änderungen

Ziff. 20.1

Als notwendig gelten Änderungen infolge höherer Gewalt oder anderer nicht vom Generalunternehmer verschuldeter Umstände, insbesondere infolge von neuen gesetzlichen und behördlichen Vorschriften und Auflagen, gerichtlichen und polizeilichen Weisungen. Ohne anderweitige Vereinbarung gilt der Vertragsabschluss als Stichtag.

Änderungen infolge Mängel des Baugrundstücks gelten als notwendig, sofern letztere nicht aus den Vertragsunterlagen hervorgehen.

Ebenfalls als notwendige Änderungen gelten Mehr- oder Minderleistungen infolge nicht durch den Generalunternehmer verschuldeter Terminverschiebungen.

307 Die Ursachen für notwendige Änderungen werden nicht abschliessend aufgezählt, was sich aus dem Wort «insbesondere» ergibt (vgl. auch Ziff. 13 AVB).

308 Oft werden in den Verträgen Aufzählungen von Beispielen für notwendige Änderungen aufgenommen. Sie beziehen sich insbesondere auf höhere Gewalt wie Erdbeben, Streik, Krieg usw. Von besonderer Bedeutung sind jeweils Angaben für notwendige Änderungen, die auf besonderen Witterungsverhältnissen beruhen. Gemäss Art. 60 SIA-Norm 118 kann der Unternehmer grundsätzlich Mehraufwendungen wegen ungünstiger Witterungsverhältnisse nur geltend machen, wenn dies vereinbart ist. Insbesondere wenn die Termine knapp bemessen sind, rechtfertigt sich allenfalls eine Entschädigung für Mehraufwendungen bei ungünstigen Witterungsverhältnissen. Dabei empfiehlt es sich allerdings, die entsprechenden Voraussetzungen relativ genau zu definieren. So kann beispielsweise das Recht auf Preisanpassung (und allenfalls auch Erstreckung der Fristen) lediglich für ausserordentliche Kälteperioden vereinbart werden. Dabei können die Kälteperioden beispielsweise auf die Zeit ausserhalb der strengen Wintermonate (z. B. 15. Dezember bis 15. Februar) in zusammenhängender Dauer von mehr als fünf Arbeitstagen und andauernder Unterschreitung einer Temperatur von minus 5° um 10 Uhr beschränkt werden. Sodann können diese Kälteperioden auch nur als für die Rohbauphase relevant bezeichnet werden.

Der Generalunternehmer trägt die Beweislast dafür, dass er die «andere(n) Umstände» nicht verschuldet hat. 309

Der in Abs. 1 vorgesehene Stichtag des Vertragsabschlusses muss nicht unbedingt mit dem in Ziff. 5.1.2 Vurk vereinbarten Stichtag übereinstimmen (vgl. N. 30 zu Ziff. 1.2 AVB). 310

Mehr- und Minderleistungen sind insbesondere zu prüfen, wenn in der Vertragsurkunde als Stichtag der Zeitpunkt der Vertragsofferte vereinbart worden ist. Allfällige Veränderungen zwischen Offerte und Vertragsabschluss sind im Preis zu berücksichtigen. 311

Ziff. 20.2

Der Generalunternehmer ist verpflichtet, die notwendigen Änderungen zu veranlassen und den Bauherrn unverzüglich darüber zu orientieren.

Die Orientierungspflicht betrifft die notwendigen Massnahmen als solche und die Kostenfolgen. 312

Ziff. 20.3

Durch notwendige Änderungen verursachte Mehr- oder Minderkosten werden ausserhalb des vertraglichen Werkpreises offen abgerechnet, einschliesslich der entsprechenden Honorare und der Risikoentschädigung des Generalunternehmers.

Sofern es die Umstände zulassen, kann der Bauherr vor Ausführung der Änderung die Ausarbeitung einer verbindlichen Offerte verlangen, gegebenenfalls für verschiedene Änderungsvarianten.

«Einschliesslich» bedeutet «zuzüglich». Für die Berechnungen der Mehr- und Minderkosten gelten die Ausführungen in N. 324 ff. zu Ziff. 21.4 analog. 313

Ziff. 20.4

Der Generalunternehmer orientiert den Bauherrn raschmöglichst über allfällige Auswirkungen der notwendigen Änderungen auf das Bauprogramm.

314 Die Orientierungspflicht betrifft hier (vgl. Ziff. 20.2 AVB) die Termine, insbesondere die verbindlichen.

21. Änderungswünsche des Bauherrn

Ziff. 21.1

Der Bauherr ist berechtigt, jederzeit Änderungen gegenüber der in den Vertragsunterlagen festgelegten Ausführungen zu verlangen.

315 Art. 363 OR gewährt dem Bauherrn nicht ausdrücklich ein Recht auf einseitige Bestellungsänderung (anders die SIA-Norm 118 mit ausführlichen Bestimmungen für ein weit gehendes Recht auf Bestellungsänderung in Art. 84–91). Mangels anderer Vereinbarung ist der Bauherr aber in sinngemässer Anwendung von Art. 377 OR berechtigt, gegen volle Schadloshaltung des Generalunternehmers auf einen Teil der auszuführenden Arbeiten zu verzichten (Gauch, Werkvertrag, N. 768 ff., auch zum Nachfolgenden). Ein weiter gehendes Änderungsrecht bedarf einer Vereinbarung oder eines hypothetischen Parteiwillens (z.B. betreffend behördlich verlangte Arbeiten). Ein vertragliches Recht auf uneingeschränkte Bestellungsänderung unterliegt den Schranken des Gesetzes, insbesondere Art. 27 Abs. 2 ZGB.

316 Gemäss Art. 84 SIA-Norm 118 ist ein Änderungsrecht des Bauherrn vereinbart, soweit ein Änderungswunsch den Gesamtcharakter des zur Ausführung übernommenen Werks unberührt lässt. Das Änderungsrecht gemäss AVB geht somit zugunsten des Bauherrn sehr weit (allerdings gilt eine allfällige Schadenersatzpflicht des Bauherrn gemäss Ziff. 21.6 AVB). In diesem Lichte darf auch Ziff. 22.1 AVB (Recht auf kleine Änderungen des Generalunternehmers) nicht allzu eng ausgelegt werden.

317 Die Privatautonomie schliesst grundsätzlich nicht aus, dass der Bauherr mit Dritten separate Werkverträge für Nebenbauwerke schliesst. Soweit allerdings Berührungspunkte mit dem Generalunternehmervertrag entstehen und insbesondere Koordinationsarbeiten zu leisten oder Bauverzögerungen hinzunehmen sind, ist hierfür der Bauherr vollumfänglich verantwortlich, denn er verändert die vereinbarten Rahmenbedingungen einseitig.

Ziff. 21.2

Änderungswünsche sind dem Generalunternehmer möglichst frühzeitig mitzuteilen. Dieser orientiert den Bauherrn über allfällige Auswirkungen auf den Baufortschritt.

Oft erfolgen Änderungswünsche so knapp, dass Störungen des Bauablaufs drohen. Unter dem entsprechenden Zeitdruck werden dann häufig ungenügende oder gar keine Vereinbarungen über die Folgen der Änderungen (insbesondere Preis und Termine) getroffen. Der Generalunternehmer ist aber gut beraten, sich die erforderliche Zeit zur Abklärung der Folgen zu nehmen oder aber den Bauherrn schriftlich darauf aufmerksam zu machen, dass aufgrund seiner Weisung über die unverzügliche Vornahme der Änderung entsprechende Abklärungen nicht möglich seien.

Ziff. 21.3

Der Generalunternehmer unterbreitet dem Bauherrn raschmöglichst eine verbindliche Offerte für die von ihm gewünschten Änderungen, gegebenenfalls verbunden mit einem angepassten Bauprogramm.

In die Offerte eingerechnet werden die Honorare und die Risikoentschädigung des Generalunternehmers und seiner Beauftragten. Bei Änderungen mit Minderkosten werden nur die Honoraranteile für allenfalls noch nicht erbrachte Teilleistungen gutgeschrieben.

Allfällige teuerungsbedingte Mehrkosten infolge Anpassung des Bauprogramms, Schadenersatz für bereits eingegangene Verpflichtungen des Generalunternehmers sowie andere Folgekosten sind in der Grössenordnung abzuschätzen und dem Bauherrn gleichzeitig mit der Offerte bekannt zu geben.

Beinhaltet die Änderung Qualitätsrisiken, die der Generalunternehmer nicht zu übernehmen bereit ist, so hat er den Bauherrn gleichzeitig mit der Offerte schriftlich abzumahnen.

Offerten und Abmahnungen betreffend die Änderung von Qualitätsrisiken haben schriftlich zu erfolgen.

E. Änderungen

Ziff. 21.4
Die Änderung wird nur ausgeführt, wenn der Bauherr die Offerte innerhalb des vom Generalunternehmer festgelegten Entscheidungstermins schriftlich annimmt.

Die Annahme der Offerte bewirkt eine entsprechende Anpassung des vertraglichen Werkpreises und allenfalls des Bauprogramms. Sie beinhaltet ebenfalls die Genehmigung der mit der Änderung verbundenen Folgekosten.

Im Falle einer Abmahnung des Generalunternehmers übernimmt der Bauherr mit der Annahme der Offerte auch die mit der Änderung verbundenen Qualitätsrisiken.

320 Die genannten Regeln konkretisieren das Prinzip von Treu und Glauben und formalisieren das Vorgehen bei Änderungswünschen des Bauherrn. Sie dienen damit der Rechtssicherheit.

321 Gemäss Ziff. 7.5 des SIA-Generalunternehmervertrags hat der Bauherr das Recht, Konkurrenzofferten einzuholen und die Arbeiten allenfalls separat zu vergeben, falls keine Einigung betreffend die Änderungswünsche des Bauherrn zustande kommt. Dabei ist allerdings zu beachten, dass der betreffende Vertrag das Änderungsrecht des Bauherrn lediglich nach den Art. 84 ff. SIA-Norm 118 zulässt (Ziff. 7.1 des SIA-Generalunternehmervertrags). Für den VSGU-Vertrag kann auf die individuell zu treffende Regelung gemäss den Ziff. 7.3 ff. AVB (Vorschlags- und Mitspracherecht betreffend Subunternehmer) verwiesen werden.

322 Für die Vereinbarung von Änderungsbestellungen wird Schriftlichkeit vorausgesetzt. Wer Rechte aus einer mündlichen Vereinbarung ableiten will, hat nicht nur den Vertragsinhalt, sondern auch die Abmachung zu beweisen, dass im konkreten Anwendungsfall vertraglich auf die in Ziff. 21.4 AVB vorgeschriebene Schriftlichkeit verzichtet worden ist.

323 Ziff. 21.4 Abs. 1 AVB ist nicht als blosse Beweisvorschrift, sondern als Abschlussvorschrift zu qualifizieren. Die Schriftform wird somit nicht nur zu blossen Beweiszwecken verlangt, sondern ist Voraussetzung für die Vertragsänderung. Zur Verdeutlichung kann im Vertrag ausdrücklich festgehalten werden, dass es sich bei dieser vereinbarten Schriftform um eine Abschlussvorschrift handle. Es kann auch vereinbart werden, dass die Parteien ausdrücklich festhalten, auf die vereinbarte Schriftform für Anpassungen des Werkvertrags während der ganzen Vertragsdauer nicht zu verzichten.

So kann auch vereinbart werden, dass die Parteien darauf verzichten, nach Vertragsabschluss geltend zu machen, die vereinbarte Schriftform sei später mündlich oder stillschweigend aufgehoben worden. Letztlich ist es aber später trotz derartiger Formulierungen möglich, dass eine Partei den Nachweis erbringt, wonach diese Vereinbarung schriftlich, mündlich oder gar stillschweigend geändert worden sei.

In die Verträge können auch Bestimmungen aufgenommen werden, welche Vorgaben über die Bezifferung von Mehr- und Minderkosten enthalten. Diese Regelungen können Grundlagen für die Preisofferten von Änderungsbestellungen bieten, sie können aber auch für die Auslegung in Streitfällen dienlich sein. So kann beispielsweise festgehalten werden, dass die Mehr- und Minderbestellungen gemäss den vereinbarten Einheitspreisen zu berechnen sind. Bei Gesamtpreisen kann aber auch festgehalten werden, dass die Preise entsprechend den Submissionsunterlagen berechnet werden, die vor Vertragsabschluss vorlagen, und welche Tarife oder Preisbestimmungsregeln gelten sollen, wenn die Submissionsunterlagen keine Angaben wie Einheitspreise usw. enthalten. Sodann empfiehlt sich eine Regelung über zusätzliche Planungs-, Generalunternehmer- und Risikohonorare. Dies gilt insbesondere auch für die Frage, inwieweit solche Honorare bei Minderleistungen entfallen. So ist der Generalunternehmer diesbezüglich daran interessiert, dass bei Minderleistungen das Generalunternehmerhonorar und allenfalls auch die Risikoentschädigungen nicht entfallen. 324

Sinnvollerweise wird der Generalunternehmer verpflichtet, seine Kalkulationsunterlagen insoweit offen zu legen, als daraus die Bestimmung von Mehr- und Minderkosten abgeleitet werden können. 325

Die Regelung gemäss Ziff. 21.4 AVB weicht erheblich von der Regelung gemäss SIA-Norm 118 ab. Führt die Bestellungsänderung zu Leistungen, für die das Leistungsverzeichnis keinen Einheitspreis mit zutreffender Beschreibung enthält oder erfordert sie die Ausführung einer umschriebenen Leistung unter veränderten Ausführungsvoraussetzungen, so soll vor Baubeginn ein Nachtragspreis vereinbart werden (Art. 87 Abs. 1 SIA-Norm 118). Ein Nachtragspreis soll auch vereinbart werden, wenn bei einem Vertrag mit Pauschal- oder Globalpreis eine Bestellungsänderung vorgenommen wird (Art. 89 Abs. 1 SIA-Norm 118). Kommt keine Vereinbarung über den Nachtragspreis zustande, so hat die Bauherrschaft Anspruch darauf, dass der Generalunternehmer die Arbeit in Regie ausführen lässt. Untergeordnete Arbeiten werden sogar immer in Regie ausgeführt (Art. 87 Abs. 4 SIA-Norm 118; Art. 89 Abs. 3 SIA-Norm 118). Unter Vorbehalt der untergeordneten 326

Arbeiten handelt es sich dabei aber lediglich um einen Anspruch des Bauherrn. Der Generalunternehmer hat nach Art. 87 Abs. 4 SIA-Norm 118 keinen Anspruch auf Arbeitsausführung in Regie, wenn eine fristgerechte Vereinbarung des Nachtragspreises misslingt (Gauch, Kommentar SIA-Norm 118, N. 20c zu Art. 87). Misslingt die Vereinbarung eines Nachtragspreises, kann der Bauherr aber auch darauf verzichten, die Arbeit durch den Generalunternehmer in Regie ausführen zu lassen und stattdessen die Arbeit an einen Dritten vergeben, wobei er allerdings den Generalunternehmer vollumfänglich schadlos zu halten hat (Art. 87 Abs. 4 SIA-Norm 118; Art. 89 Abs. 3 SIA-Norm 118).

327 Offerten für Bestellungsänderungen haben insbesondere auch die terminlichen Auswirkungen festzuhalten. Ziff. 21.4 Abs. 2 AVB nennt lediglich die Auswirkungen auf das Bauprogramm. Ohne entsprechende Angabe des Generalunternehmers kann der Bauherr davon ausgehen, dass sich die verbindlich vereinbarten Termine nicht ändern.

Ziff. 21.5

Verzichtet der Bauherr auf die Ausführung der Änderung, so hat der Generalunternehmer Anspruch auf Entschädigung für die Ausarbeitung der Offerte. Dasselbe gilt für besonders aufwendige Studien im Zusammenhang mit Änderungswünschen (z.B. Varianten, Vergleichsrechnungen).

328 In der Regel verlangt der Generalunternehmer bei Nichtausführung einer Änderung keine Offertentschädigung. Die Bestimmung dient lediglich zum Schutz des Generalunternehmers vor zahlreichen und aufwendigen Änderungswünschen, für welche der Generalunternehmer mangels Ausführung kein Honorar verlangen kann.

329 Es ist dem Generalunternehmer zu empfehlen, dem Bauherrn anzuzeigen, wenn separate Kosten für Offerten anfallen werden. Auch sollten die zu erwartenden Kosten bekannt gegeben werden.

Ziff. 21.6

Bewirkt eine vom Bauherrn gewünschte Änderung eine wesentliche Reduktion des gesamthaften Vertragsvolumens, so hat der Generalunternehmer Anspruch auf volle Schadloshaltung.

Die Regelung entspricht inhaltlich Art. 377 OR, wonach der Besteller nur gegen Vergütung der bereits geleisteten Arbeiten und gegen Schadloshaltung des Unternehmers jederzeit vom Vertrag zurücktreten kann (zu den Methoden der Schadensberechnung [Additions- bzw. Abzugsmethode] vgl. Gauch, Werkvertrag, N. 542 ff.). 330

Es könnte aber vereinbart werden, dass der Bauherr berechtigt ist, das Bauprojekt, insbesondere das Bauvolumen, zu reduzieren, ohne dass dem Generalunternehmer deswegen irgendwelche Schadenersatzforderungen oder der Anspruch auf eine zusätzliche Vergütung zustehen. 331

22. Änderungsvorschläge des Generalunternehmers

Ziff. 22.1

Ohne anderweitige Vereinbarung ist der Generalunternehmer berechtigt, kleinere Änderungen gegenüber der in den Vertragsunterlagen festgelegten Ausführung von sich aus vorzunehmen.

Diese Änderungen dürfen jedoch die Funktion und die Qualität des Bauwerks nicht beeinträchtigen und dem Bauherrn keine Mehrkosten oder andere Nachteile verursachen.

Die «kleineren Änderungen» sind von den Änderungsvorschlägen des Generalunternehmers gemäss Ziff. 22.2 AVB zu unterscheiden. 332

Der Generalunternehmer ist dafür beweispflichtig, dass die kleineren Änderungen nicht die Funktion und Qualität des Bauwerks beeinträchtigen. 333

Gegenstand der «kleineren Änderungen» sind nicht bloss Präzisierungen betreffend Quantität und Qualität, da es sich bei solchen lediglich um eine nähere Bestimmung des Vertragsinhalts und nicht um eine Änderung des Vertrags handelt (Gauch, Werkvertrag, N. 768). Ob eine Änderung noch als «kleinere» bezeichnet werden kann, ist nach den gesamten Umständen auszulegen. Die Beweislast, dass es sich lediglich um eine kleinere Änderung handelt, obliegt dem Generalunternehmer. 334

E. Änderungen

Ziff. 22.2

Änderungsvorschläge des Generalunternehmers, die der Verbesserung der Qualität, der Verkürzung des Bauprogramms oder der Verminderung der Baukosten dienen, sind dem Bauherrn rechtzeitig zu unterbreiten, unter Angabe der allfälligen Kosten- und Terminfolgen.

335 Den Generalunternehmer kann auch eine Pflicht zur Unterbreitung von Änderungsvorschlägen treffen. Abgesehen von den notwendigen Änderungen (vgl. Ziff. 20 AVB) hat der Generalunternehmer bei offener Abrechnung nach Treu und Glauben neue Erkenntnisse zur Minderung des Werkpreises umzusetzen. Ferner kann er bei Schadenfällen im allgemeinen Rahmen der Schadenminderungspflicht verpflichtet sein, dem Bauherrn unabhängig von der Schadensursache und vom Verschulden Änderungsvorschläge zu unterbreiten.

Ziff. 22.3

Die Änderung wird nur ausgeführt, wenn der Bauherr den Vorschlag innerhalb des vom Generalunternehmer festgelegten Entscheidungstermins schriftlich genehmigt.

Die Genehmigung des Änderungsvorschlags durch den Bauherrn bewirkt eine entsprechende Anpassung des vertraglichen Werkpreises und allenfalls des Bauprogramms.

336 Die Anpassungen des vertraglichen Werkpreises und allenfalls des Bauprogramms usw. sind schriftlich zu vereinbaren.

337 Änderungsvorschläge des Generalunternehmers mit Auswirkungen auf den Terminplan zugunsten des Bauherrn führen grundsätzlich nicht zu einer Unterschreitung des vereinbarten Terminplans und zu einer Gutschrift im Sinne von Ziff. 3.7 Abs. 3 Vurk (Bonus für frühere Bereitschaft zur Ingebrauchnahme). Der Änderungsvorschlag hat die Festsetzung eines neuen Terminplans zur Folge, weil nicht mehr das gleiche Projekt wie ursprünglich geplant realisiert werden soll. Falls jedoch der Änderungsvorschlag einzig der Terminoptimierung dient, kann eine Unterschreitung der vereinbarten Fristen angenommen werden, wenn die Änderung nicht bereits vor Vertragsabschluss hätte verabredet werden können.

F. BAUAUSFÜHRUNG

23. Termine

Die in Ziff. 3.6 Vurk genannten Termine sind aufgrund individueller Vereinbarungen verbindlich. Die Verbindlichkeit von Terminen muss ausdrücklich vereinbart werden (vgl. auch Ziff. 23.4 AVB; zum Verhältnis zwischen den vereinbarten Terminen mit verbindlicher Wirkung und dem Bauprogramm vgl. die Ziff. 24.1 und 24.2 AVB). Lediglich die Nichteinhaltung des Termins für die Bereitschaft zur Ingebrauchnahme hat im Falle eines Verschuldens des Generalunternehmers eine Vertragsstrafe zur Folge (vgl. Ziff. 3.7 Vurk). Die Nichteinhaltung der übrigen verbindlichen Termine und Zwischentermine gemäss Vertragsurkunde stellt indessen wegen der vereinbarten Verbindlichkeit immerhin eine Vertragsverletzung mit den allgemeinen Folgen des Obligationenrechts dar.

338

Bei den in der Vertragsurkunde kalendermässig fixierten Terminen handelt es sich um bestimmte Verfalltage im Sinne von Art. 102 Abs. 2 OR (Gauch, Werkvertrag, N. 647), so dass der Generalunternehmer bei Verspätung ohne Mahnung in Verzug gerät.

339

Gemäss OR schuldet der Generalunternehmer bei Ablieferungsverzug grundsätzlich Schadenersatz wegen verspäteter Erfüllung und haftet für Zufall (ein Ereignis, für das keine Vertragspartei einzustehen hat) gemäss Art. 103 Abs. 1 und 2 OR. Ferner hat der Bauherr das Recht, nach Ablauf einer angemessenen Nachfrist durch unverzügliche Erklärung auf die ausstehende Leistung zu verzichten und entweder Ersatz des aus der Nichterfüllung entstandenen Schadens (positives Interesse) zu verlangen oder vom Vertrag zurückzutreten und bei Verschulden des Unternehmers Ersatz des aus dem Dahinfallen des Vertrags erwachsenen Schadens (negatives Interesse) zu fordern (Art. 107 ff. OR). Der Bauherr muss deutlich erklären, ob er Ersatz aus der Nichterfüllung des Vertrags wählt oder ob er vom Vertrag zurücktritt (Gauch, Werkvertrag, N. 661, mit Hinweisen).

340

Die soeben dargestellte werkvertragliche Regelung der Verzugsfolgen gemäss OR wird in der Vertragsurkunde durch die individuelle Vereinbarung einer Konventionalstrafe und deren Umschreibung in Ziff. 3.7 Vurk abgeändert. Wird die Bereitschaft zur Ingebrauchnahme durch vom Generalunter-

341

F. Bauausführung

nehmer verschuldete Gründe verzögert, so hat er dem Bauherrn eine Konventionalstrafe in der Höhe eines bestimmten Betrags pro Woche zu zahlen. In der Vertragsurkunde ist zusätzlich die Abrede eines Gesamtbetrags als Maximalstrafe vorgesehen. Ziff. 3.7 Vurk hebt das Wahlrecht des Bauherrn auf, das positive oder negative Vertragsinteresse geltend zu machen, indem der «Rücktritt des Bauherrn vom Vertrag infolge Verzug ausgeschlossen» wird. Diese Regelung gilt allerdings nur für den Fall des Verzugs des Generalunternehmers nach Eintritt des Ablieferungstermins (vgl. die N. 654 zu Ziff. 39.1 AVB).

342 Grundsätzlich ist durch Vertragsauslegung zu ermitteln, ob der Verzug eine Voraussetzung für die Entstehung einer Konventionalstrafforderung darstellt oder ob die Fälligkeit der Hauptforderung genügt (Gauch, Werkvertrag, N. 695 ff.; Bentele, S. 81). Beim Termin der Bereitschaft zur Ingebrauchnahme handelt es sich um einen Verfalltag im Sinne von Art. 102 Abs. 2 OR. Somit gerät der Generalunternehmer nach Ablauf des vereinbarten Termins automatisch in Verzug, so dass sich beim VSGU-Vertrag die genannte Frage im Voraus nicht stellt.

343 Die Konventionalstrafe gemäss Ziff. 3.7 Vurk wird nur für den Fall des Verzugs vereinbart, nicht aber beispielsweise für die Mangelhaftigkeit des Werks.

344 Die Konventionalstrafe ist nur dann geschuldet, wenn der Generalunternehmer den Verzug selbst verschuldet hat oder wenn er für das Verhalten seiner Hilfspersonen, insbesondere der Subunternehmer, nach Art. 101 OR einzustehen hat (Art. 163 Abs. 2 OR). Dem Generalunternehmer steht somit der Exkulpations- bzw. Entlastungsbeweis offen (vgl. Ziff. 23.5 AVB).

345 Die Konventionalstrafe ist unabhängig davon geschuldet, ob der Bauherr einen Verzögerungsschaden erleidet (Art. 161 OR). Zwar wäre eine gegenteilige Abrede möglich, doch wird sie in Ziff. 3.7 Vurk weder ausdrücklich noch stillschweigend getroffen. Ziel der Regelung in Ziff. 3.7 Vurk ist es, den Generalunternehmer zur termingerechten Vertragserfüllung anzuspornen.

346 Gemäss Ziff. 3.7 Abs. 2 Vurk verzichtet der Bauherr auf Schadenersatzansprüche, die über den in Abs. 1 dieser Ziffer vereinbarten Höchstbetrag hinausgehen (anders Art. 98 SIA-Norm 118). Insoweit wird die gegenteilige Regelung von Art. 161 Abs. 2 OR wegbedungen (Bentele, S. 98). Ist indessen die Verzögerungszeit relativ kurz, so dass der vereinbarte Höchstbetrag der Konventionalstrafe nicht erreicht wird, und ist gleichzeitig der entstandene

Schaden grösser als die Konventionalstrafe, so kann der Bauherr wenigstens bis zum vereinbarten Höchstbetrag neben der Konventionalstrafe weiteren Schadenersatz verlangen, wobei er aber diesbezüglich die Beweislast für das Verschulden des Unternehmers trägt (Bentele, S. 97).

Mangels entgegengesetzter Vereinbarung hat der Bauherr seinen Anspruch auf die Konventionalstrafe spätestens bei der Bereitschaft zur Ingebrauchnahme bzw. bei Verfall eines anderen verbindlichen Termins geltend zu machen, indem er erklärt, dass er die Strafe einfordern will. Andernfalls verliert er seinen Anspruch auf die Konventionalstrafe, was häufig übersehen wird (Art. 160 Abs. 2 OR; Gauch, Werkvertrag, N. 700, mit Hinweisen). Sinnvoll ist daher eine Vereinbarung zugunsten des Bauherrn, dass die Konventionalstrafe in Abweichung von Art. 160 Abs. 2 OR trotz vorbehaltloser Abnahme geschuldet ist, so dass der Bauherr nebst der Bezahlung der Konventionalstrafe die Vertragserfüllung fordern darf. 347

Vereinbart werden kann auch, dass die Konventionalstrafe solange geschuldet ist, als wesentliche Mängel, insbesondere solche, welche den Betrieb verunmöglichen oder erschweren oder verteuern, noch nicht behoben sind. Zusätzlich kann abgemacht werden, dass eine Mahnung oder ein Vorbehalt des Bauherrn bei Verspätung des Generalunternehmers nicht erforderlich sei. 348

Eine weitere Vereinbarung zugunsten des Bauherrn kann dahingehend lauten, dass der Bauherr berechtigt sei, die Konventionalstrafe mit irgendeinem Vergütungsanspruch des Generalunternehmers zu verrechnen, und dass der Generalunternehmer auch bei einer bestrittenen Konventionalstrafe nicht von der vollständigen und ununterbrochenen Erfüllung des Werkvertrags befreit sei. 349

Ein Zusammenhang zwischen der Konventionalstrafe und einer Prämie für vorzeitige Bauvollendung besteht nicht. Die Konventionalstrafe ist auch dann gültig versprochen, wenn der Generalunternehmer bei vorzeitiger Ablieferung keinen vertraglichen Anspruch auf eine Prämie hat. Ziff. 3.7 Abs. 3 Vurk (Anspruch auf Prämie) kann deshalb auch einvernehmlich gestrichen werden, ohne dass dadurch die Gültigkeit der Konventionalstrafe gemäss Ziff. 3.7 Abs. 1 und 2 Vurk gefährdet wird (vgl. auch Art. 98 Abs. 1 SIA-Norm 118). 350

F. Bauausführung

Ziff. 23.1

Als Voraussetzung für den Baubeginn gelten insbesondere die freie Verfügbarkeit des Baugrundstücks einschliesslich Zufahrten sowie die rechtskräftige Baufreigabe durch die zuständigen Behörden.

Der Generalunternehmer ist berechtigt, den vertraglich vereinbarten Baubeginn zu verschieben, falls die notwendigen Ausführungspläne durch den Bauherrn oder seine Beauftragten nicht rechtzeitig geliefert oder die durch den Generalunternehmer oder seine Beauftragten ausgearbeiteten Pläne vom Bauherrn nicht genehmigt sind.

Eine Verschiebung des Baubeginns zieht eine Anpassung des Bauprogramms und eine Verschiebung der vertraglich festgelegten Termine nach sich.

351　Die Bestimmung dient zum Schutz des Generalunternehmers. Dieser ist indessen nach Treu und Glauben verpflichtet, unverzüglich auf den verspäteten Baubeginn und Terminverschiebungen sowie allfällige Kostenfolgen aufmerksam zu machen.

352　Vermag der Bauherr die Voraussetzungen für den Baubeginn nicht zu erfüllen, kommt er in Gläubigerverzug.

Ziff. 23.2

Als Bereitschaft zur Ingebrauchnahme gilt der Zeitpunkt, an welchem das Bauwerk seinem Zweck entsprechend in Betrieb genommen werden kann, auch wenn einzelne vertragliche Leistungen noch nicht ausgeführt sind.

Werden Ausbauarbeiten oder Betriebseinrichtungen durch den Bauherrn selbst oder durch von diesem beauftragte Drittunternehmer ausgeführt, so gilt der mögliche Beginn dieser Arbeiten als Bereitschaft zur Ingebrauchnahme. Die Ausführung solcher Arbeiten vor Bereitschaft zur Ingebrauchnahme bedarf einer besonderen vertraglichen Vereinbarung.

353　Die Bereitschaft zur Ingebrauchnahme kann nicht konkreter definiert werden, da sie im Einzelfall aufgrund der gesamten Umstände zu beurteilen ist. In der Regel hindern ausstehende Umgebungsarbeiten die Ingebrauchnahme nicht (sofern die Zugänge zum Bauwerk benutzbar sind). Dies geht mittelbar auch aus Ziff. 23.3 AVB hervor.

354　Bei den Vertragsverhandlungen ist im Hinblick auf eine Prämie für vorzeitige Bauvollendung gemäss Ziff. 3.7 Abs. 3 Vurk zu prüfen, ob eine frühere Bereitschaft zur Ingebrauchnahme dem Bauherrn überhaupt dienlich ist.

Ziff. 23.3

Die Vollendung des Bauwerks beinhaltet die vollständige Ausführung aller vertraglichen Leistungen, mit Ausnahme der Garantiearbeiten. Für die Umgebungsarbeiten ist in der Regel ein separater Vollendungstermin festzusetzen.

Die Vollendung des Bauwerks ist unter dem Regime der AVB weniger bedeutungsvoll als in den Anwendungsbereichen des OR und der SIA-Norm 118, denn die Abnahme des Bauwerks setzt nicht die Fertigstellung des Werks voraus (vgl. Art. 158 Abs. 1 SIA-Norm 118), sondern lediglich dessen Bereitschaft zur Ingebrauchnahme (vgl. Ziff. 33.1 AVB). Dennoch sollte selbstverständlich auch für die Vollendung des Bauwerks ein Termin verbindlich vereinbart werden. 355

Ziff. 23.4

Allfällige Zwischentermine, die vom Generalunternehmer zwingend einzuhalten sind, bedürfen einer speziellen vertraglichen Vereinbarung.

Die unverbindlichen Zwischentermine gestatten dem Bauherrn eine Kontrolle des Baufortschritts und beiden Parteien die interne und externe Koordination ihrer Leistungen. Als verbindliche Zwischentermine sind solche Termine zu vereinbaren, deren Einhaltung für den Baufortgang von grosser Bedeutung ist. Die Grösse des Bauvorhabens wird die Anzahl der verbindlichen Zwischentermine bestimmen. Als sinnvolle Zwischentermine kommen folgende Eckpunkte in Frage: besondere Entscheidungen des Bauherrn, Vollendung einzelner Teilbauwerke, Abstimmungen auf Leistungen Dritter, Rohbauvollendung und allenfalls auch die Schlussabrechnung. Wesentlich sind auch Termine, die für Dritte wie Nachbarn oder Mieter (Mieterausbau) von Bedeutung sind. 356

Die verbindlichen Zwischentermine sind in Ziff. 3.6 Vurk einzusetzen. 357

Zu vereinbarten Zwischenterminen muss der Generalunternehmer Teile des Bauwerks ausgeführt, aber nicht abgeliefert haben. 358

Auch wenn Zwischentermine unverbindlich sind, können sie für die Anpassung des Zahlungsplans relevant sein (vgl. Ziff. 31.1 AVB). 359

Ziff. 23.5

Verzögert sich die Ausführung des Bauwerks ohne Verschulden des Generalunternehmers, so hat dieser Anspruch auf eine Anpassung des Bauprogramms und eine Verschiebung der vertraglich festgelegten Termine.

360 Der Generalunternehmer ist verpflichtet, dem Bauherrn Bauverzögerungen, sobald sie für ihn erkennbar sind, unverzüglich schriftlich anzuzeigen und zu begründen. Korrekturmassnahmen zur Baubeschleunigung mit Kostenfolgen für den Bauherrn bedürfen dessen schriftlicher Genehmigung (zur Schriftlichkeit vgl. die Ziff. 20 ff. AVB).

361 Ziff. 23.5 AVB gibt dem Generalunternehmer lediglich einen Anspruch auf Anpassung des Bauprogramms und der Termine. Über eine allfällige zusätzliche Vergütung des Mehraufwands bei Schuldlosigkeit des Generalunternehmers sagt die Bestimmung nichts aus. Ähnlich verhält es sich bei der SIA-Norm 118, wo die Frage der zusätzlichen Vergütung nicht in einem in sich geschlossenen System geregelt ist (vgl. dazu Gauch, Kommentar SIA-Norm 118, N. 6c zu Art. 96). Im Falle fehlenden Verschuldens der Vertragsparteien gilt die Regelung von Ziff. 20 AVB, denn auch eine zeitliche Verschiebung der Werkerstellung ist als notwendige Änderung des Generalunternehmervertrags zu qualifizieren.

362 Das Verschulden des Generalunternehmers an einer Verzögerung wird vermutet. Er hat jedoch die Möglichkeit, sich für die eingetretene Verzögerung zu exkulpieren. Die Verzögerung darf weder auf seinem eigenen Verschulden noch auf dem Verhalten seiner Hilfspersonen beruhen, für das der Generalunternehmer nach Art. 101 OR einzustehen hat (Gauch, Kommentar SIA-Norm 118, N. 2 zu Art. 96). Trifft den Generalunternehmer kein Verschulden, hat er gemäss Ziff. 23.5 AVB einen Anspruch auf Anpassung der Termine und des Bauprogramms (so auch Art. 96 Abs. 2 SIA-Norm 118).

363 Kein Verschulden des Generalunternehmers liegt namentlich vor bei Verzögerungen infolge von höherer Gewalt, behördlichen Massnahmen, archäologischen Funden, nicht voraussehbaren Baugrundverhältnissen und Umweltereignissen (Unruhen, Sabotage, Streiks, ausserordentliche Kälte- und Regenperioden), verspäteten Entscheiden des Bauherrn oder der Behörden, verspäteter Lieferung von Plänen durch den Bauherrn oder seine Beauftragten sowie Änderungen des Bauprogramms im Zusammenhang mit notwendigen oder vom Bauherrn gewünschten Änderungen.

Als blosse Anspruchsgrundlage für die Anpassung des Bauprogramms bzw. für die Verschiebung der verbindlichen Termine gilt Ziff. 23.5 AVB nicht nur bei der Überschreitung des vereinbarten Termins der Bereitschaft zur Ingebrauchnahme (vgl. N. 353 zu Ziff. 23 AVB), sondern auch bei Verzug vor Eintritt des Ablieferungstermins (vgl. N. 654 zu Ziff. 39.1 AVB).

364

24. Bauprogramm

Ziff. 24.1

Das Bauprogramm ist für den Generalunternehmer nur bezüglich der im Werkvertrag ausdrücklich aufgeführten Termine verbindlich.

Der Bauherr kann einzig aus den in der Vertragsurkunde vereinbarten verbindlichen Zwischenterminen, nicht aber aus dem Bauprogramm Rechte ableiten (vgl. aber N. 366 zu Ziff. 24.2 AVB). Die Regelung entspricht Art. 93 Abs. 2 SIA-Norm 118, wonach das Bauprogramm lediglich der Information des Bestellers dient (vgl. N. 366 zu Ziff. 24.2 AVB).

365

Ziff. 24.2

Der Generalunternehmer ist verpflichtet, bei Abweichungen von mehr als 60 Tagen zwischen dem tatsächlichen Baufortschritt und dem vertraglichen Bauprogramm ein revidiertes Bauprogramm aufzustellen und dem Bauherrn zu unterbreiten. Diese Verpflichtung gilt auch für den Fall, dass trotz dem revidierten Bauprogramm die vertraglichen Termine eingehalten werden.

Das Bauprogramm ist grundsätzlich unverbindlich. Die blosse Nichteinhaltung des Bauprogramms löst keine Verzugsfolgen für den Generalunternehmer aus. Die Unabhängigkeit des Bauprogramms von den verbindlichen Terminen ist auch daran erkennbar, dass das Bauprogramm auch dann zu revidieren ist, wenn die verbindlichen Termine eingehalten werden können. Das Bauprogramm soll die interne und externe Koordination der Erstellung des Werks insbesondere auch für den ausserhalb des Bauprozesses stehenden Bauherrn gewährleisten.

366

Trotz dieser Unverbindlichkeit des Bauprogramms stellt die Unterlassung des Generalunternehmers, das Bauprogramm rechtzeitig anzupassen, eine

367

Vertragsverletzung dar, die beispielsweise bei Koordinationsmehraufwand des Bauherrn relevant werden kann. Mehraufwand, Fehldispositionen usw. des Bauherrn infolge falscher Koordinationsvorgaben des Generalunternehmers hat dieser gegebenenfalls zu entschädigen.

Ziff. 24.3

Für grössere oder besonders komplexe Bauvorhaben erstellt der Generalunternehmer zusätzlich zum Bauprogramm eine Terminliste für die Planlieferung und die Entscheidungen des Bauherrn.

368 Diese Vertragspflichten sollten auch bei kleineren und mittleren Bauvorhaben freiwillig erfüllt werden.

25. Kontrollrecht des Bauherrn

Ziff. 25.1

Der Bauherr ist berechtigt, den Baufortschritt zu kontrollieren. Er hat zu diesem Zweck freien Zugang zur Baustelle während der ordentlichen Arbeitszeit, unter Beachtung der üblichen Sicherheitsvorschriften.

Das gleiche Kontrollrecht steht den Beauftragten des Bauherrn zu. Drittpersonen haben nur Zutritt in Begleitung oder mit schriftlicher Ermächtigung des Bauherrn und sind vorgängig anzumelden.

369 Dem Kontrollrecht der Bauherrschaft und seiner Beauftragten kommt erhebliche Bedeutung zu. Bei nicht vertragsgemässer Erfüllung seitens des Generalunternehmers ist Art. 366 Abs. 2 OR anwendbar, der Folgendes vorsieht: Lässt sich während der Ausführung des Werks eine mangelhafte oder sonst vertragswidrige Erstellung durch Verschulden des Generalunternehmers bestimmt voraussehen, so kann ihm der Bauherr eine angemessene Frist zur Abhilfe ansetzen oder ansetzen lassen mit der Androhung, dass im Unterlassungsfalle die Verbesserung oder die Fortführung des Werks auf Gefahr und Kosten des Generalunternehmers einem Dritten übertragen werde (vgl. N. 634 ff. zu Ziff. 39 AVB).

Ziff. 25.2

Weitergehende Kontrollen während der Bauzeit (z.B. Materialprüfung, Zwischenabnahmen, Funktionskontrollen) bedürfen einer vertraglichen Vereinbarung.

Bei grösseren und komplexen Bauvorhaben empfiehlt sich die Festsetzung eines Kontrollplans im Rahmen eines Projekthandbuchs. 370

Der Generalunternehmer kann vertraglich verpflichtet werden, die Unternehmer-, Konstruktions- und Werkstattpläne dem Bauherrn vor der Ausführung vorzulegen. Dabei ist sinnvollerweise festzuhalten, dass aus der Einsicht des Bauherrn keine Genehmigung der geplanten Bauausführung und keine Zustimmung für die Entschädigung irgendwelcher Mehrkosten bedeuten. 371

Sodann kann der Generalunternehmer vertraglich verpflichtet werden, ein Qualitätssicherungssystem zu beachten. Zu berücksichtigen ist aber, dass der Generalunternehmer keine Treuhandfunktion für den Bauherrn ausüben kann. Insbesondere bei Gesamtpreiswerkverträgen hat der Generalunternehmer ein grundlegendes Interesse, kostengünstig zu arbeiten. Dies kann im Widerspruch zu den Interessen des Bauherrn stehen. Der Bauherr tut daher gut daran, ein eigenes Kontrollsystem zu führen. 372

26. Vertretungsbefugnis des Generalunternehmers

Ziff. 26.1

Ohne anderweitige Vereinbarung ist der Generalunternehmer berechtigt und verpflichtet, den Bauherrn in Bezug auf die vertraglichen Leistungen gegenüber Behörden, Amtsstellen und öffentlichen Betrieben zu vertreten.

Diese Bestimmung regelt die Vertretungsverhältnisse nach aussen. Für die parteiinternen Vertretungsverhältnisse gelten die Ziff. 3 und 5 AVB. 373

Ziff. 26.2

Der Generalunternehmer orientiert den Bauherrn regelmässig über die von ihm im Rahmen der Vertretungsbefugnis unternommenen Schritte und getroffenen Massnahmen.

F. Bauausführung

Vereinbarungen mit Kostenfolgen für den Bauherrn bedürfen seiner Genehmigung.

27. Material- und Farbwahl

Ziff. 27.1

Der Generalunternehmer unterbreitet dem Bauherrn rechtzeitig die notwendigen Muster für die definitive Material- und Farbwahl im Rahmen der in den Vertragsunterlagen vorgesehenen Ausführung.

Ziff. 27.2

Die Beschaffung der Material- und Farbmuster im üblichen Umfang ist im vertraglichen Werkpreis inbegriffen.

Aussergewöhnliche Muster sowie Modelle und Prototypen werden nur beschafft, sofern der Bauherr vorgängig die entsprechenden Zusatzkosten genehmigt.

374 Aussergewöhnlich sind Muster, Modelle und Prototypen, die offenkundig nicht usanzgemäss erstellt werden. Soweit die Wünschbarkeit oder Notwendigkeit von aussergewöhnlichen Mustern usw. voraussehbar ist, sollte der Leistungsumfang im Baubeschrieb entsprechend präzisiert werden.

Ziff. 27.3

Der Generalunternehmer haftet für allfällige Qualitätsmängel der von ihm zur Wahl vorgeschlagenen Materialien und Farben.

Beinhaltet ein Wahlvorschlag des Bauherrn Qualitätsrisiken, die der Generalunternehmer nicht zu übernehmen bereit ist, so hat er den Bauherrn vor der endgültigen Wahl schriftlich abzumahnen.

28. Versicherungen

Die folgenden Ausführungen zu den Versicherungsfragen sind allgemeiner Natur und beruhen auf den Versicherungsbedingungen, wie sie mehrheitlich angewendet werden. Es ist indessen zu betonen, dass die Versicherungspolicen im Einzelfall vor Abschluss der Versicherungsverträge genau zu studieren sind, zumal die verschiedenen Versicherungen zur Diversifizierung ihrer Produkte zunehmend unterschiedliche Regelungen in ihre Policen aufnehmen.

375

Ziff. 28.1

Der Generalunternehmer ist verpflichtet, für seine zivilrechtliche Haftung eine Betriebshaftpflichtversicherung abzuschliessen.

Auf Verlangen des Bauherrn ist diesem ein entsprechender Versicherungsnachweis mit Angabe der Versicherungssumme auszuhändigen.

Allgemeines

Gemäss Ziff. 5.1.6 Vurk übernimmt der Generalunternehmer die Kosten der Unternehmerhaftpflichtversicherung (Betriebshaftpflichtversicherung gemäss Ziff. 28.1 AVB).

376

Die AVB enthalten die Verpflichtung des Generalunternehmers, dem Bauherrn jederzeit einen Versicherungsnachweis für den Abschluss einer entsprechenden Versicherung auszuhändigen. Dagegen fehlt wie auch in den SIA-Verträgen (Architektenvertrag, Ingenieurvertrag, Generalunternehmervertrag) das Recht des Bauherrn, direkt von der Versicherung jederzeit einen *Nachweis über den Fortbestand* der Versicherung des Generalunternehmers einzuholen. Weiter fehlt eine Verpflichtung der Versicherung, *allfällige Änderungen* des Versicherungsvertrags mit dem Generalunternehmer, die sich während der Laufzeit der Versicherung zu Lasten des Bauherrn auswirken, diesem direkt mitzuteilen.

377

Umfang der Versicherungsdeckung

Die Haftpflichtversicherung des Generalunternehmers erstreckt sich auch auf dessen *Arbeitnehmer und seine übrigen Hilfspersonen*. Subunternehmer

378

F. Bauausführung

und Beauftragte sind dagegen nicht Versicherungsnehmer (sie können sich selbst versichern; Hepperle, S. 207).

379 Bei der Ausführung von Arbeiten im Rahmen von *Arbeitsgemeinschaften* ist zu prüfen, ob diese Arbeiten mitversichert sind. Die Ersatzleistung beschränkt sich allenfalls auf eine bestimmte Auftragssumme und auf eine Quote, welche der internen Beteiligung des Versicherungsnehmers am Konsortium entspricht. Für Ergänzungen des Versicherungsschutzes sind allenfalls Zusatzprämien zu zahlen. Zu prüfen ist, ob die Arbeitsgemeinschaft selbst eine Versicherung abschliesst (Hepperle, S. 213).

380 Falls der Generalunternehmer nicht nur die Ausführung der Baute betreut, sondern auch die Planung teilweise oder gesamthaft (als *Totalunternehmer*) wahrnimmt, ist die Planungstätigkeit in der Betriebshaftpflichtversicherung heute grundsätzlich eingeschlossen.

381 Versichert sind *Personen- und Sachschäden*. Nicht gedeckt sind Schäden, die durch allgemeine Einwirkungen (Witterung, Staub usw.) entstanden sind, sowie Schäden, deren Eintritt mit hoher Wahrscheinlichkeit erwartet werden musste (Hepperle, S. 209). Vermögensschäden, die nicht die Folge eines versicherten Personen- oder Sachschadens sind, sind gedeckt, wenn sie durch ein unvorhergesehenes, nicht zum normalen oder geplanten Bauvorgang gehörenden Ereignis entstanden sind. Nicht gedeckt sind insbesondere Vermögensschäden (auch Konventionalstrafen), die aus Bauverzögerungen, Kostenüberschreitungen, Fristenfehlern usw. entstehen, so wie Ansprüche wegen Immissionen.

382 *Eigenschäden* sind nicht versichert. Bei der Beteiligung an einer Arbeitsgemeinschaft gilt dies für Ansprüche der Arbeitsgemeinschaft sowie für Ansprüche aus Schäden, welche ein Mitglied der Gemeinschaft oder ihm gehörende Sachen betreffen.

383 Regelmässig sind die beiden folgenden Prinzipien zu beachten. Die *Obhutsklausel* schliesst Ansprüche aus Schäden an solchen Sachen aus, die der Versicherte zum Gebrauch, zur Verwahrung usw. in Gewahrsam genommen hat. Die *Tätigkeitsklausel* schliesst Ansprüche aus Schäden aus, die an Sachen infolge Ausführungen oder Unterlassung einer Tätigkeit des Versicherten an oder mit ihnen (Bearbeitung, Reparatur usw.) entstanden sind (Hepperle, S. 209). Erstreckt sich eine Tätigkeit nur auf Teile unbeweglicher Sachen, bezieht sich dieser Ausschluss bloss auf Ansprüche aus Schäden an diesen Teilen, ausser wenn beispielsweise das bestehende Bauwerk unterfangen

oder unterfahren wird oder wenn Arbeiten an seinen tragenden Elementen ausgeführt werden.

Vertragsergänzungen

Vom Generalunternehmer kann verlangt werden, dass er den Nachweis seiner Betriebshaftpflichtversicherung erbringt. Damit ist auch die Pflicht des Generalunternehmers gegeben, diese Versicherung während der ganzen Werkvertragsdauer aufrecht zu erhalten. Weiter ist die Vereinbarung sinnvoll, vom Generalunternehmer zu verlangen, dass er den Bauherrn unverzüglich über einen allfälligen Verzug der Prämienzahlungen bzw. Untergang des Versicherungsschutzes informiert. Weiter kann der Generalunternehmer mittels zusätzlicher Vereinbarung den Bauherrn bevollmächtigen, direkt bei der Versicherung entsprechende Auskünfte einzuholen, oder gar die Versicherung aufzufordern, entsprechende Mitteilungen direkt gegenüber dem Bauherrn zu machen. 384

Der Generalunternehmer schliesst in der Regel nicht nur eine Betriebshaftpflichtversicherung ab, sondern auch eine Berufshaftpflichtversicherung für seine Planungs- und Bauleitungsarbeiten. Der Bauherr sollte daher vom Generalunternehmer in Ergänzung zu den AVB auch den Nachweis einer entsprechenden Berufshaftpflichtversicherung verlangen. 385

Ziff. 28.2

Der Generalunternehmer ist verantwortlich für den Abschluss der vertraglich vereinbarten Versicherungen für das Bauwerk.

Auf Verlangen des Bauherrn ist diesem eine Kopie der entsprechenden Versicherungspolicen auszuhändigen.

Allgemeines

Ziff. 28.2 AVB betrifft nur den Vollzug des Abschlusses von Versicherungen, welche von den Parteien vereinbart wurden. Sie sagt somit nichts darüber aus, in wessen Namen die vereinbarten Versicherungen abzuschliessen sind und welche Vertragspartei die Prämien zu zahlen hat (vgl. aber Ziff. 28.3 AVB und Ziff. 5.1.6 bzw. 5.2.3 Vurk). 386

Es gehört zur Sorgfaltspflicht des Generalunternehmers, den Bauherrn auf die bestehenden und üblichen Versicherungsmöglichkeiten hinzuweisen. Ab- 387 gesehen von der durch den Generalunternehmer abzuschliessenden *Betriebshaftpflichtversicherung* (vgl. Ziff. 28.1 AVB) stehen die *Bauherrenhaftpflichtversicherung* (vgl. Ziff. 28.3 AVB), die allenfalls gesetzlich vorgeschriebene progressive *Gebäudeversicherung* und der Abschluss einer *Bauwesenversicherung* im Vordergrund. Auf Letztere ist im Folgenden näher einzugehen.

Bauwesenversicherung

388 Die Bauwesenversicherung versichert *Bauleistungen* (versicherter Gegenstand). Der vom Deckungsbereich erfasste Umfang der Bauleistungen ergibt sich aus dem Werkvertrag und der vereinbarten Versicherungssumme. Beim Generalunternehmervertrag wird regelmässig das schlüsselfertige Bauwerk (alle vom Bauherrn vergebenen und von diesem allenfalls selbst zu erbringenden Bauleistungen) versichert. Damit sind die *Bauleistungen aller Beteiligten* (Architekten, Ingenieure, Subunternehmer usw.) versichert. Mit dieser Ausdehnung des Versicherungsschutzes auf alle am Bau beteiligten Personen werden Streitigkeiten darüber, wer von den Baubeteiligten den Schaden eines versicherten Ereignisses gegenüber dem Versicherungsnehmer zu tragen hat, ausgeschaltet. Mitversichert sind ferner die Schadensuch-, Abbruch- und Wiederaufbaukosten.

389 Nicht zum Umfang der versicherten Bauleistung gehörende Sachen sind separat im Rahmen einer *erweiterten Bauwesenversicherung* zu versichern. Dies gilt etwa für die Fahrhabe des Generalunternehmers wie Hilfsbaracken, Baugeräte, Werkzeuge und Baumaschinen (mit Ausnahme von selbstfahrenden Objekten oder Kranen, die durch Spezialversicherungen gedeckt sind). Ferner bedarf die Versicherung von Einwandungen und Abschrankungen sowie Spriess-, Spund- und Schalungsmaterial der Vereinbarung einer erweiterten Bauwesenversicherung.

390 *Baugrund und Bodenmassen* sind insoweit nicht in der Versicherung eingeschlossen, als sie nicht Bestandteil der Bauleistung sind. Diese Gegenstände können mit einer Zusatzversicherung mitversichert werden. Einer speziellen Vereinbarung bedarf auch die Versicherung *bestehender Bauten,* da sie nicht Gegenstand der Bauleistung sind (sie sind auch nicht Gegenstand der Betriebshaftpflichtversicherung, da diese grundsätzlich weder Schäden an bestehenden Bauten noch an Werken der Vor- und Nebenunternehmer deckt).

391 Durch die Bauwesenversicherung sind die vereinbarten Bauleistungen und Objekte gegen *Beschädigung oder Zerstörung durch Bauunfälle, Verluste durch Diebstahl und Elementarschäden* (versicherte Gefahren) versichert.

Als *Bauunfall* gilt ein Schadenereignis, das die versicherten Objekte unvor- 392
hergesehen trifft. Ein *Schadenereignis* ist ein Vorfall, der den Zustand einer
versicherten Sache verändert und die Sache in ihrem Wert vermindert bzw.
in ihrer Funktion beeinträchtigt. *Unvorhergesehen* ist ein Ereignis, wenn es
subjektiv nicht vorhergesehen wurde. Die Vorhergesehenheit kann nicht
nur dem Versicherungsnehmer entgegengehalten werden, sondern auch
den Anspruchsberechtigten und deren leitenden Personen (Organe, Bau-
führer, Poliere). Anspruchsberechtigt ist beispielsweise der Unternehmer,
dessen Werk untergegangen ist, und der dieses auf seine Kosten neu erstellen muss. Von der Unvorhergesehenheit des Ereignisses ist das Kriterium zu
unterscheiden, ob das Ereignis objektiv vorhersehbar war. Einfache Fahrlässigkeit ist grundsätzlich gedeckt, nicht dagegen grobfahrlässiges (oder gar
vorsätzliches) Handeln. Durch einfache Fahrlässigkeit verursachte Schäden
sind allerdings dann nicht versichert, wenn diese durch normale Witterungs-
einflüsse entstanden sind, mit denen nach der Jahreszeit und den örtlichen
Verhältnissen gerechnet werden musste. Die Terminologie «Bauunfall» ist
historisch zu verstehen. Ein gedecktes Schadensereignis muss im Gegensatz
zur üblichen versicherungsrechtlichen Definition des Unfalls nicht plötzlich
eintreten. Massgebend ist, dass das Ereignis unvorhergesehen eintritt. Die
Schäden infolge einer allmählich wirkenden Schadensursache sind nicht gedeckt, dagegen die allmählich wirkenden Ursachen von Schäden als Folge
eines unvorhergesehenen Ereignisses.

Verluste durch *Diebstahl* sind regelmässig versichert, jedoch nur soweit, als 393
die versicherten Sachen mit dem Bauwerk fest verbunden sind.

Gemäss den allgemeinen Versicherungsbedingungen der betreffenden Versi- 394
cherung oder aufgrund besonderer Vereinbarung übernimmt die Bauwesenversicherung auch Schäden, die durch Brand, Blitzschlag, Explosionen sowie
durch die Elementarereignisse Hochwasser, Überschwemmung, Lawinen,
Schneedruck oder Hagel entstehen. Die Versicherung von *Elementar- und
Feuerrisiken* drängt sich für Hoch- und Tiefbauten in Kantonen auf, wo keine obligatorische Gebäudeversicherung vorgeschrieben ist. Allenfalls ist eine
progressive Gebäudeversicherung mit der Bauwesenversicherung zu koordinieren. Bauleistungen betreffend Hochbauten, die nicht von der Gebäudeversicherung erfasst werden, sind in der Bauwesenversicherung ohne Zusatzvereinbarung eingeschlossen (Baugrube, Umgebung, Werkleitungen usw.).

Die Bauwesenversicherung deckt nur Schäden an der versicherten Sache, 395
die durch eines der genannten versicherten Ereignisse entstanden sind. Aufwendungen für die Behebung von *Baumängeln* sind daher nicht gedeckt.

F. Bauausführung

Führt ein Mangel zu einem unvorhergesehenen Bauunfall, sind diejenigen Kosten nicht gedeckt, die auch ohne Bauunfall zur Mängelbehebung hätten aufgewendet werden müssen (Hepperle, S. 202).

396 Die Bauwesenversicherung deckt diejenigen Schäden nicht, die von der Haftpflichtversicherung eines an der Erstellung des Bauwerks Beteiligten übernommen werden; sie *bevorschusst* jedoch solche Leistungen. Die Bauwesenversicherung darf somit nicht als Unternehmerhaftpflichtversicherung für Bauleistungen verstanden werden, zumal die Bauwesenversicherung nur *Sachschäden und keine Personen- oder Vermögensschäden* deckt.

397 Die Abklärung der Haftung und der Höhe des zu erbringenden Schadenersatzes erfolgt durch die Schadenexperten, Ingenieurdienste usw. der Versicherungen, welche die Kosten dieser Arbeit übernehmen, so dass mit dem Bauvorhaben fortgefahren werden kann. Die Verteilung der endgültigen Lastentragung unter den Versicherungsgesellschaften wird später ausgehandelt. Die Baubeteiligten sind allerdings gehalten, dem Versicherer jede Auskunft über Ursache, Höhe und nähere Umstände des Schadens zu erteilen und jede hierzu dienliche Untersuchung zu gestatten. Diese Abklärungen des Versicherers dienen der Substantiierung seiner *Rückforderung* gegenüber den Betriebs- und Berufshaftpflichtversicherern der Baubeteiligten. Dank der Bevorschussungsklausel zugunsten des Versicherungsnehmers darf die Schadenerledigung jedoch nicht verzögert werden.

398 Da die Bauwesenversicherung eine Sachversicherung ist, ist bedeutungslos, welche Partei als Versicherungsnehmer auftritt. Für den Generalunternehmer empfiehlt es sich, die Bauwesenversicherung über einen rabattberechtigten Rahmenvertrag abzuschliessen. Die *Bauwesenprämie* wird des Öftern den Subunternehmern als primären Nutzniessern überbunden, da diese durch die Bauwesenversicherung ihr Risiko von Eigenschäden durch Bauunfälle abgedeckt erhalten.

399 Der Abschluss einer Bauwesenversicherung kann dann die Erstellungskosten verringern, wenn die Versicherungsprämie kleiner als der vom Generalunternehmer einkalkulierte Risikozuschlag für allfällige Bauunfälle ist. Dieser Aspekt kann bei der Vereinbarung, welche Partei des Generalunternehmervertrags die Kosten der Bauwesenversicherung tragen soll, berücksichtigt werden. Die beratende Tätigkeit des Bauwesenversicherers kann im Übrigen für den Bauherrn hilfreich sein.

Ziff. 28.3

Ohne anderweitige Vereinbarung trägt der Bauherr das Risiko der Bauherrenhaftung. Der Abschluss einer entsprechenden Versicherung ist seine Sache.

Es gehört zur Sorgfaltspflicht des Generalunternehmers, dem Bauherrn den Abschluss einer Bauherrenhaftpflichtversicherung (schriftlich) zu empfehlen. In Art. 26 Abs. 2 SIA-Norm 118 ist diese Pflicht festgehalten. 400

Die Bauherrenhaftpflichtversicherung soll primär das Risiko der Schädigung eines Nachbarn durch die Bautätigkeit des Bauherrn absichern (Hepperle, S. 210). Die Bauherrenhaftpflichtversicherung deckt Personenschäden sowie die Beschädigung, Zerstörung oder den Verlust von fremden Sachen und ferner Vermögensschäden, die sich als Folge von versicherten Personen- oder Sachschäden ergeben. Nur aufgrund einer besonderen Vereinbarung sind Vermögensschäden mitversichert, die nicht die Folge eines Personen- oder Sachschadens sind. Gleichzeitig beinhaltet die Bauherrenhaftpflichtversicherung auch eine Rechtsschutzfunktion. Die Versicherungsleistungen umfassen nicht nur die Übernahme begründeter, sondern auch die Abwehr unbegründeter Ansprüche. 401

Die Versicherungsdeckung erstreckt sich auf Folgen, die sich aufgrund gesetzlicher Haftpflichtbestimmungen im Zusammenhang mit der Erstellung des in der Police bezeichneten Bauobjekts für den Bauherrn ergeben können. Im Vordergrund stehen die nachbarrechtlichen Bestimmungen des ZGB (Grundeigentümerhaftung gemäss Art. 679 ZGB, Verbot übermässiger Immissionen gemäss Art. 684 ZGB und Verbot der Schädigung von Nachbargrundstücken bei Bauarbeiten gemäss Art. 685 ZGB) sowie die Werkeigentümerhaftung gemäss Art. 58 OR. Vorhersehbare Immissionen und Behinderungen (z.B. durch Baustellenabschrankungen) sind indessen nicht versicherbar. Es handelt sich in allen genannten Haftungsfällen um Kausalhaftungen (verschuldensunabhängige Haftung), so dass ein allfälliger Hinweis darauf, der Schaden sei auf das Verhalten der an der Erstellung des Bauwerks beteiligten Planer und Unternehmer zurückzuführen, keine Haftungsbefreiung zu begründen vermag. 402

Der Versicherungsschutz erstreckt sich auch auf Schäden im Zusammenhang mit Umweltbeeinträchtigungen. Als Umweltbeeinträchtigung gilt die nachhaltige Störung des natürlichen Zustands von Luft, Gewässer, Boden, Flora oder Fauna durch Immissionen, sofern als Folge dieser Störung schädliche oder sonstige Einwirkungen auf die menschliche Gesundheit, auf Sachwerte oder auf Ökosysteme entstehen können oder entstanden sind. 403

404 Da die Bauherrenhaftpflichtversicherung lediglich den Bauherrn als Grundeigentümer oder Baurechtsnehmer und nur im Rahmen der gesetzlichen Haftpflichtbestimmungen schützt (dagegen keine Bauunternehmerversicherung darstellt), sind Ansprüche aus Schäden, die der Bauherr dadurch verursacht, dass er Planungs-, Bauleistungs-, Bauführungs- oder Bauarbeiten selbst ausgeführt oder Material geliefert hat, nicht gedeckt. Diese Schäden können jedoch durch besondere Vereinbarung mitversichert werden.

Ziff. 28.4

Nach erfolgter Bauabnahme trägt der Bauherr die alleinige Verantwortung für den Abschluss aller das Bauwerk betreffenden Versicherungen.

405 Der Versicherungsschutz der Bauwesenversicherung endet grundsätzlich mit dem in der Police vereinbarten Zeitpunkt bzw. bereits dann, wenn sämtliche versicherten Bauleistungen abgenommen sind oder als abgenommen gelten. Dies gilt auch für die Bauherrenhaftpflichtversicherung, doch sind spätere Schadenfälle gedeckt, wenn deren Ursache vor der Werkabnahme gesetzt worden ist. Bei der Betriebshaftpflichtversicherung sind Schäden gedeckt, die innerhalb der Versicherungsvertragsdauer verursacht werden.

406 Kommt es zu Bauverzögerungen, gehört es zur Sorgfaltspflicht des Generalunternehmers, den Bauherrn auf die allfällige Notwendigkeit der Verlängerung von Versicherungspolicen hinzuweisen.

407 Mit der Übergabe des Bauwerks hat der Generalunternehmer grundsätzlich seine Vertragspflichten erfüllt. Er ist deshalb nicht verantwortlich für eine zweckmässige Versicherung des vom Bauherrn abgenommenen Bauwerks. Es gehört jedoch zumindest dann zur Sorgfaltspflicht des Generalunternehmers, den Bauherrn auf den Ablauf der Bauwesenversicherung hinzuweisen, wenn der Generalunternehmer die Bauwesenversicherung selbst abgeschlossen hat.

408 Für komplexe Bauten kann der Abschluss einer Maintenance-Deckung für ein bis zwei Jahre von Vorteil sein. Diese Deckung erweitert die Bauwesenversicherung auf die Fertigstellungs- und Garantiearbeiten nach der Bauabnahme oder nach Bezug des Bauwerks.

409 Das Bauversicherungswesen ist im Fluss. Von den neuen Entwicklungen ist die «Bauplatzpolice» zu erwähnen, mit welcher eine integrale Deckung abgegeben wird. Sie umfasst das Bauwesen, die Montage, die Bauherren-, Pla-

ner- und Unternehmerhaftpflicht sowie Baugarantien bzw. Baubürgschaften. Versicherungsnehmer ist der Bauherr. Diese Versicherungsart vereinfacht die versicherungsrechtlichen Verhältnisse zwischen den Baubeteiligten. Die Mitversicherten können die Zahlung von Doppelprämien an ihre herkömmlichen Versicherungen bei der jährlichen Deklaration ausschliessen.

29. Baudokumentation

Ziff. 29.1

Der Generalunternehmer ist verpflichtet, dem Bauherrn die übliche Baudokumentation auszuhändigen: Behördliche Akten und Bewilligungen, revidierte Ausführungspläne, Installationsschemas, Betriebs- und Bedienungsanleitungen, Unternehmerverzeichnis.

Obliegt die Erstellung der Baudokumentation ganz oder teilweise den Beauftragten des Bauherrn, so liefert der Generalunternehmer lediglich die benötigten Angaben bezüglich der Ausführung.

Allfällige Streitigkeiten über den Umfang der Baudokumentation lassen sich mittels ausführlicher Definition im Baubeschrieb vermeiden. 410

Der Umfang der Baudokumentation bestimmt sich nach der Natur des Bauwerks und umfasst insbesondere die Pläne des Architekten, die aktualisierten Ausführungspläne, Nutzungs- und Sicherheitspläne, allenfalls Grundrisspläne als Vermietungsgrundlage aller zu vermietenden Bauteile, normenkonforme Installationspläne, Gebäudedaten (wie Bauvolumen, Bruttonutzflächen, Nettonutzflächen usw.), Schliessplan, Beschriftungsplan, Bauabnahme- und Übergabeprotokolle, sämtliche behördlichen Bewilligungen und behördlichen Abnahmerapporte, Betriebsvorschriften, Prinzipschemas sowie Serviceanleitungen, vollständige Unternehmer- und Lieferantenverzeichnisse, Optimierungsnachweise usw. 411

Ziff. 29.2

Die Übergabe der Betriebs- und Bedienungsanleitungen sowie des Unternehmerverzeichnisses erfolgt bei der Bauabnahme.

F. Bauausführung

Die übrigen Baudokumente werden spätestens 6 Monate nach Bauabnahme übergeben, behördliche Akten und Bewilligungen nach Erhalt.

Ziff. 29.3

Die Kosten der vom Generalunternehmer zu liefernden Baudokumentation in einem Exemplar sind im vertraglichen Werkpreis inbegriffen. Weitere Exemplare sowie zusätzliche Dokumente sind vom Bauherrn separat zu vergüten.

30. Werbemassnahmen

Ziff. 30.1

Ohne anderweitige Vereinbarung ist der Generalunternehmer berechtigt, Baureklametafeln anzubringen und weitere Werbemassnahmen zu treffen, die auf den Bau Bezug nehmen.

Auf der Baureklametafel des Generalunternehmers sind der Bauherr und seine Beauftragten in angemessener Weise aufzuführen.

412 Weitere Werbemassnahmen stellen beispielsweise Veröffentlichungen des Generalunternehmers über das Bauobjekt in Fachzeitschriften dar sowie dessen Darstellung in Inseraten, Referenzlisten, Firmenprospekten, Geschäftsberichten usw.

413 Liegt es im Interesse des Bauherrn, dass der Generalunternehmer nur beschränkt Werbemassnahmen aufgrund des von ihm erstellten Bauwerks trifft, ist vertraglich zu umschreiben, welche Werbeaktivitäten und insbesondere welche Pläne, Fotos, Zeichnungen usw. der Anlage publiziert werden dürfen.

414 Die Kosten für eigene Baureklametafeln trägt der Generalunternehmer, ebenso die Kosten für weitere Werbemassnahmen.

Ziff. 30.2

Aussergewöhnliche Massnahmen des Generalunternehmers (z.B. öffentliche Anlässe, Medienveranstaltungen) bedürfen der vorgängigen Bewilligung des Bauherrn.

Ziff. 30.3

Werbemassnahmen des Bauherrn, insbesondere für Verkauf und Vermietung, haben auf die Bedürfnisse der Bauausführung Rücksicht zu nehmen und sind vom Bauherrn separat zu bezahlen.

G. ZAHLUNGEN

31. Fälligkeit des Werkpreises

415 Gemäss OR wird der Werklohn mit der Vollendung und Ablieferung des Werks fällig (BGE 110 II 178). Die Fälligkeit tritt unabhängig von der Rechnungsstellung ein. Allerdings kann der Generalunternehmer die Zahlung der Vergütung nur verlangen, wenn der Bauherr die Höhe der Vergütung aufgrund einer Rechnung nachvollziehen kann. Vor Rechnungsstellung kann der Generalunternehmer (trotz Fälligkeit der Vergütung) die Ablieferung des Werks nicht unter Hinweis auf den ausstehenden Werkpreis verweigern (Gauch, Werkvertrag, N. 1160). Bei einer Vertragsauflösung ex nunc wird die Vergütung in diesem Zeitpunkt fällig.

416 Der Generalunternehmer ist somit selbst bei grösseren Werken ohne andere Vereinbarung vorleistungspflichtig (Gauch, Werkvertrag, N. 1152 ff.). Der Gesetzeswortlaut stellt klar, dass Teilzahlungen nur fällig werden, wenn neben der Teillieferung des Werks auch entsprechende Teilzahlungen vereinbart sind. Die Vereinbarung von Teilzahlungen kann sich aber aus einer entsprechenden Übung ergeben (Honsell/Vogt/Wiegand, Art. 372 OR, N. 8; ZK-Bühler, Art. 372 OR, N. 40). Art. 82 OR ist auch auf Teillieferungen anwendbar (ZK-Bühler, Art. 372 OR, N. 40). Abschlagszahlungen bzw. Vorauszahlungen sind vor der Ablieferung fällig. Sie sind im Gegensatz zur Teilzahlung provisorischer Natur und müssen ausdrücklich vereinbart sein (Gauch, Werkvertrag, N. 1163).

417 Die AVB gehen davon aus, dass ein Zahlungsplan vereinbart wird. Ist dies nicht der Fall und gilt auch keine andere Abmachung, sind gemäss Ziff. 2.2.1 die Regeln der SIA-Norm 118 anwendbar. Diesbezüglich wird auf die Art. 155 (Abrechnungsforderung), 148 (Abschlagszahlungen), 66 Abs. 6 (Teuerungsabrechnung), 55 Abs. 1 (Regierechnung), 140 Abs. 3 (Vorschuss für Material) und 152 (Rückbehalt) der Norm verwiesen.

Ziff. 31.1

Ist ein vertraglicher Zahlungsplan vereinbart, so haben die Zahlungen auf die darin festgelegten Fälligkeitstermine zu erfolgen.

31. Fälligkeit des Werkpreises

Jede Revision des Bauprogramms bedingt eine entsprechende Anpassung des Zahlungsplans.

Der Zahlungsplan ist in Ziff. 2.1.5 Vurk anzugeben. Er bildet Bestandteil des Generalunternehmervertrags. 418

Akontozahlungen sollen sich grundsätzlich nach dem bisherigen Leistungsumfang richten (vgl. auch Art. 144 SIA-Norm 118). Die AVB sehen deshalb eine Koordination des Bauprogramms, des Terminplans und des Zahlungsplans vor. 419

Änderungen beim Bauprogramm gemäss Ziff. 2.1.4 Vurk und bei den Terminen gemäss Ziff. 3 Vurk führen nicht direkt zu neuen Fälligkeiten der Werkpreiszahlungen. Ziff. 31.1 Abs. 2 AVB regelt nur, dass entsprechende Terminänderungen eine Anpassung des Zahlungsplans «bedingen». Der Bauherr hat somit lediglich das Recht, eine Anpassung des Zahlungsplans an das vertragliche Bauprogramm zu verlangen (vgl. aber Ziff. 31.3 AVB). 420

Ziff. 31.2

Nicht im Zahlungsplan enthaltene Leistungen werden vom Generalunternehmer nach Massgabe des Baufortschrittes verrechnet.

Die vertraglich vereinbarte Bauteuerung und die allfälligen Mehrkosten infolge Erhöhung der indirekten Steuern werden vom Generalunternehmer auf jeden Zahlungstermin approximativ in Rechnung gestellt. Die definitive Abrechnung erfolgt, sobald die massgebenden Grundlagen bekannt sind.

Ohne anderweitige Vereinbarung sind die nicht im Zahlungsplan enthaltenen Leistungen und Mehrkosten innert 30 Tagen nach Rechnungsstellung zur Zahlung fällig.

Der Zahlungsplan gilt für alle Leistungen. Er geht deshalb Art. 55 SIA-Norm 118 vor, wonach Regiearbeiten unabhängig vom Umfang der Abschlagszahlungen gemäss Art. 145 SIA-Norm 118 separat in Rechnung gestellt werden. 421

Soweit Leistungen vom Zahlungsplan nicht erfasst sind, sollen sie nach Massgabe des Baufortschrittes verrechnet werden. Dies entspricht auch der grundsätzlichen Regel von Art. 144 f. SIA-Norm 118 bei Einheitspreisverträgen. Ziff. 31.2 AVB kommt aber auch dann zur Anwendung, wenn kein schriftlicher oder mündlicher Zahlungsplan vereinbart wurde, bzw. keine 422 entsprechende Abrede nachweisbar ist. Demgegenüber sieht Art. 144 ff. SIA-Norm 118 nur dann Abschlagszahlungen nach Massgabe des Baufortschritts vor, wenn ein Einheitspreisvertrag vorliegt oder beim Gesamtpreisvertrag Abschlagszahlungen im konkreten Fall vereinbart wurden (Gauch, Kommentar SIA-Norm 118, Vorbemerkungen zu Art. 144–148).

423 Bei den nicht im Zahlungsplan enthaltenen Leistungen ist eine Mahnung erforderlich, um den Bauherrn in Verzug zu setzen (Art. 102 Abs. 1 OR). Zahlungstermine gemäss Zahlungsplan sind dagegen Verfalltage (Ziff. 31.4 AVB).

424 Die Regelung unterscheidet sich insoweit von der SIA-Norm 118, als diese eine Fälligkeit ab Rechnungsstellung sowie eine Zahlungsfrist im Sinne einer Skontofrist vorsieht (Art. 148 und 190 SIA-Norm 118; vgl. Gauch, Kommentar SIA-Norm 118, N. 3 f. zu Art. 190).

425 Ziff. 31.2 AVB betrifft den Zeitpunkt der Rechnungsstellung der Bauteuerung; Ziff. 19.2 Abs. 3 AVB regelt die Berechnung der Bauteuerung.

Ziff. 31.3

Geringfügige Rückstände auf das Bauprogramm oder Mängel bei der Bauabnahme, die den vorgesehenen Gebrauch des Bauwerks nicht wesentlich beeinträchtigen, berechtigen den Bauherrn nicht zu Zahlungsrückbehalten.

426 Vorerst ist auf die Rechtslage gemäss OR bzw. SIA-Norm 118 hinzuweisen und danach auf die Besonderheiten der AVB einzugehen.

OR

427 Nach Auffassung des Bundesgerichts schiebt ein Werkmangel die Fälligkeit des Vergütungsanspruchs hinaus und tritt die Fälligkeit erst bei Ablieferung des mängelfreien Werks ein (BGE 110 II 178, 97 II 353, 94 II 164). Nach einem gewichtigen Teil der Lehre wird die Vergütung unabhängig allfälliger Mängel des Werks fällig (Gauch, Werkvertrag, N. 1155 und 2380; Koller, N. 308). Auch eine Prüfung des Werks ist danach nicht Fälligkeitsvoraussetzung.

428 Mangels anderweitiger vertraglicher Abrede kann der Besteller gemäss bundesgerichtlicher Rechtsprechung die Leistung der Vergütung gestützt auf die Einrede des nicht erfüllten Vertrags verweigern, da die Zahlung des Werkpreises und die Ablieferung des mängelfreien Werks miteinander im Austauschverhältnis gemäss Art. 82 OR stehen (BGE 89 II 235).

Diese Praxis wird von der herrschenden Lehre kritisiert. Die Einrede des nicht erfüllten Vertrags entbehre schon deshalb einer Grundlage, weil nach dieser Rechtsprechung die Vergütungsforderung bei Mangelhaftigkeit des Werks noch gar nicht fällig sei (Gauch, Werkvertrag, N. 2380). Gauch und Koller lehnen ein Rückbehaltungsrecht ab, weil durch die Umwandlung der Forderung auf Leistung eines mängelfreien Werks in die Mängelrechte gemäss Art. 368 OR kein Raum mehr für eine Einrede des nicht erfüllten Vertrags bestehe (Gauch, Werkvertrag, N. 2369; Koller, N. 315). Nach diesen Autoren hat der Besteller allerdings ein Rückbehaltungsrecht zur Durchsetzung seiner Gewährleistungsansprüche gestützt auf Art. 82 OR. Zindel/Pulver anerkennen ein Rückbehaltungsrecht nur bei bedeutenden Mängeln (Honsell/Vogt/Wiegand, Art. 372 OR, N. 4). Bühler kritisiert die vorgenannte Rechtsauffassung insoweit, als sie den Zeitraum zwischen der Ablieferung und der Gestaltungserklärung des Bestellers hinsichtlich der Wahl seines Mangelrechts auslasse (ZK-Bühler, Art. 372 OR, N. 17).

429

Bei ausstehender Nachbesserung setzt die Berufung des Bestellers auf sein Rückbehaltungsrecht dessen Nachbesserungsanspruch voraus. Dessen Verjährung steht dem Rückbehaltungsrecht nicht entgegen (Gauch, Werkvertrag, N. 2384). Das Rückbehaltungsrecht wird auch durch eine Abtretung des Nachbesserungsanspruchs nicht ausgeschlossen (Gauch, Werkvertrag, N. 2385). Da Art. 82 OR auch eine Druckfunktion hat (Gauch, Werkvertrag, N. 2387 ff.), kann der Besteller in einem angemessenen Verhältnis mehr als nur die mutmasslichen Nachbesserungskosten zurückbehalten (nach Treu und Glauben ausgiebige Sicherung des Nachbesserungsanspruchs).

430

Kein Austauschverhältnis i.S.v. Art. 82 OR liegt bei Geltendmachung der Wandelung vor (Gauch, Werkvertrag, N. 2372). Bei Minderung reduziert sich einzig der Vergütungsanspruch (Gauch, Werkvertrag, N. 2373). Ein Rückbehaltungsrecht wird auch im Hinblick auf den Anspruch auf Ersatz des Mangelfolgeschadens verneint (Gauch, Werkvertrag, N. 2371).

431

SIA-Norm 118

Die SIA-Norm 118 sieht eigene Abrechnungssysteme vor. Daraus ergibt sich auch eine spezifische Anwendung von Art. 82 OR. So beinhaltet Art. 150 SIA-Norm 118 beispielsweise ein Recht auf Rückbehalt von Abschlagszahlungen. Im Hinblick auf die Schlusszahlung bestimmt Art. 181 SIA-Norm 118, dass der Generalunternehmer berechtigt ist, dem Bauherrn einen Garantieschein zu übergeben, um danach die gesamte Werkvergütung verlan-

432

G. Zahlungen

gen zu können. Diese Regelung gilt lediglich für Verträge mit Einheitspreisen, nicht aber für Werkverträge mit Pauschalpreisen (Art. 151 SIA-Norm 118).

433 Auslegungsfrage ist, ob mit der Vereinbarung eines Garantierückbehalts (vgl. Art. 182 SIA Norm 118), das Rückbehaltungsrecht gemäss Art. 82 OR wegbedungen worden ist (Gauch, Werkvertrag, N. 2409 f.). Die gesetzeskonforme Auslegung erheischt, dass das dispositive Rückbehaltungsrecht gemäss Art. 82 OR mit hinreichender Deutlichkeit ausgeschlossen wurde. Liegt ein Schaden vor, der über den durch den Garantieschein sichergestellten Betrag hinausgeht, kann sich der Bauherr insoweit auf Art. 82 OR berufen.

AVB

434 Ziff. 31.3 AVB steht im Zusammenhang mit Ziff. 24.2 AVB (Anpassung des Bauprogramms) und Ziff. 31.1 AVB (Anpassung des Zahlungsplans). Sie betrifft nicht nur Bauverzögerungen, sondern auch Mängel bei der Bauabnahme.

435 Der Begriff der «geringfügigen Rückstände» ist auslegungsbedürftig. Als Anhaltspunkt ist Ziff. 24.2 AVB zu beachten, wonach der Generalunternehmer zur Anpassung des Bauprogramms verpflichtet ist, wenn der Baufortschritt einen Verzug von mehr als 60 Tagen auf das Bauprogramm aufweist. Es ist zu prüfen, welche Bauvorgänge eine Abweichung vom Bauprogramm verzeichnen und was die Auswirkungen davon sind. Entsprechend gestatten denn auch nur diejenigen Mängel einen Zahlungsrückbehalt, die den vorgesehenen Gebrauch des Bauwerks wesentlich beeinträchtigen.

436 Rückstände auf das Bauprogramm geben primär einen Anspruch auf die Anpassung des Bauprogramms gemäss Ziff. 24.2 AVB. Unabhängig davon, ob der Zahlungsplan formell an das Bauprogramm geknüpft ist, ergibt sich eine Verschiebung der Zahlungstermine entsprechend dem angepassten Bauprogramm gemäss Ziff. 31.1 Abs. 2 AVB. Grössere Rückstände auf das Bauprogramm rechtfertigen einen Zahlungsrückbehalt des Bauherrn und geben nicht bloss einen Anspruch auf Änderung des Zahlungsplans. Dies kann aufgrund eines Umkehrschlusses aus Ziff. 31.3 AVB abgeleitet werden, wonach geringfügige Rückstände auf das Bauprogramm kein Recht auf Zahlungsrückbehalt geben. Ziff. 31.3 AVB lässt auch einen Zahlungsrückbehalt wegen Rückständen auf das Bauprogramm zu, die nicht als Verletzung von verbindlichen Terminen vertragswidrig sind.

Macht der Bauherr gegen den Willen des Generalunternehmers einen Rückbehalt, riskiert er, dass der Generalunternehmer seine Arbeit einstellt bzw. die Behebung von geringfügigen Mängeln verweigert. Falls der Rückbehalt wegen geringfügigen Rückständen auf das Bauprogramm oder aber wegen Mängeln, welche den vorgesehenen Gebrauch des Bauwerks nicht wesentlich beeinträchtigen, nicht gerechtfertigt ist, ist der Generalunternehmer gestützt auf Art. 82 OR zur Arbeitseinstellung befugt. Mit einer Arbeitseinstellung ist beiden Parteien meist nicht gedient, verursacht diese doch oft erhebliche Mehraufwendungen, welche letztlich von derjenigen Partei zu tragen sind, die für diese Mehraufwendungen verantwortlich ist. Wie ein Richter die Rechtmässigkeit des Rückbehaltes beurteilen wird, ist zudem in vielen Fällen schwer voraussehbar.

437

Ziff. 31.3 AVB statuiert ein allgemeines Rückbehaltungsrecht, das sich lediglich auf Mängel und Verzögerungen bezieht, welche nicht geringfügig sind. Das pauschale Rückbehaltungsrecht gemäss den Art. 149 ff. SIA-Norm 118 (prozentuale Anteile des Leistungswerts) gilt nicht subsidiär, sondern ist durch die spezielle Regelung im VSGU-Vertrag wegbedungen (Ziff. 2.2 i.V.m. Ziff. 31.1/2 und 34.6 AVB).

438

Der Umfang des allfälligen Rückbehalts ist in den AVB nicht ausdrücklich geregelt, sondern richtet sich nach Art. 82 OR, welcher die Leistung Zug um Zug vorsieht. Allerdings ist zu beachten, dass Lehre und Rechtsprechung dem Zahlungsrückbehalt im Zusammenhang mit dem Nachbesserungsanspruch des Bauherrn neben dem Sicherungszweck auch die Funktion eines zulässigen Druckmittels zuerkennt. Der Bauherr darf so viel zurückbehalten, wie erforderlich ist, um den konkreten Nachbesserungsanspruch «ausgiebig» zu sichern und darüber hinaus angemessenen Druck auf den Unternehmer auszuüben, damit dieser die geschuldete Nachbesserung umgehend vornimmt (Gauch, Werkvertrag, N. 2389 ff., mit Hinweisen).

439

Da Ziff. 31.3 AVB das Rückbehaltungsrecht für geringfügige Mängel ausschliesst, kommt die Druckfunktion von Art. 82 OR nur bei wesentlichen Mängeln zur Anwendung.

440

Ein äusserst wirksames Instrument, bauhindernde Streitigkeiten zu vermeiden, ist die gesondert zu vereinbarende Regelung, wonach der Generalunternehmer bei Differenzen der Parteien über Fälligkeit und Umfang von Zahlungsraten, Entschädigungen usw. nicht berechtigt ist, die Bauarbeiten oder andere Vertragsleistungen einzustellen. Damit kann der Generalunternehmer im Streitfall nicht mit der Baueinstellung drohen. Diese Vereinba-

441

rung entzieht dem Generalunternehmer zwar einseitig das Rückbehaltsrecht gemäss Art. 82 OR, doch ist zu beachten, dass in der Praxis die Baueinstellung des Generalunternehmers den Bauherrn oft weit mehr beeinträchtigt als die Zahlungseinstellung des Bauherrn den Generalunternehmer. Zur Sicherung des Werklohns steht dem Generalunternehmer denn auch die Möglichkeit des Eintrags eines Bauhandwerkerpfandrechts zu.

442 Die Schlusszahlung kann gestützt auf eine gesonderte Vereinbarung an verschiedene Bedingungen geknüpft werden. Diese sind auf die übrigen Sicherheitsleistungen abzustimmen. So kann die Fälligkeit der Schlusszahlung beispielsweise an folgende Voraussetzungen geknüpft werden: Vollendung aller vertraglichen Leistungen, Vorliegen (und Unterzeichnung) der Schlussabrechnung, Behebung der Abnahmemängel, Abgabe der Revisionsakten, Abgabe der Instruktionsunterlagen und Durchführung der Anlageinstruktion, Abgabe der Gewährleistungssicherheiten (Bank- oder Versicherungsgarantie, Solidarbürgschaft, Garantieschein) usw.

Ziff. 31.4

Mit dem Verfall eines Zahlungstermins kommt der Bauherr in Verzug. Er schuldet dem Generalunternehmer einen Verzugszins zu den am Sitz des Generalunternehmers ortsüblichen Konditionen für Kontokorrent-Kredite an Unternehmer.

443 Die Zahlungstermine stellen Verfalltage dar (Art. 102 Abs. 2 OR), so dass eine Mahnung für die Inverzugsetzung nicht erforderlich ist. Diese Parteivereinbarung ist zulässig. Sie ist nicht ungewöhnlich und kann daher auch global mit den AVB übernommen werden.

444 Im Übrigen gelten die allgemeinen Verzugsregeln des Obligationenrechts. Tritt der Generalunternehmer wegen Zahlungsverzugs des Bauherrn vom Vertrag zurück, wird der Werkvertrag nach Art. 109 Abs. 1 OR ex tunc aufgehoben. Befindet sich der Werkvertrag bereits im Erfüllungsstadium, ist dem Generalunternehmer nach der Lehre die Kündigung des Vertrags zu gestatten. Mit der Auflösung des Vertrags ex nunc hat der Generalunternehmer einen Anspruch auf Vergütung der geleisteten Arbeit und weiterer Auslagen gegen Überlassung des bereits hergestellten Werks (Gauch, Werkvertrag, N. 1275).

445 Mit der Ablieferung des Werks beginnen die Verjährungsfristen für die Ansprüche des Generalunternehmers gegenüber dem Bauherrn. Es gelten die all-

gemeinen Verjährungsfristen. Grundsätzlich verjähren Forderungen mit dem Ablauf von zehn Jahren ab deren Fälligkeit (Art. 127 OR). Nach Art. 128 Ziff. 3 OR verjähren die Forderungen aus Handwerksarbeit mit Ablauf von fünf Jahren (zur ratio legis Gauch, Werkvertrag, N. 1285 f.). Die Grenzen zwischen Handwerksarbeit und anderen Werkleistungen sind fliessend. Das Bundesgericht stellt auf das Ausmass der manuellen Tätigkeit ab (BGE 116 II 430). Die blosse Montage ist keine Handwerksarbeit, weil nicht die manuelle Leistung, sondern der Verkauf von Produkten aus industrieller Fertigung im Vordergrund steht (BGE 123 III 122). Auch die Errichtung eines ganzen Hauses oder die Ausführung von Rohplanierarbeiten mit Bagger und Trax stellen keine Handwerksarbeit dar (Gauch, Werkvertrag, N. 1292). Für die Werkpreisforderung des Generalunternehmers gilt somit in der Regel die zehnjährige Verjährungsfrist.

Ziff. 31.5

Alle Zahlungen des Bauherrn haben auf das vom Generalunternehmer bezeichnete Bankkonto zu erfolgen.

Diese Bestimmung schliesst direkte Zahlungen an Beauftragte oder Subunternehmer des Generalunternehmers aus (vgl. auch die N. 486 ff. zu Ziff. 32.2 AVB). 446

Ziff. 31.6

Eine allfällige Sicherheitsleistung des Bauherrn für die Bezahlung des Werkpreises bedarf einer besonderen vertraglichen Vereinbarung.

Auch im SIA-Generalunternehmervertrag sind Sicherheiten für die Bezahlung des Werkpreises nicht vorgesehen. Der Generalunternehmer kann sich eine gewisse Sicherstellung der Bauherrenzahlungen dadurch ausbedingen, dass er mit dem Bauherrn einen Zahlungsplan vereinbart, der vorzeitige Abschlagszahlungen vorsieht. Im Übrigen hat der Generalunternehmer Anspruch auf Eintragung eines Bauhandwerkerpfandrechtes (Widmer, S. 132 mit Hinweisen), ausser zulasten von Grundstücken im Verwaltungsvermögen des Staates (vgl. N. 462 zu Ziff. 32 AVB). 447

Dem Sicherheitsbedürfnis des Generalunternehmers entsprechen auch die Bestimmungen über die Rücktrittsmöglichkeit bei eintretender sowie drohender Zahlungsunfähigkeit (vgl. Ziff. 39.2 AVB). 448

G. Zahlungen

449 Zu beachten ist jedoch, dass dem Generalunternehmer aus der Zahlungsunfähigkeit des Bauherrn ein erheblicher Schaden entstehen kann, der durch das Bauhandwerkerpfandrecht oder den Rücktritt vom Vertrag nicht abgesichert ist. Die Zahlungsunfähigkeit des Bauherrn kann den Generalunternehmer zwingen, die Bauarbeiten einzustellen und die Verträge mit seinen Subunternehmern vorzeitig aufzulösen. Gestützt auf Art. 377 OR hat er aber seine Subunternehmer in einem solchen Fall vollumfänglich schadlos zu halten. Sodann erleidet der Generalunternehmer allenfalls weiteren Schaden. Er sollte daher insbesondere bei grösseren Bauwerken und längeren Bauzeiten auf einer Sicherheitsleistung des Bauherrn bestehen. Es kommen in erster Linie Bürgschaften und Garantien in Frage.

450 Die Vereinbarung von Sicherheitsleistungen ist in Ziff. 8.2 Vurk festzuhalten. Nachfolgend werden die üblichen Sicherstellungsinstrumente kurz erläutert (vgl. auch die Sicherstellung betreffend Bauhandwerkerpfandrechte, N. 489 ff., bzw. der Gewährleistung N. 565 ff.).

Bürgschaft

451 Der Bürge haftet einem Gläubiger für den Fall, dass der Hauptschuldner in Konkurs geraten ist oder Nachlassstundung erhalten hat oder vom Gläubiger bis zur Ausstellung eines definitiven Verlustscheines betrieben worden ist (Art. 495 Abs. 1 OR). Der Gläubiger hat somit ein aufwändiges Verfahren durchzuführen, bis er den Bürgen belangen kann.

452 Besser gestellt ist der Gläubiger dann, wenn eine Solidarbürgschaft errichtet wird. Der Solidarbürge haftet dem Gläubiger bereits dann, wenn dieser den Hauptschuldner erfolglos gemahnt hat oder dessen Zahlungsunfähigkeit offenkundig ist (Art. 496 Abs. 1 OR).

453 Die Bürgschaft ist kausaler Natur. Der Bürge ist zur Leistung nur verpflichtet, wenn diese auch vom Schuldner erbracht werden müsste. Der Bürge ist denn auch verpflichtet, dem Gläubiger die Einreden entgegenzusetzen, die dem Hauptschuldner zustehen und sich nicht auf dessen Zahlungsunfähigkeit stützen (Art. 502 Abs. 1 OR).

Garantie

454 Bei der Garantie handelt es sich um eine abstrakte Sicherstellung. Während der Bürge gegenüber dem Gläubiger sämtliche Einwendungen und Einreden geltend machen kann, die auch dem Hauptschuldner zustehen, muss der

Garant unabhängig davon leisten, ob der Hauptschuldner seinerseits zur Leistung verpflichtet ist. Die Sicherstellungspflicht ist in diesem Sinne abstrakt, so dass der Garant insbesondere nicht geltend machen kann, eine Forderung des Gläubigers sei verjährt oder es sei beispielsweise gar kein Vertrag zwischen dem Bauherrn und dem Generalunternehmer zustande gekommen.

Aufgrund ihres abstrakten Charakters und der daraus resultierenden Einfachheit der Geltendmachung durch den Gläubiger ist die Garantie als Sicherungsmittel sehr beliebt. Sie kommt in vielen verschiedenen Formen vor (vgl. dazu Zürcher Kantonalbank, Die Bankgarantie, Handbuch Ausgabe 4/2002). 455

Findet eine Ausschreibung statt, wird mit dem Bid Bond garantiert, dass der Anbieter im Falle des Zuschlages zu seinem Angebot stehen wird. Mit der An-/Vorauszahlungsgarantie wird der Besteller gegen den Verlust der von ihm geleisteten An- bzw. Vorauszahlung geschützt, falls die vertragsgemässe Leistungserbringung des Unternehmers nicht erfolgt. Mit der Zahlungsgarantie (Payment Guarantee) wird die Bezahlung des Werklohnes sichergestellt. 456

Die Erfüllungsgarantie (Performance Bond) bietet Sicherheit für den Fall, dass der Generalunternehmer nicht in der Lage oder nicht gewillt sein sollte, seinen vertraglichen Pflichten nachzukommen. Sie kann ganz unterschiedlich ausgestaltet werden. Sinnvollerweise wird verlangt, dass die Garantie von einer schweizerischen Grossbank oder einer Versicherung geleistet wird. Mit der Erfüllungsgarantie sollten alle Verpflichtungen des Generalunternehmers aus diesem Vertrag sichergestellt werden (z.B. Rückerstattung von zuviel bezahlten Zahlungen, Kosten von Ersatzvornahmen durch die Bauherrschaft, Preisminderungen, Mangelfolgeschäden, Konventionalstrafen, Ablösung oder Sicherstellung allfälliger Bauhandwerkerpfandrechte, Folgen einer vorzeitigen Vertragsbeendigung usw.). 457

Unwiderrufliches Zahlungsversprechen

Ein unwiderrufliches Zahlungsversprechen stellt eine Garantie dar. Der Garant verpflichtet sich, im Sinne der Annahme einer Anweisung, zu einem festgelegten Zeitpunkt einen bestimmten Betrag zu bezahlen gegen Vorlage einer Erklärung oder gegen Vorlage bestimmter, klar identifizierbarer Dokumente. Diese Garantie wird häufig im Zusammenhang mit Liegenschaftskaufverträgen (auch Kauf-/Werkverträgen) angewandt. Der Garant erklärt sich bereit, dem Verkäufer den Kauf-/Werkpreis für den Käufer zu bezahlen, wenn die Eigentumsübertragung erfolgt. 458

G. Zahlungen

Konventionalstrafe

459 Zur Sicherstellung von vertraglichen Leistungen kann eine Konventionalstrafe vereinbart werden. Die Konventionalstrafe kann den Sinn haben, dass ein allfälliger Schaden im Voraus pauschaliert wird, so dass über die Höhe des Schadens später nicht mehr diskutiert werden muss. Die Konventionalstrafe kann aber auch reinen Strafcharakter haben, so dass die Geltendmachung von Schadenersatz vorbehalten bleibt (Art. 160 Abs. 1 OR). Schliesslich kann die Konventionalstrafe aber auch so definiert werden, dass bis zur Höhe der Konventionalstrafe ein Schaden als pauschaliert gilt, dass der Gläubiger aber zusätzlichen Schadenersatz verlangen kann, falls er beweist, dass sein Schaden grösser als der Betrag der Konventionalstrafe ist (Art. 161 Abs. 2 OR). Der Richter kann eine Konventionalstrafe herabsetzen, falls er feststellt, dass die Konventionalstrafe eindeutig überhöht ist (Art. 163 Abs. 3 OR).

Koordination der Sicherheiten

460 Die Gültigkeitsdauer von Bürgschaften und Garantien zur Sicherstellung der Werkpreiszahlung einerseits und der Erstellung des Werks anderseits ist mit der Sicherstellung der Gewährleistungsansprüche (vgl. N. 565 ff.) und dem Schutz vor Doppelzahlungen wegen Bauhandwerkerpfandrechten (vgl. N. 489 ff.) zu koordinieren. So kann vereinbart werden, dass die Garantie erst bei gleichzeitiger Ablösung durch eine Garantie zur Deckung der Mängelhaftung endet. Anderseits kann die Übergabe der Gewährleistungsgarantie an die Zahlung einer Teilvergütung oder gar der Schlusszahlung geknüpft werden. Die Garantie kann zusätzlich zu den Rückbehalten (z.B. gemäss Art. 149 ff. SIA-Norm 118) und anderen Sicherstellungen verlangt werden. Die zu vereinbarenden Sicherheiten stehen sinnvollerweise immer auch in einem vernünftigen Verhältnis zum Zahlungsplan, da insoweit weniger Sicherheitsbedarf besteht, als sich die Gegenpartei in der Vorleistung befindet. Im Hinblick auf die Bauhandwerkerpfandrechte kann die Gültigkeitsdauer auf den Zeitpunkt von vier Monaten nach Bauvollendung (ohne konkretes Datum) festgesetzt werden.

32. Bauhandwerkerpfandrecht

Allgemeines

Die Art. 837 ff. ZGB gewähren dem Bauhandwerker den einklagbaren Anspruch auf Eintragung eines Grundpfandrechts zur Sicherung seiner Werklohnforderung. Der gesetzlichen Regelung liegt der Gedanke zugrunde, dass dem Bauhandwerker die von ihm selbst geschaffene Wertvermehrung des bebauten Grundstücks als Sicherheit für seine Werklohnforderung zugute kommen soll. Der Schutz des Bauhandwerkers wird dadurch verstärkt, dass ihm für den Fall der Zwangsvollstreckung ein Vorrecht gemäss Art. 841 ZGB vor vorrangigen Grundpfandgläubigern eingeräumt wird.

461

Nach der bundesgerichtlichen Rechtsprechung dürfen allerdings Grundstücke, die im Verwaltungsvermögen eines Gemeinwesens stehen, nicht mit einem Bauhandwerkerpfandrecht belastet werden (BGE 120 II 321 ff.). Weil gerade die öffentliche Hand besonders oft Werkverträge in der Form von Generalunternehmerverträgen abschliesst, ist diese Praxis nicht unbedeutend. Dies darf insbesondere von Subunternehmern nicht übersehen werden, die sich auf die Finanzkraft des Staates verlassen und deshalb den wirtschaftlichen Verhältnissen des Generalunternehmers zu wenig Beachtung schenken.

462

Pfandberechtigter Unternehmer

Pfandberechtigt ist der Handwerker oder Unternehmer, der Bauarbeiten für ein Bauwerk auf einem Grundstück leistet, mithin auch der Generalunternehmer. Massgebend für den Pfandrechtsanspruch ist die sachliche Eigenart der Leistung. Person, Rechtsform, berufliche Qualifikation des Unternehmers usw. sind daher für den Pfandrechtsanspruch irrelevant. Ebenso wenig ist von Bedeutung, ob der Grundeigentümer oder ein Dritter einen Werkvertrag mit dem Handwerker abgeschlossen hat.

463

Da das Bauhandwerkerpfandrecht gesetzlich vorgeschrieben ist, kann es auch von einem Subunternehmer beansprucht werden, selbst wenn der Generalunternehmer ihn entgegen einem zwischen dem Bauherrn und dem Generalunternehmer vereinbarten Verbot zur Ausführung von Bauarbeiten beigezogen hat. Lässt ein Subunternehmer ein Bauhandwerkerpfand eintragen, haftet der betreffende Eigentümer für eine fremde Schuld. Hat der Grundeigentümer den Generalunternehmer vollumfänglich bezahlt, dieser

464

aber nicht seinen Subunternehmer, und ist der Generalunternehmer nicht mehr zahlungsfähig, bleibt ihm nichts anderes übrig, als dem Subunternehmer seine Leistungen zu vergüten (Doppelzahlung), um die Zwangsverwertung seines Grundstückes zu verhindern.

Geschützte Bauarbeiten

465 Pfandrechtsberechtigt sind Werkpreisforderungen für Bauarbeiten. Bauarbeiten sind Arbeiten, durch die ein Bau, der mit dem Erdboden verbunden ist, körperlich gestaltet wird. Als Bauarbeiten kommen Arbeiten mit oder ohne Material, Neu- und Umbauten usw. in Betracht. Anspruch auf ein Bauhandwerkerpfandrecht hat auch ein Unternehmer, der nichts liefert, sondern lediglich auf der Baustelle arbeitet. Bauarbeiten sind Arbeitsvorgänge, die auf einen körperlichen und individuellen Arbeitserfolg zielen. Dies gilt beispielsweise für Aushubarbeiten, Abbrucharbeiten, Bauaustrocknung, Baureinigung, Gerüstbau usw.

466 Pfandrechtsberechtigte Bauarbeiten basieren in der Regel auf Werkverträgen. Pfandberechtigt sind aber auch Leistungen im Rahmen eines Werklieferungsvertrags, wenn die angelieferten Bauteile eigens für das betreffende Bauwerk hergestellt worden und deshalb anderweitig nicht oder nur schwer verwendbar sind. Dies gilt beispielsweise für Frischbeton oder gebogene Armierungseisen. Die Leistungen des Baulieferanten und Baustofflieferanten sind dagegen nicht pfandrechtsberechtigt, denn der Baulieferant beteiligt sich nicht unmittelbar an der Errichtung eines Bauwerks, sondern liefert lediglich das Baumaterial, das ein anderer einbaut. Dies gilt beispielsweise für die Lieferung vorfabrizierter Fenster.

467 Die intellektuellen Bauleistungen der Architekten und Ingenieure sind vom Bauhandwerkerpfandrecht ausgeschlossen. Es gibt aber auch intellektuell-materiell gemischte Leistungen wie diejenige des Generalunternehmers. Dessen Ansprüche sind ebenfalls pfandberechtigt.

Dreimonatsfrist

468 Der Handwerker hat sich innert einer bestimmten Frist um die Eintragung des Pfandes im Grundbuch zu bemühen. Das Gesetz berechtigt ihn, bereits ab dem Zeitpunkt des Abschlusses des Werkvertrags ein Grundpfandrecht im Grundbuch eintragen zu lassen. Erforderlich ist nicht einmal, dass er bereits mit den Bauarbeiten begonnen hat. Pfandrechtlich sichergestellt sind allerdings nur diejenigen Bauarbeiten, die auch tatsächlich erbracht worden sind.

Das Bauhandwerkerpfandrecht ist spätestens drei Monate nach Vollendung der Arbeit im Grundbuch einzutragen (Art. 839 Abs. 2 ZGB). Eine Bauarbeit ist vollendet, wenn der Werkvertrag vollumfänglich erfüllt ist. Der Werkvertrag ist deshalb in erster Linie dafür massgebend, welchen Umfang die vollendete Arbeit umfasst. Die Dreimonatsfrist ist relativ knapp bemessen, weshalb in vielen Fällen strittig ist, in welchem Zeitpunkt die Bauarbeiten vollendet worden sind. 469

Blosse Nachbesserungsarbeiten stellen nicht Teil der Vollendung der Bauarbeiten dar, denn die Behebung von Garantiemängeln gehört nicht zur Vollendung. Selbst ein Werk mit Mängeln kann vollendet sein. Gemäss Rechtsprechung vermögen ganz nebensächliche und geringfügige Arbeiten den Beginn der dreimonatigen Frist nicht auszulösen. Ist allerdings eine Arbeit unerlässlich, ist das Werk noch nicht vollendet, selbst wenn diese letzte Arbeit noch so geringen Zeit- und Materialaufwand erfordert. 470

Des öftern ist strittig, ob die Arbeiten unterbrochen worden sind. Wenn der Unternehmer die letzte Arbeit ohne zwingenden Grund oder absichtlich aufgeschoben hat, vermag dies die dreimonatige Frist nicht neu auszulösen. Die Dreimonatsfrist schützt nämlich den Grundeigentümer und darf nicht in das Belieben des Unternehmers gestellt werden. 471

Einen Hinweis auf die Vollendung der Bauarbeiten vermag die Anzeige der Vollendung oder die Abnahme des Werks zu liefern. Das Ausmessen der Arbeit oder der Versand der Schlussrechnung können ein Hinweis dafür sein, dass der Unternehmer selber das Werk als bereits vollendet hält. 472

Bei einer vorzeitigen Beendigung der noch nicht vollständig erfüllten Werkvertragsleistungen beginnt die Dreimonatsfrist nicht mit dem Tag der letzten ausgeführten Bauarbeit zu laufen, sondern mit dem Tag, an welchem die vorzeitige Auflösung des Werkvertrags feststeht. Es ist nämlich nicht der Arbeitsabbruch massgebend, sondern die Rücktrittserklärung, welche die Dreimonatsfrist auslöst. 473

Bei der Dreimonatsfrist handelt es sich um eine Verwirkungsfrist. Die Frist kann nicht erstreckt werden. Ist am letzten Tag der Frist das Pfandrecht noch nicht im Grundbuch eingetragen, verfällt der Anspruch auf Eintragung des Handwerkerpfandrechts. 474

Superprovisorische Anordnung des Richters

475 Um die kurze Frist überhaupt wahren zu können, hat der Bauhandwerker beim zuständigen Richter vorerst die provisorische Eintragung des Bauhandwerkerpfands im Grundbuch zu beantragen. In der Regel verfügt der Richter den vorläufigen Eintrag superprovisorisch, d.h. ohne Anhörung des Eigentümers des zu belastenden Grundstücks. Das Gericht nimmt auch keine Hinweise des Grundeigentümers vor Hängigkeit eines Eintragungsverfahrens entgegen, weshalb dieser in der Regel nicht in der Lage ist, eine superprovisorische Verfügung vorab zu verhindern. Erscheint dem Richter vorerst nur gestützt auf das Begehren des Handwerkers glaubhaft, dass die gesetzlichen Voraussetzungen des Bauhandwerkerpfandrechts erfüllt sind, so weist er das Grundbuchamt vorsorglich und vorläufig an, das Pfandrecht einzutragen.

476 Zur Wahrung des rechtlichen Gehörs lädt der Richter nach seiner superprovisorischen Verfügung zu einer Verhandlung vor. In dieser muss der Unternehmer glaubhaft dartun, dass er auf dem betreffenden Baugrundstück gearbeitet hat und dass zwischen der Vollendung seiner Arbeit und der Anmeldung des Bauhandwerkerpfandrechts noch keine drei Monate verstrichen sind. Der Grundeigentümer hat die Möglichkeit, im Rahmen der Gewährung des rechtlichen Gehörs dazu Stellung zu nehmen.

477 In dieser Verhandlung prüft der Richter nicht, ob Bestand und Umfang der Werkpreisforderung ausgewiesen seien. Allfällige Hinweise auf Falschlieferungen, Mängel, Verzögerungen usw. sind somit nicht Gegenstand des Verfahrens und werden deshalb vom Richter nicht gehört. Kann der Handwerker die Voraussetzungen eines Bauhandwerkerpfandrechts glaubhaft machen, so bleibt das Pfandrecht im Grundbuch vorläufig und somit bis zum rechtskräftigen Entscheid des zuständigen Gerichts im ordentlichen Verfahren eingetragen.

Verfahren vor dem ordentlichen Richter

478 Falls der Richter im raschen bzw. summarischen Verfahren eine vorläufige Eintragung des Bauhandwerkerpfandrechts im Grundbuch verfügt, setzt er dem Unternehmer gleichzeitig eine Frist an, in einem Zweitverfahren vor dem ordentlichen Richter den Bestand und die Höhe der Werkpreisforderung feststellen und das Bauhandwerkerpfandrecht definitiv eintragen zu lassen. In diesem Prozess werden allfällige Einreden des Grundeigentümers bzw. des Bestellers geprüft, mit welchen dieser die Werkpreisforderung des

Unternehmers bestreitet. Erst in diesem Verfahren kann es auch zu einem Beweisverfahren mit Zeugen, Experten usw. kommen. Allerdings geht es bei diesem Verfahren in der Regel allein um die Feststellung der Pfandsumme. Nur wenn der Handwerker Vertragspartner des Grundeigentümers ist und im gleichen Verfahren auch die Werkpreisforderung geltend macht, ist die Werkpreisforderung selber Thema des Verfahrens. Nur dann können Einreden aus dem Werkvertrag (z.B. Mangelhaftigkeit des Werks und daraus resultierender Minderungsanspruch) geltend gemacht werden.

479 Verzichtet der Unternehmer innert angesetzter Frist auf die Einreichung der Klage im ordentlichen Verfahren, kann der Grundeigentümer das vorläufig eingetragene Bauhandwerkerpfandrecht beim Grundbuchamt vollumfänglich löschen lassen. Andernfalls richtet sich die definitive Eintragung des Bauhandwerkerpfandrechts nach dem Ergebnis des Prozesses im ordentlichen Verfahren.

Ablösung des Bauhandwerkerpfandrechts mittels Sicherheitsleistung

480 Der Grundeigentümer hat den gesetzlichen Anspruch, ein eingetragenes Handwerkerpfandrecht mittels Sicherheitsleistung abzulösen (Art. 839 Abs. 3 ZGB). Die Sicherheit muss hinreichend sein. Die Pfandsumme muss somit vollumfänglich gedeckt sein, und es muss auch Sicherheit für die Zinsen gewährt werden. Da der Zins nach Auffassung des Bundesgerichts zeitlich unbeschränkt sicherzustellen ist, kommt zumindest diesbezüglich eine Sicherheitsleistung durch Bargeld aus praktischen Gründen kaum in Frage. Verschiedene Gerichtsinstanzen erachten allerdings eine Sicherstellung der Zinsen für einige Jahre als hinreichend. In der Praxis werden Bauhandwerkerpfandrechte durch Garantien oder Bürgschaften von Banken und Versicherungsgesellschaften abgelöst. Diese haben nicht nur dem vollen Pfandbetrag und dem unbeschränkten Zinsenlauf (eine abweichende Vereinbarung vorbehalten) zu entsprechen, sondern müssen auch unbefristet gültig sein.

Verfahren auf Pfandverwertung

481 Hat der Handwerker einen definitiven Eintrag des Bauhandwerkerpfandrechts erreicht, kann er die Pfandverwertung mittels Zahlungsbefehls einleiten. Die Pfandverwertung kann frühestens sechs Monate nach Zustellung des Zahlungsbefehls verlangt werden (Art. 154 Abs. 1 SchKG).

482 Im Falle der Zustellung des Zahlungsbefehls kann der Grundeigentümer Rechtsvorschlag erheben. In diesem Fall ist der Handwerker zur Weiterver-

folgung der Pfandbetreibung darauf angewiesen, diesen Rechtsvorschlag beseitigen zu lassen. Hat er seine Werkpreisforderung gegen seinen Vertragspartner noch nicht gerichtlich geltend gemacht, so muss er dies nun tun. In diesem Verfahren können dann aber alle Einwendungen aus dem Werkvertrag (insbesondere auch die Einwendung, das Werk sei mangelhaft) geltend gemacht werden.

483 Selbst wenn es dem Handwerker gelingt, ein Bauhandwerkerpfandrecht eintragen zu lassen, hat er oft noch einen langen Weg vor sich, bevor er seinen Werklohn tatsächlich erhält.

Ziff. 32.1

Der Generalunternehmer ist verpflichtet, die Rechnungen seiner Beauftragten, Subunternehmer und Lieferanten für vertragsgemäss erbrachte Leistungen pünktlich zu bezahlen.

484 Gemäss Art. 839 Abs. 1 ZGB hat der Subunternehmer bereits ab Abschluss des Werkvertrages mit dem Generalunternehmer einen Anspruch auf Eintragung des Bauhandwerkerpfands. In der Regel erfolgen entsprechende Einträge aber erst, wenn die Bauhandwerker bereits erhebliche Arbeitsleistungen erbracht haben und vom Generalunternehmer für ihre Leistungen nicht rechtzeitig bezahlt werden. Die Verpflichtung des Generalunternehmers gemäss Ziff. 32.1 AVB nützt dem Bauherrn aber wenig, erfährt er von verspäteten Zahlungen doch meistens erst, wenn bereits Bauhandwerkerpfandrechte angemeldet wurden. Sollte er bereits früher davon erfahren, dürfte ihm die Beurteilung schwer fallen, ob der Generalunternehmer zu Recht einen Zahlungsrückbehalt macht oder nicht bzw. ob die Leistungen der Dritten vertragsgemäss erbracht worden sind.

485 Sollte der Bauherr eine Vertragsverletzung des Generalunternehmers nachweisen können, wäre er allenfalls gestützt auf Art. 82 OR berechtigt, Zahlungen zurückzubehalten. Dieses Rückbehaltsrecht besteht unabhängig von der Vereinbarung gemäss Ziff. 32.3 AVB.

Ziff. 32.2

Unter Voraussetzung der vertragsgemässen Erfüllung der Zahlungspflichten durch den Bauherrn garantiert der Generalunternehmer, dass seitens seiner

Subunternehmer und Lieferanten keine Bauhandwerkerpfandrechte definitiv eingetragen werden.

Zur Erfüllung des Generalunternehmervertrags gehört auch, dass auf dem Grundstück des Bauherrn keine Bauhandwerkerpfandrechte eingetragen werden. Die Ablieferung eines Bauwerks, welches mit Bauhandwerkerpfandrechten der Subunternehmer belastet ist, stellt eine vertragliche Schlechterfüllung im Sinne der Art. 97 ff. OR seitens des Generalunternehmers dar. Sie berechtigt den Bauherrn zu einem entsprechenden Abzug am Werklohn (Widmer, S. 132 mit Hinweisen). 486

Das Versprechen des Generalunternehmers, die definitive Eintragung von Bauhandwerkerpfandrechten zu verhindern, ist durch keinerlei Gewähr sichergestellt. Die Zusicherung des Generalunternehmers ist gerade dann für den Bauherrn wirkungslos, wenn der Generalunternehmer zahlungsunfähig wird. Für diesen Fall bietet Ziff. 32.3 AVB wenigstens einen gewissen Schutz. 487

Die Absicherung des Bauherrn gegen eine allfällige Insolvenz des Generalunternehmers (Bürgschaft, unwiderrufliche Bankgarantie usw.) ist zusätzlich zu vereinbaren (vgl. Ziff. 31.6 AVB, wonach eine allfällige Sicherheitsleistung des Bauherrn für die Bezahlung des Werkpreises ebenfalls einer besonderen vertraglichen Vereinbarung bedarf). 488

In der Praxis werden unterschiedliche Vereinbarungen getroffen, welche die Eintragung von Bauhandwerkerpfandrechten bzw. Doppelzahlungen (nämlich Zahlung an den Generalunternehmer gestützt auf den Werkvertrag und Zahlung an den Subunternehmer zur Ablösung des Bauhandwerkerpfandrechts) verhindern sollen. Sie unterscheiden sich unter anderem in ihrer Praktikabilität (vgl. dazu z.B. Schumacher, Das Bauhandwerkerpfandrecht, S. 317). 489

Eine einfache Lösung stellt die Sicherstellung mittels unwiderruflicher Bankgarantie dar. Es braucht nicht die gesamte Werkpreissumme, sondern lediglich ein allfälliger Ausfall sichergestellt zu werden (die noch ausstehenden Zahlungen und allfälliger Schadenersatz; lediglich das Entgelt für Werkleistungen, für welche die dreimonatige Eintragungsfrist für das Bauhandwerkerpfandrecht nicht abgelaufen ist). 490

Es kann vereinbart werden, dass ein grosser Teil des Werkpreises erst nach Ablauf einer Frist von mehr als drei Monaten nach Bauvollendung fällig wird. In diesem Zeitpunkt wird bekannt sein, ob ein Rückbehalt wegen eingetragener Bauhandwerkerpfandrechten gerechtfertigt ist. 491

492 Ferner kann zur Vermeidung von Bauhandwerkerpfandrechten bzw. Doppelzahlungen in Abänderung von Ziff. 31.5 AVB vereinbart werden, dass der Bauherr berechtigt ist, nach vorgängiger Anhörung der Beteiligten und allenfalls nach Forderungsabtretung seitens der Subunternehmer oder Lieferanten an den Bauherrn, diese mit befreiender Wirkung direkt zu bezahlen oder den Betrag zu hinterlegen.

493 Es kann auch vereinbart werden, dass der Bauherr den Generalunternehmer erst dann bezahlt, wenn dieser den Nachweis erbracht hat, dass sämtliche Subunternehmer bezahlt sind. Auch in diesen Fällen ist der Bauherr allerdings nicht geschützt, wenn der Generalunternehmer ohne Wissen des Bauherrn Subunternehmer beizieht.

494 Eine weitere Regelung kann darin bestehen, dass sich die Bank des Generalunternehmers gegenüber dem Bauherrn verpflichtet, die auf das Baukonto eingegangenen Zahlungen des Bauherrn lediglich für die Kosten des Bauwerks und vorab für die aufgelaufenen Kosten der Subunternehmer und Lieferanten zu verwenden. Damit es aber nicht bei einer bloss formellen Kontrolle der Bank bleibt, sollte mit dieser Verpflichtung eine Garantie der Bank des Generalunternehmers verbunden werden, wonach diese allfällige provisorisch eingetragene Bauhandwerkerpfandrechte abzulösen hat.

495 Ziff. 32.2 AVB stellt ein bedingtes Versprechen dar. Der Generalunternehmer ist nur dann verpflichtet, die Eintragung definitiver Bauhandwerkerpfandrechte zu verhindern, wenn der Bauherr vertragsgemäss gezahlt hat.

Ziff. 32.3

Der Bauherr ist berechtigt, im Falle der provisorischen Eintragung eines Bauhandwerkerpfandrechtes den entsprechenden Betrag bei der nächsten fälligen Zahlung zurückzubehalten. Der Rückbehalt ist unverzüglich freizugeben, sobald der Generalunternehmer eine hinreichende Sicherheit gemäss Art. 839 Abs. 3 ZGB geleistet hat.

496 Mit diesem Rückbehaltungsrecht werden die Risiken des Bauherrn etwas reduziert. Dessen Sicherheit vor Doppelzahlungen ist jedoch nur soweit gewährleistet, als er dem Generalunternehmer den Werklohn, der Gegenstand des Bauhandwerkerpfandrechts ist, noch nicht bezahlt hat.

497 Die vorliegende Regelung entspricht sinngemäss Art. 82 OR, wonach die gegenseitigen Leistungen Zug um Zug zu erbringen sind. Der SIA-Gene-

ralunternehmervertrag geht in dessen Ziff. 12 Abs. 2 weniger weit als die AVB; der Vertrag gibt dem Bauherrn lediglich das Recht zur Sicherstellung bzw. das Recht, eine entsprechende Sicherstellung zu veranlassen, wobei die Kosten der Sicherstellung mit der Werkpreisforderung verrechnet werden können.

H. BAUABNAHME UND GARANTIE

33. Bauabnahme

498 Die gesamte Regelung der Bauabnahme entspricht grundsätzlich derjenigen gemäss den Art. 157 ff. SIA-Norm 118. Die AVB sind etwas einfacher gestaltet und regeln weniger Eventualitäten als die SIA-Norm 118. Bei entsprechenden Vertragslücken gilt die SIA-Norm 118 gemäss Ziff. 2.2.1 AVB subsidiär.

Ziff. 33.1

Ohne anderweitige Vereinbarung erfolgt die Abnahme des Bauwerks bei Bereitschaft zur Ingebrauchnahme. Der genaue Zeitpunkt der Bauabnahme wird dem Bauherrn vom Generalunternehmer mindestens 30 Tage im Voraus angezeigt.

499 Der Generalunternehmer hat der Bauherrschaft die Vollendung des Werkes anzuzeigen. Daraufhin haben die Parteien das Werk innert Monatsfrist gemeinsam zu prüfen. Sie erstellen in der Regel ein Protokoll über das Ergebnis der Prüfung, welches durch Unterzeichnung beider Parteien anerkannt wird (Art. 158 SIA-Norm 118).

500 Die Begriffe Abnahme und Ablieferung bezeichnen denselben Vorgang aus der Sicht des Bauherrn bzw. des Generalunternehmers (BGE 115 II 458 f.). Die Abnahme bedeutet den Empfang des Werks durch den Besteller, und die Ablieferung bezeichnet die Übergabe des vollständigen Werks durch den Unternehmer. Die Abnahme bildet daher nicht etwa eine weitere Stufe des Ablieferungsvorgangs (Gauch, Werkvertrag, N. 97).

501 Die Ablieferung erfolgt durch die Übergabe oder durch die Mitteilung des Unternehmers, das Werk sei vollendet. Die Abnahme erfolgt in der Regel durch eine Prüfung des Werkes durch den Besteller. Sie kann aber auch stillschweigend dadurch erfolgen, dass das (vollendete) Werk gemäss seinem Zweck gebraucht wird. Ein besonderer Abnahmewille des Bestellers ist nicht erforderlich (BGE 115 II 459, 113 II 267). Bei einem Bauwerk wird die körperliche Ablieferung des Werks durch die Mitteilung der Vollendung des Bauwerks ersetzt. Unter dem Regime der AVB und der SIA-Norm 118

ist die Abnahme mit der Anzeige der Vollendung indessen nicht erfolgt, sondern erst eingeleitet. Das Bauwerk ist gemäss Ziff. 33.3 AVB erst nach der gemeinsamen Prüfung und der Unterzeichnung des Abnahmeprotokolls abgenommen (vgl. auch N. 518 zu Ziff. 33.3 AVB).

Die Abnahme ist von der Genehmigung des Werks streng zu unterscheiden. Die Genehmigung bezieht sich nicht auf den Ablieferungsvorgang, sondern stellt die Erklärung des Bauherrn dar, dass er das Bauwerk als vertragsgemäss erstellt und damit als mängelfrei betrachtet (BGE 115 II 459; Gauch, Werkvertrag, N. 100, 2069 ff.).   502

Die Abnahme des Bauwerks setzt im Gegensatz zu Art. 158 Abs. 1 SIA-Norm 118 nicht die Fertigstellung voraus, sondern lediglich die Bereitschaft zur Ingebrauchnahme. Der Begriff der Bereitschaft zur Ingebrauchnahme wird in Ziff. 23.2 AVB definiert. Die Bereitschaft zur Ingebrauchnahme des Bauwerks umfasst auch die Ausführung von Änderungen im Sinne der Ziff. 20 ff. AVB. Die Mängelfreiheit ist dagegen nicht Abnahmevoraussetzung. Das Werk kann auch zur Ingebrauchnahme bereit sein, wenn es mit Mängeln behaftet ist und die Nachbesserungsarbeiten noch nicht ausgeführt sind. Der Zeitpunkt der Bauabnahme kann in Ziff. 3.3 Vurk verbindlich vereinbart werden.   503

Die Abnahme eines Werkteils ist grundsätzlich nicht vorgesehen. Eine Ausnahme enthält lediglich Ziff. 33.7 AVB zugunsten des Bauherrn. Dieser kann eine vorzeitige Abnahme von Bauteilen verlangen, die durch ihn selbst oder Dritte weiterbearbeitet oder ausgebaut werden sollen. Es ist somit davon auszugehen, dass Ziff. 33.1 Art. 157 Abs. 1 SIA-Norm 118 wegbedingt, wonach Gegenstand der Abnahme auch ein in sich geschlossener vollendeter Werkteil sein kann, falls sich aus dem Werkvertrag nicht etwas anderes ergibt. Zulässige Teilabnahmen sind somit vertraglich explizit zu regeln.   504

Gemäss OR ist der Bauherr nicht verpflichtet, ein nicht vollständiges (Teil-)Werk abzunehmen (Gauch, Werkvertrag, N. 101). Auch die AVB sehen kein ausdrückliches Recht des Generalunternehmers vor, Werkteile abzuliefern. Angesichts der Regelung des OR und der folgenreichen Konsequenzen einer Abnahme (Übergang von Obhut und Gefahr, Beginn der Rüge- und der Verjährungsfristen für Mängelrechte) ist davon auszugehen, dass die Zulässigkeit einer Teilablieferung in den AVB ausdrücklich erwähnt sein müsste (so Art. 157 Abs. 1 SIA-Norm 118, der dem Unternehmer gestattet, Teilablieferungen anzuzeigen). In Ziff. 33.1 AVB heisst es denn auch, dass die Bauabnahme bei Bereitschaft zur Ingebrauchnahme «erfolgt». Ein Recht   505 des Generalunternehmers auf Teilablieferung statuieren auch die Ziff. 33.5 und 33.6 AVB (betreffend die Abnahme des Werks mit wesentlichen Mängeln) nicht. Eine individuelle Vereinbarung von Teilablieferungen bleibt vorbehalten.

Ziff. 33.2

Durch die Abnahme gehen Obhut und Gefahr des Bauwerks an den Bauherrn über.

506 Obhut bedeutet die Pflicht, eine Sache unter Anwendung aller Sorgfalt zu verwahren, sie sachgemäss zu behandeln und – wo es üblich ist – sie auch zu versichern. Bis zur Abnahme trifft den Generalunternehmer eine umfassende Obhutspflicht. Er hat sämtliche ihm zumutbaren Massnahmen zu treffen, um die ihm anvertrauten Sachen vor missbräuchlicher Benützung, mutwilliger Beschädigung usw. zu schützen (Gauch, Werkvertrag, N. 828).

507 Die Gefahr umfasst das Risiko des zufälligen, d.h. nicht durch eine Vertragspartei oder durch deren Hilfspersonen verursachten, ganzen oder teilweisen Untergangs und der zufälligen Verschlechterung oder Beschädigung des Bauwerks, wodurch eine vertraglich geforderte Eigenschaft des Werks entfällt oder ein Werkmangel entsteht (Gauch, Kommentar SIA-Norm 118, N. 12 zu Art. 157). Als Zufall gilt eine Ursache, die weder vom Besteller noch vom Unternehmer zu vertreten ist (ZK-Bühler, Art. 376 OR, N. 14). Der Zufall versteht sich unter Einschluss der höheren Gewalt. Er kann auch im Verhalten Dritter bestehen, für das keine Partei verantwortlich ist. Insbesondere schliesst er das Verhalten eines Nebenunternehmers ein, der das Werk des Unternehmers zerstört (Gauch, Werkvertrag, N. 1187 sowie N. 1188 zur Problematik des Rückgriffs des Unternehmers gegen den Nebenunternehmer).

508 Liegt die Gefahr beim Generalunternehmer, bleibt er trotz (teilweisem) Untergang des Werks weiterhin zur Leistung verpflichtet. Der notwendige Mehraufwand ist ihm nicht zu entschädigen. Liegt die Gefahr beim Bauherrn, so ist der Generalunternehmer grundsätzlich nicht zur Wiederherstellung des untergegangenen Werkes verpflichtet (Gauch, Werkvertrag, N. 2104 ff.). Die Gefahr für die teilweise oder vollständige Zerstörung des Werkes durch Zufall hat bezüglich des Werkstoffs derjenige zu tragen, der den Stoff geliefert hat. Über den Wortlaut der Bestimmung hinaus soll, was immer der Bauherr zur Ausführung des Werkes beigetragen hat, bei zufälligem Unter-

gang des Werkes zu seinen Lasten gehen, ohne dass er gegenüber dem Generalunternehmer über einen Ersatzanspruch verfügt (Gauch, Werkvertrag, N. 1189).

Der Gefahrenübergang erfolgt bereits vor der Ablieferung, wenn der Bauherr sich im Annahmeverzug befindet. Ob ein Annahmeverzug vorliegt, richtet sich nach Art. 91 OR. Dem Annahmeverzug gleichzustellen ist die ungerechtfertigte Verweigerung oder Verzögerung der dem Bauherrn obliegenden Vorbereitungshandlungen, ohne die der Generalunternehmer zu erfüllen nicht imstande ist (ZK-Bühler, Art. 376 OR, N. 21). 509

Sowohl die Rüge- als auch die Verjährungsfristen für Mängelrechte des Bauherrn beginnen mit der Abnahme zu laufen (Art. 157 Abs. 2 SIA-Norm 118). 510

Ziff. 33.3

Die Abnahme besteht in einer gemeinsamen Prüfung des Bauwerks durch den Bauherrn und den Generalunternehmer, gegebenenfalls unter Mitwirkung von deren Beauftragten oder weiterer Fachleute.

Über die Abnahme wird ein detailliertes Protokoll erstellt, in welchem insbesondere alle festgestellten Mängel aufgeführt sind, ebenso allfällig noch nicht fertiggestellte Arbeiten. Das Abnahmeprotokoll ist von beiden Parteien zu unterzeichnen.

In Abweichung von Art. 367 Abs. 1 OR, wonach lediglich der Bauherr das Werk zu prüfen hat, sehen die AVB eine gemeinsame Prüfung vor. Diese gemeinsame Prüfungspflicht ist entgegen Art. 158 Abs. 2 SIA-Norm 118 nicht näher definiert und insbesondere nicht auf eine Teilnahme- und Auskunftspflicht des Generalunternehmers beschränkt. 511

Mit der Prüfung soll die Beschaffenheit des Werks und dessen vertragsgemässe Ausführung untersucht werden. Der Bauherr hat für die Prüfung keinen Sachverständigen beizuziehen, wenn dies nicht vertraglich vorgesehen ist oder der Übung entspricht. Stattdessen genügt es, wenn er die Prüfung mit der ihm selber zumutbaren Aufmerksamkeit vornimmt (BGE 107 II 176). Zumutbar und ausreichend ist diejenige Aufmerksamkeit, die von einem durchschnittlichen (nicht spezialisierten) Kenner des Werkes erwartet wird (Gauch, Werkvertrag, N. 2122). Nach den Ursachen allfälliger Mängel muss der Bauherr nicht forschen (ZR 1938, 199). 512

H. Bauabnahme und Garantie

513 Allenfalls ist eine Beweissicherung angezeigt. Die Prüfung kann durch einen amtlichen Sachverständigen erfolgen. Zur Bestellung eines amtlichen Sachverständigen, der zu prüfen hat, ob das Werk bei der Ablieferung mangelhaft oder mängelfrei war, ist der Richter am Ort der Ablieferung des Werkes zuständig (BGE 96 II 270). Die Bestellung eines Sachverständigen ist voraussetzungslos zulässig. Es muss keine Beweisgefährdung, die Wahrscheinlichkeit eines Mangels oder eines Prozesses dargetan werden.

514 Zur Wahrung der Mängelrechte ist insbesondere die rechtzeitige Prüfung und Anzeige von Mängeln notwendig. Vor der Ablieferung festgestellte Mängel kann der Bauherr gestützt auf Art. 366 Abs. 2 OR rügen. Eine Pflicht besteht allerdings nicht. Die Prüfungs- und Rügefrist beginnt erst mit der Vollendung und Ablieferung des Werkes (BGE 94 II 165). Gegenüber dem Generalunternehmer darf der Bauherr mit der Prüfung und Rüge bis zur schlüsselfertigen Übergabe zuwarten, ohne Rücksicht darauf, wann die einzelnen Handwerker, denen der Generalunternehmer die Arbeiten als Unterakkordanten vergeben hat, ihre Tätigkeit abgeschlossen haben (BGE 94 II 166).

515 Das Gesetz sieht für die Prüfung keine starre, nach Tagen oder Wochen bemessene Frist vor. Es stellt vielmehr auf die praktischen Verhältnisse ab, die im Geschäftsleben bestehen, indem es für die Vornahme der Prüfung den ordentlichen Geschäftsgang massgebend sein lässt (BGE 81 II 59). Dabei sind die Verhältnisse nach objektiven kaufmännischen Gesichtspunkten zu würdigen (BGE 88 II 368). Eine Prüfung kann erst dann erwartet werden, wenn sie objektiv möglich ist und dem Bauherrn vernünftigerweise zugemutet werden kann, gegebenenfalls erst nach Ingebrauchnahme des Werkes (Gauch, Werkvertrag, N. 2115; BGE 81 II 59 f.). Verlangt der Bauherr unverzüglich eine Prüfung durch einen amtlich ernannten Sachverständigen (Art. 367 Abs. 2 OR), so wird dadurch die ihm obliegende Prüfung ersetzt (BGE 96 II 270). Das Ergebnis der Prüfung darf jedoch dann nicht ohne vorgängige Mängelrüge abgewartet werden, wenn der Bauherr bereits vorher über genügend Informationen zur Erhebung einer Mängelrüge verfügte (KantG JU, BR 1987, 67; BGE 107 II 176). Nach Art. 158 Abs. 2 SIA-Norm 118 hat die gemeinsame Prüfung innert Monatsfrist zu erfolgen. Gemäss den AVB gilt indessen Ziff. 33.1, wonach die Abnahme bei Bereitschaft zur Ingebrauchnahme stattzufinden hat.

516 Die gemeinsame Prüfungspflicht bedeutet für den Generalunternehmer vorerst, dass er nicht nur bei der Prüfung anwesend zu sein und auf Verlan-

gen des Bauherrn Auskünfte zu erteilen hat, sondern auch, dass er die Pflicht hat, das Werk mitzuprüfen und die von ihm entdeckten Mängel dem Bauherrn mitzuteilen. Unterlässt der Generalunternehmer die Mitteilung eines von ihm entdeckten Mangels, gilt der Mangel als absichtlich verschwiegen. Dies hat zur Folge, dass die Mängelhaftung trotz fehlender Rüge aufrechterhalten bleibt (davon ausgenommen sind offensichtliche Mängel, für die stillschweigende Genehmigung durch den Bauherrn anzunehmen ist). Der Generalunternehmer kann sodann dem Bauherrn gegenüber nicht geltend machen, dieser hätte den Mangel bei sorgfältiger Prüfung selbst erkennen können (Gauch, Werkvertrag, N. 2471).

Über die Abnahme wird ein detailliertes Protokoll erstellt, in welchem insbesondere alle festgestellten Mängel sowie allfällig noch nicht fertiggestellte Arbeiten aufgeführt sind. Das Abnahmeprotokoll ist von beiden Parteien zu unterzeichnen. 517

Mit der gemeinsamen Unterzeichnung des Abnahmeprotokolls ist das Bauwerk abgenommen. Als massgeblicher Stichtag der Abnahme gilt gemäss Abs. 1 von Ziff. 33.3 AVB auch dann das Datum der gemeinsamen Prüfung, wenn das Protokoll später unterzeichnet wird (Art. 158 Abs. 3 SIA-Norm 118 verlangt die Erstellung eines Prüfungsprotokolls lediglich «in der Regel»). 518

Ziff. 33.4

Verweigert oder unterlässt der Bauherr die Mitwirkung an der gemeinsamen Prüfung, so gilt das Bauwerk per Datum der angezeigten Bauabnahme trotzdem als abgenommen.

Der Generalunternehmer kann die Abnahme des Bauwerks auch dann verlangen, falls der Bauherr die hierzu notwendigen Entscheide und Arbeiten absichtlich verzögert. Als Datum der Abnahme gilt in diesem Fall der Zeitpunkt, an dem der Generalunternehmer die zu leistenden Arbeiten aufgrund des tatsächlichen Baufortschritts und des Bauprogramms hätte fertigstellen können.

Diese Bestimmung soll den Bauherrn zur Mitwirkung bei der gemeinsamen Prüfung anhalten. Verletzt er diese Pflicht, beginnen im Zeitpunkt des vom Generalunternehmer angezeigten Abnahmetermins die Rüge- und Verjährungsfristen zu laufen und gehen die Gefahr und die Obhut auf den Bauherrn über, ohne dass er das Werk geprüft hat. Die Regelung entspricht Art. 164 Abs. 1 SIA-Norm 118. 519

H. Bauabnahme und Garantie

520 Unterbleibt die gemeinsame Prüfung innert Monatsfrist nach Anzeige der Vollendung, weil keine der Parteien die Prüfung verlangt hat oder die Bauherrschaft ihre Mitwirkung unterlässt, so gilt das Werk mit Ablauf dieser Frist als abgenommen.

521 Das Bauwerk gilt auch dann als abgenommen, wenn der Bauherr das Bauwerk in seiner Gesamtheit in Gebrauch nimmt, bevor der Generalunternehmer die Bereitschaft zur Ingebrauchnahme gemäss Ziff. 33.1 AVB angezeigt hat (vgl. Gauch, Kommentar SIA-Norm 118, N. 3 zu Art. 164). Erfolgt die Abnahme stillschweigend und ohne gemeinsame Prüfung, gilt Art. 179 Abs. 4 SIA-Norm 118 subsidiär, wonach es dem Bauherrn obliegt, das abgenommene Bauwerk während der Rügefrist gemäss Ziff. 35.1 AVB selbständig zu prüfen (Art. 158 Abs. 1 SIA-Norm 118; Gauch, Kommentar SIA-Norm 118, N. 1 zu Art. 164).

522 Erfolgt die Abnahme ohne gemeinsame Prüfung, so entfaltet sie keine Genehmigungswirkung. Dies gilt auch dann, wenn die gemeinsame Prüfung nicht vorgenommen wurde, weil der Bauherr seine Mitwirkung unterlassen hat (Gauch, Werkvertrag, N. 2640). Die übrigen Wirkungen der Abnahme treten aber ein (Übergang von Nutzen und Gefahr sowie Beginn der Garantie- und Verjährungsfrist für die Mängelrechte; Art. 157 Abs. 2 SIA-Norm 118).

523 Die Regelung spricht lediglich vom Bauherrn. Die Folgen der Verletzung der Mitwirkungspflicht durch den Generalunternehmer sind nicht geregelt. Gemäss Art. 164 Abs. 2 SIA-Norm 118 findet keine Abnahme statt, solange die gemeinsame Prüfung deswegen unterbleibt, weil der Unternehmer die Mitwirkung unterlässt. Ziff. 33.4 AVB ist nicht analog auf den Generalunternehmer anwendbar, sonst könnte sich dieser seiner Mitprüfungspflicht entziehen. Es gilt daher die SIA-Norm 118 subsidiär, wonach die Abnahme zum Nachteil des Generalunternehmers hinausgeschoben wird, solange der Generalunternehmer seine Mitwirkung bei der Prüfung unterlässt (Art. 164 Abs. 2 SIA-Norm 118). Bei unverschuldeter Verhinderung des Generalunternehmers ist indessen eine Abnahme im Zeitpunkt der Anzeige des Generalunternehmers betreffend Bereitschaft zur Ingebrauchnahme anzunehmen (ebenso im Fall, in dem beide Parteien die Prüfung unterlassen; Gauch, Kommentar SIA-Norm 118, N. 16 zu Art. 164).

524 Die Voraussetzungen des hypothetischen Zeitpunkts der Fertigstellung gemäss Abs. 2 dieser Bestimmung hat der Generalunternehmer zu beweisen.

Falls sich die eine Vertragspartei der Pflicht entzieht, das Werk gemeinsam zu prüfen, ist dem anderen Vertragspartner zu empfehlen, den Zustand des Werks im Zeitpunkt der Abnahmebereitschaft durch eine Urkundsperson festhalten zu lassen.

Ziff. 33.5

Zeigen sich bei der gemeinsamen Prüfung wesentliche Mängel, die eine Ingebrauchnahme des Bauwerks als nicht zumutbar erscheinen lassen, so vereinbaren die Parteien einen neuen Zeitpunkt für die Bauabnahme.

Der Generalunternehmer ist verpflichtet, in der Zwischenzeit die festgestellten wesentlichen Mängel auf seine Kosten zu beheben.

Anlässlich der Abnahme kann der Bauherr auf die Geltendmachung von Mängeln verzichten. Die Genehmigung ist an keine Form gebunden. Sie kann ausdrücklich, aber auch stillschweigend erfolgen. Der Verzicht führt dazu, dass der Generalunternehmer für den entsprechenden Mangel nicht mehr haftet (Art. 163 Abs. 1 SIA-Norm 118). Ob eine stillschweigende Genehmigung vorliegt, ist aufgrund der konkreten Umstände des Einzelfalls zu ermitteln. Allein der Umstand, dass der Besteller das Werk eigenmächtig in Besitz nimmt, bedeutet noch keine stillschweigende Genehmigung (ZR 1980, 49). Auch aus der Nichtbestreitung einer Rechnung des Unternehmers ist keine stillschweigende Genehmigung abzuleiten (BGE 112 II 502). Ein stillschweigender Verzicht wird vermutet für erkannte Mängel, die ein allfälliges Prüfungsprotokoll nicht aufführt, sowie für Mängel, die bei der gemeinsamen Prüfung offensichtlich waren, jedoch nicht geltend gemacht wurden. Im Falle der offensichtlichen Mängel gilt die Vermutung als unwiderlegbar (Art. 163 Abs. 2 SIA-Norm 118).

Im Fall arglistig verschwiegener Mängel verwirken die Mängelrechte des Bestellers auch dann nicht, wenn es sich um einen offensichtlichen Mangel handelt. Damit ein Mangel als arglistig verschwiegen gilt, muss es sich um einen Mangel handeln, der dem Bauherrn im Zeitpunkt der Ablieferung nicht bekannt war (Gauch, Werkvertrag, N. 2092), der aber dem Unternehmer zu diesem Zeitpunkt bekannt war und der dem Bauherrn vom Generalunternehmer bewusst nicht mitgeteilt wurde (BGE 89 II 409).

Ziff. 33.5 Abs. 2 AVB enthält eine Abweichung vom Grundsatz, dass die Mängelrechte mit der Abnahme des Werks entstehen (Lenzlinger Gadi-

H. Bauabnahme und Garantie

ent, S. 127). In Abweichung vom OR und in Übereinstimmung mit Art. 161 SIA-Norm 118 entsteht das Mängelrecht, die Nachbesserung wesentlicher Mängel zu verlangen, bereits vor der Abnahme des Werks während der gemeinsamen Prüfung.

529   Zu den wesentlichen Mängeln gehören namentlich solche Mängel, welche die Tauglichkeit des Werks zum üblichen oder vereinbarten besonderen Gebrauch unmittelbar und erheblich beeinträchtigen. Wesentlich sind auch Mängel, die einen erheblichen Mangelfolgeschaden verursachen können oder die eine Bedrohung von Personen an Leib und Leben darstellen (Gauch, Kommentar SIA-Norm 118, N. 3 zu Art. 160).

530   Die schwierige Unterscheidung zwischen wesentlichen und unwesentlichen Mängeln (vgl. Gauch, Kommentar SIA-Norm 118, N. 2 zu Art. 161) wird dadurch präzisiert, dass ein wesentlicher Mangel nur dann vorliegt, wenn er die Ingebrauchnahme des Bauwerks als nicht zumutbar erscheinen lässt. Im Gegensatz zur SIA-Norm 118 ist eine neue Bauabnahme somit nicht schon dann zu vereinbaren, wenn die gemeinsame Prüfung wesentliche Mängel des Werks ergibt, sondern nur dann, wenn zusätzlich eine Ingebrauchnahme des Bauwerks als nicht zumutbar erscheint (vgl. Art. 161 SIA-Norm 118).

531   Die AVB sehen eine gemeinsame Bestimmung des neuen Zeitpunkts der Bauabnahme vor. Der Bauherr hat somit kein Recht, dem Generalunternehmer einseitig den neuen Zeitpunkt der Bauabnahme vorzuschreiben und damit eine angemessene Frist zur Behebung der Mängel anzusetzen (vgl. Art. 161 Abs. 2 SIA-Norm 118). Inhaltlich besteht dabei jedoch keine wesentliche Differenz zur SIA-Norm 118, denn im Falle des Fehlens einer Einigung gilt nach Treu und Glauben, dass der Bauherr einen Anspruch auf Fertigstellung des Werks bzw. Mängelbehebung innert nützlicher Frist hat.

532   Gemäss Ziff. 33.5 Abs. 2 AVB ist der Bauherr auch nicht verpflichtet, dem Generalunternehmer eine Frist zur Behebung der wesentlichen Mängel anzusetzen. Die Bestimmung schliesst deshalb die Anwendbarkeit des ersten Anwendungsfalls von Art. 162 SIA-Norm 118 aus (Abnahme trotz wesentlicher Mängel infolge fehlender Fristansetzung zur Mängelbehebung durch den Bauherrn).

533   Da Ziff. 33.5 AVB dem Bauherrn nur ausnahmsweise das Recht gibt, bereits vor der Abnahme des Bauwerks die Nachbesserung wesentlicher Mängel zu verlangen (vgl. N. 528), müssten weitere Ausnahmen in den AVB ausdrücklich vorgesehen sein. Dies ist insbesondere im Hinblick auf den dritten Sach-

verhalt des Art. 162 SIA-Norm 118 (Ausübung des Minderungsrechts vor der Abnahme) nicht der Fall. Die genannte Normbestimmung ist deshalb insoweit nicht anwendbar.

Die Säumnisfolgen des zweiten Falls des erwähnten Artikels (Weiterbestand wesentlicher Mängel trotz Nachbesserung) gelten als ergänzende Bestimmungen subsidiär. 534

Ziff. 33.6

Nach erfolgter Bauabnahme ist der Generalunternehmer verpflichtet, die festgestellten Mängel auf seine Kosten zu beheben und allfällige noch nicht beendete Arbeiten unverzüglich fertigzustellen.

Die Regelung entspricht grundsätzlich Art. 160 SIA-Norm 118. 535

Ziff. 33.7

Will der Bauherr vor der Abnahme des Bauwerks Ausbauarbeiten oder Betriebseinrichtungen selbst oder durch von ihm beauftragte Drittunternehmer ausführen, so ist eine vorzeitige Abnahme des betreffenden Bauteils vorzunehmen.

Durch die vorzeitige Abnahme gehen Obhut und Gefahr des betreffenden Bauteils auf den Bauherrn über. Die vorzeitige Abnahme ist jedoch nicht massgebend für die Berechnung der Garantie- und Verjährungsfristen.

Nach der vorzeitigen Abnahme stellt der Generalunternehmer allfällig noch nicht ausgeführte Arbeiten gemäss dem Bauprogramm fertig, unter Rücksichtnahme auf die gleichzeitigen Arbeiten des Bauherrn.

Zum Grundsatz der gesamtheitlichen Abnahme vgl. die N. 505 f. zu Ziff. 33.1 AVB. Zu den Begriffen der Obhut und der Gefahr vgl. die N. 506 f. zu Ziff. 33.2 AVB. 536

H. Bauabnahme und Garantie

34. Mängelhaftung

Ziff. 34.1

Der Generalunternehmer haftet dem Bauherrn für vertragsgemässe Ausführung des Bauwerks, insbesondere auch für die Einhaltung der im Baubeschrieb festgelegten Leistungswerte.

Sorgfaltspflicht

537 Die sorgfältige Herstellung und Ablieferung des Werks ist die Hauptpflicht des Generalunternehmers. Jede Sorgfaltspflichtverletzung vor der Ablieferung des Werks, die einer Nicht- oder Schlechterfüllung des Vertrags gleichkommt, unterliegt den allgemeinen Bestimmungen über die Nichterfüllung von Verträgen. Der Generalunternehmer haftet grundsätzlich für die volle Sorgfalt, die nach der Verkehrsanschauung von einem Generalunternehmer erwartet wird, der die Ausführung eines entsprechenden Werkes übernimmt. Die Sorgfaltspflicht des Generalunternehmers richtet sich nach den zur Zeit der Vertragsabwicklung anerkannten Regeln der Technik (Honsell/Vogt/Wiegand, Art. 364 OR, N. 6).

538 Die allgemeine Sorgfaltspflicht wird in verschiedenen Gesetzesbestimmungen konkretisiert (Art. 365 Abs. 2 OR: Behandlung des vom Besteller gelieferten Stoffes; Art. 365 Abs. 3 OR: Anzeigepflicht bei Gefährdung des Werks; Art. 369 OR: Pflicht zur Abmahnung). Weitere Pflichten wurden von Lehre und Rechtsprechung entwickelt: Aufklärungspflichten (Gauch, Werkvertrag, N. 836, 1007), Schutzpflichten (BGE 89 II 237 f., 70 II 218), Treuepflichten (BGE 93 II 280) usw.

539 Nach der Ablieferung wird die Sorgfaltshaftung nach Art. 364 OR durch die Sondervorschriften über die Mängelhaftung absorbiert (BGE 113 II 422, 111 II 172). Die allgemeine Sorgfaltspflicht gemäss Art. 364 OR bezieht sich damit nur auf Nebenpflichten.

Mangel

540 Ein Mangel ist ein vertragswidriger Zustand des Werks. Er besteht darin, dass eine vertraglich vereinbarte Eigenschaft fehlt (Gauch, Werkvertrag, N. 1352 ff.). Der Mangel ist ein relativer Tatbestand, da er vom konkreten Inhalt des jeweiligen Werkvertrags abhängt (BGE 114 II 244; Gauch, Kommentar SIA-Norm 118 N. 2 zu Art. 166).

Von den vereinbarten Funktionsgarantien sind «selbständige Erfolgsversprechungen» des Generalunternehmers zu unterscheiden. Diese «bezieh(en) sich auf einen bestimmten (meist wirtschaftlichen) Erfolg (wie Umsatz oder Rendite), der über die vertragsgemässe Beschaffenheit des Werkes hinausgeht, also nicht Gegenstand der vom Unternehmer geschuldeten Arbeitsleistung bildet». «Bleibt der Erfolg tatsächlich aus, so ist das Werk deswegen nicht mangelhaft, doch kann der Bauherr verlangen, dass der Unternehmer in Erfüllung seines Versprechens Schadenersatz leistet» (Gauch, Kommentar SIA-Norm 118, N. 6 zu Art. 166; zum Gegenstand vertraglicher funktioneller Leistungswerte vgl. auch die N. 176 ff. zu Ziff. 9.3 AVB).

541

Der Generalunternehmer schuldet die Behebung des Mangels unabhängig von seinem Verschulden, weshalb insoweit von einer Kausalhaftung gesprochen wird (Gauch, Werkvertrag, N. 1504). Dies gilt sowohl für die SIA-Norm 118 (Art. 165 Abs. 2) als auch gemäss Art. 368 OR und damit kraft Verweisung auch für die AVB. Durchbrochen wird das Prinzip der Kausalhaftung für Mängel durch die verschuldensabhängige Haftung des Unternehmers für den Ersatz von Mangelfolgeschäden. Für Mangelfolgeschäden haftet der Generalunternehmer gemäss VSGU-Vertrag allerdings nur, wenn diese Haftung individuell vereinbart worden ist (vgl. Ziff. 34.5 AVB und N. 558 ff. dazu).

542

Selbstverschulden

Der Generalunternehmer ist dann von der Mängelhaftung befreit, wenn der Bauherr den vertragswidrigen Zustand selbst zu vertreten hat, sei es wegen eigener Vertragsverletzung oder weil ihm ein anderer Umstand anzurechnen ist, für den er das Risiko trägt (z.B. Untauglichkeit des Baugrundes), und dieser Zustand allein massgebliche Ursache des Mangels ist (Gauch, Kommentar SIA-Norm 118, N. 14 zu Art. 166). Während Art. 166 Abs. 4 SIA-Norm 118 beim Vorliegen eines Selbstverschuldens bereits das Vorliegen eines Mangels verneint, befreit Art. 369 OR lediglich von der Haftung. Das Resultat ist das gleiche und gilt kraft Verweisung auch für die AVB.

543

Vom Selbstverschulden des Bauherrn, das zu einer völligen Haftungsbefreiung des Generalunternehmers führt, ist das beschränkte Selbstverschulden des Bauherrn zu unterscheiden, das eine Reduktion der Haftung des Generalunternehmers zur Folge haben kann (Gauch, Kommentar SIA-Norm 118, N. 14 lit. a zu Art. 166). Ein beschränktes Selbstverschulden fällt nicht unter den Tatbestand von Art. 369 OR (BGE 116 II 458). Es soll aber in analoger Anwendung von Art. 44 OR berücksichtigt werden (gemäss BGE 116 II 458

544

nur bezüglich Mangelfolgeschäden, für weitergehende Anwendung: Gauch, Werkvertrag, N. 2061 ff.).

545 Das Verhalten einer Hilfsperson des Bauherrn ist diesem in analoger Anwendung von Art. 101 OR selber anzurechnen (vgl. Ziff. 4.2 AVB; BGE 119 II 130, 95 II 54). Zum Verschulden des Bauherrn ist somit auch das Verhalten seiner Hilfspersonen zu zählen; er muss sich das Fachwissen seiner Beauftragten anrechnen lassen (Gauch, Kommentar SIA-Norm 118, N. 14 lit. a zu Art. 166). Der Generalunternehmer darf darauf vertrauen, dass er bei der Abwicklung des Werkvertrages auf den Sachverstand dieser Hilfsperson zählen kann. Dem Bauherrn ist somit nicht nur das Verhalten der Hilfsperson, sondern auch deren Sachverstand anzurechnen (Gauch, Werkvertrag, N. 1923). Nicht als Hilfsperson des Bauherrn gilt der beim Generalunternehmervertrag selten anzutreffende Vorunternehmer im Verhältnis zum folgenden Unternehmer. Dennoch muss sich der Bauherr die Mangelhaftigkeit der Vorarbeit anrechnen lassen. Es verhält sich gleich wie im Fall, da der Bauherr mangelhaften Werkstoff oder Baugrund zur Verfügung stellt (Gauch, Werkvertrag, N. 2038). Vorausgesetzt wird allerdings, dass der Generalunternehmer den ursächlichen Mangel der Vorarbeit erkannt und angezeigt hat oder dass er den Mangel nicht erkennen musste (vgl. Art. 365 Abs. 3 OR).

546 Wichtigstes *Beispiel für das Selbstverschulden* des Bauherrn sind seine Weisungen über die Ausführung des Werks, die er entgegen den ausdrücklichen Abmahnungen des Generalunternehmers erteilt (Gauch, Werkvertrag, N. 1937 ff.). Weisungen über die Ausführung des Werkes sind Anordnungen des Bauherrn über die Ausführung des geschuldeten Werkes, die der Unternehmer nach dem Inhalt des Werkvertrages befolgen muss (Gauch, Werkvertrag, N. 1927). Andere Ursachen, die einen Mangel verursachen und dem Bauherrn zuzurechnen sind, sind beispielsweise vom Bauherrn gelieferter und mangelhafter Werkstoff oder Baugrund, Untauglichkeit des vom Bauherrn vorgeschriebenen Stoffes oder die Unfähigkeit eines vom Bauherrn vorgeschriebenen Subunternehmers (vgl. zum Ganzen Gauch, Werkvertrag, N. 1925 ff.). Weisungen können auch die Ausführungspläne (vgl. Ziff. 10.1 AVB), allfällige Baustofflisten sowie die Angaben betreffend technische Anforderungen (z.B. an die Tragfähigkeit) oder Annahmen (z.B. über bodenmechanische Kennwerte) sein. Eine ungenügende Bauaufsicht stellt dagegen kein Selbstverschulden des Bauherrn dar, da die Beaufsichtigung der Bauarbeiten grundsätzlich weder zu den Pflichten noch zu den Oblie-

genheiten des Bauherrn gehört (Gauch, Kommentar SIA-Norm 118, N. 14 lit. d zu Art. 166). Auch Art. 25 AVB statuiert keine Kontrollpflicht, sondern lediglich ein Kontrollrecht des Bauherrn.

Ein lediglich *beschränktes Selbstverschulden* des Bauherrn liegt beispielsweise vor, wenn der Generalunternehmer im Fall von sachwidrigen Weisungen des Bauherrn seine Anzeige- oder Abmahnungspflicht verletzt (Art. 369 OR, BGE 116 II 308 f.). Der Wegfall der Mängelrechte tritt grundsätzlich nur ein, wenn der Bauherr trotz Abmahnung an seiner Weisung festhält. Die gesetzliche Regelung beruht dabei auf der Vorstellung, dass im Werkvertragsrecht die Sachkenntnis beim Unternehmer liegt (BGE 116 II 456). Es wird eine ausdrückliche Abmahnung verlangt, die nach der bundesgerichtlichen Rechtsprechung nur anzunehmen ist, wenn eine eindeutige Willenskundgabe des Generalunternehmers vorliegt, aus welcher der Bauherr schliessen muss, dass der Generalunternehmer die Verantwortung für die vorgeschriebene Ausführung ablehne (BGE 116 II 308). Die Abmahnung hat auch die Tatsachen anzugeben, auf denen die Bedenken des Generalunternehmers beruhen, damit sich der Bauherr ein eigenes Bild von der Sachlage machen kann (Gauch, Werkvertrag, N. 1940). Die Abmahnung hat sich an den Bauherrn oder einen zur Entgegennahme zuständigen Vertreter des Bauherrn zu richten (vgl. BGE 95 II 51). Eine Ausnahme vom Erfordernis der ausdrücklichen Abmahnung liegt vor, wenn der Bauherr fachmännisch vertreten ist oder selber über entsprechende Fachkenntnisse verfügt. Die Mängelhaftung des Generalunternehmers entfällt dann auch ohne Abmahnung, es sei denn, er habe die Fehlerhaftigkeit der Weisung erkannt oder hätte sie erkennen müssen (BGE 116 II 456). Erkennen muss der Generalunternehmer die Fehlerhaftigkeit, wenn sie offensichtlich ist oder wenn er zur Nachprüfung der Weisung verpflichtet und nach dem vorausgesetzten Fachwissen in der Lage ist, die Fehlerhaftigkeit zu erkennen. Eine Nachprüfungspflicht kann sich aus den Umständen des Einzelfalls ergeben. So darf die Nachprüfung erwartet werden, wenn der Sachverstand auf Seiten des Generalunternehmers (Spezialunternehmer) bedeutend weiter reicht als beim Bauherrn (BGE 116 II 457). Die AVB nehmen bezüglich der Anzeige- und Abmahnungspflicht verschiedene Abgrenzungen vor. So ist der Generalunternehmer zur Prüfung der vom Bauherrn gelieferten Pläne und dessen Weisungen verpflichtet (Ziff. 10.4 und 11.3 AVB); die Genehmigung der Pläne des Generalunternehmers durch den Bauherrn entbindet den Generalunternehmer nicht von seiner Verantwortung (vgl. Ziff. 12.2 Abs. 2 AVB).

547

H. Bauabnahme und Garantie

Beweislast

548 Gemäss OR hat der Bauherr das Vorliegen eines Mangels zu beweisen, da er daraus Rechte ableitet (Art. 8 ZGB). In Abweichung davon sieht Art. 174 Abs. 3 SIA-Norm 118 vor, dass die Beweislast beim Unternehmer liegt, wenn streitig ist, ob ein behaupteter Mangel eine Vertragsabweichung darstellt. Die AVB enthalten keine entsprechende Beweislastumkehr. Es stellt sich deshalb die Frage, ob die SIA-Norm 118 anwendbar ist. Als subsidiär geltende Norm ist sie zugunsten des Bauherrn zu beachten, zumal sich der Generalunternehmer als Benutzer seiner eigenen AVB nicht auf die Ungewöhnlichkeitsregel (N. 51 zu Ziff. 2.1 AVB) berufen kann. Es muss daher zugunsten des Bauherrn davon ausgegangen werden, dass die Beweislastregel der SIA-Norm 118 auch für den VSGU-Vertrag gilt. Der Nachweis einer individuellen, anderslautenden Vereinbarung bleibt vorbehalten.

549 Die Beweislastumkehr von Art. 174 Abs. 3 SIA-Norm 118 gilt aber nur eingeschränkt. Zum einen bezieht sie sich nur auf Mängel, die während der Garantiefrist gemäss Ziff. 35.1 AVB gerügt werden. Für verdeckte Mängel ist der Bauherr vollumfänglich beweispflichtig (vgl. Art. 179 Abs. 5 SIA-Norm 118). Zum andern betrifft sie nicht den Zustand des Werks, sondern einzig die Frage, ob der gerügte Zustand eine Vertragsabweichung darstellt. Der Bauherr hat daher beispielsweise zu beweisen, dass eine Isolation undicht ist, wogegen der Generalunternehmer zu beweisen hat, dass die Undichtigkeit eine Folge der normalen Abnützung und die Isolation nicht vertragswidrig erstellt worden ist (Gauch, Kommentar SIA-Norm 118, N. 8 zu Art. 174, Gauch, Werkvertrag, N. 2696 ff.).

550 Zur Abtretung der Gewährleistungsrechte bzw. -ansprüche vgl. N. 619 ff. zu Ziff. 38.2 AVB.

Ziff. 34.2

Die Mängelhaftung des Generalunternehmers umfasst alle Eigenleistungen sowie die Leistungen und Lieferungen seiner Beauftragten, Subunternehmer und Lieferanten.

Für Apparate und maschinelle Einrichtungen haftet der Generalunternehmer im Umfang der durch die Lieferanten und/oder Subunternehmer gewährten Garantie.

551 Da der Bauherr nur mit dem Generalunternehmer und nicht mit den Subunternehmern in einem Vertragsverhältnis steht, haftet ihm gegenüber nur

der Generalunternehmer für eine rechtzeitige und mängelfreie Herstellung des Werks. Diese Regelung hat für den Bauherrn einen erheblichen Vorteil gegenüber der herkömmlichen Weise der Baurealisierung mit einer Vielzahl von Unternehmern als Vertragspartnern. Die Mängelrüge ist nur gegenüber dem Generalunternehmer anzubringen. Die Rüge- und Verjährungsfristen beginnen für sämtliche Arbeitsgattungen einheitlich mit der Abnahme des Werks zu laufen. Der Bauherr muss sich nicht darum kümmern, welcher Subunternehmer für einen Mangel verantwortlich ist. Hat der Generalunternehmer allerdings Liquiditätsprobleme und wird über ihn allenfalls der Konkurs eröffnet, wirkt sich die Wahl eines einzigen Unternehmers als Vertragspartner nachteilig aus. Der direkte Zugriff auf die Subunternehmer ist nicht möglich, so dass der Bauherr lediglich Forderungen im Konkurs über den Generalunternehmer geltend machen kann.

Da der Generalunternehmer gestützt auf den Generalunternehmer-Werkvertrag gegenüber dem Bauherrn die Haftung für die beigezogenen Subunternehmer übernimmt und damit ein erhebliches Risiko eingeht, wird häufig versucht, diese Haftung vertraglich zu beschränken. Oft wird vereinbart, dass der Generalunternehmer seine Haftungsansprüche gegenüber den Subunternehmern dem Bauherrn abtrete und seine Haftung dadurch wegbedungen sei. Anzutreffen ist auch die Vereinbarung, dass die Haftung des Generalunternehmers auf seine eigenen Haftungsansprüche gegenüber den Subunternehmern beschränkt wird. Durch solche Haftungsbeschränkungen fällt ein Grossteil der Vorteile des Bauherrn aus dem Generalunternehmer-Werkvertrag wieder dahin. 552

Für Hilfspersonen haftet der Generalunternehmer wegen Mängeln gemäss Hilfspersonenhaftung nach Art. 101 OR «kausal» ohne eigenes Verschulden (anders beim Mangelfolgeschaden, vgl. N. 559 zu Ziff. 34.5 AVB). Somit haftet der Generalunternehmer auch für die Tätigkeit seiner Subunternehmer unabhängig von der Ursache des Mangels und vom Verschulden seiner Subunternehmer (BGE 116 II 308; vgl. Ziff. 6.2 AVB). 553

Diese Hilfspersonenhaftung kann gemäss Art. 101 Abs. 2 OR für leichtes Verschulden wegbedungen werden. Davon machen die AVB zugunsten des Bauherrn und im Sinne des Charakters des Generalunternehmervertrags keinen Gebrauch (vgl. Ziff. 7.6 AVB). 554

Ziff. 34.2 Abs. 2 AVB kann insbesondere kürzere Rüge- und Verjährungsfristen als gemäss Ziff. 35 AVB zur Folge haben (in der Regel gelten die Obliegenheit der unverzüglichen Rüge und eine einjährige Verjährungsfrist). 555

Ziff. 34.3

Nicht unter die Mängelhaftung des Generalunternehmers fallen alle Schäden, die nach der Bauabnahme durch höhere Gewalt, normale Abnützung, mangelnden Unterhalt, nicht sachgemässen Gebrauch oder durch Dritte verursacht wurden.

556 Mit der Bauabnahme gehen Obhut und Gefahr des Bauwerks an den Bauherrn über (Ziff. 33.2 AVB). Für nach der Bauabbnahme eintretende Verschlechterungen des Werks hat der Generalunternehmer grundsätzlich nicht einzustehen, es sei denn, die Verschlechterung habe ihren Ursprung in einem ursprünglichen Werkmangel (Gauch, Werkvertrag, N. 1451 ff.).

Ziff. 34.4

Nicht als Mängel gelten geringfügige Unvollkommenheiten (z.B. Haarrisse in Mauerwerk und Verputz, unbedeutende Material- und Farbtonunterschiede sowie Feuchtigkeits- und Salpeterspuren in den Untergeschossen), sofern sie den vertraglich vorgesehenen Gebrauch des Bauwerks nicht wesentlich beeinträchtigen.

557 Zum Begriff des Mangels vgl. N. 537 zu Ziff. 34.1 AVB. Diese Regelung schliesst die Haftung für Bagatellen aus. Bei den genannten Beispielen handelt es sich um Fälle, welche derart untergeordnet sind, dass sie in der Praxis nicht als Mangel anerkannt werden, weil deren Geltendmachung gegen das Rechtsmissbrauchsverbot verstösst (Gauch, Werkvertrag, N. 1469).

Ziff. 34.5

Die Haftung des Generalunternehmers beinhaltet ebenfalls die Mängelbehebungsfolgekosten. Eine Haftung für Mängelfolgeschäden, insbesondere Betriebsausfallkosten bedarf einer besonderen vertraglichen Vereinbarung.

558 Als Mängelbehebungsfolgekosten gelten alle Kosten, die mit der Mängelbehebung ursächlich zusammenhängen, insbesondere die Vorbereitungskosten, die Nachbehandlungskosten, Räumungs- und Aufräumungskosten usw. Es sind Kosten, die bei oder im Zusammenhang mit der Mängelbehebung direkt oder indirekt anfallen.

Mangelfolgeschäden haben ihre Ursache in einem Werkmangel, sind aber nicht im Mangel selbst begründet. Es sind Schäden, die weiter bestehen, auch wenn der Werkmangel vollumfänglich behoben worden ist (Gauch, Werkvertrag, N. 1853 ff.). Mangelfolgeschäden haben somit zwar ihre Ursache in einem Werkmangel des abgelieferten Werkes, sie sind aber nicht auf diese Mangelhaftigkeit bezogen, sondern treten als weitere Folge des Werkmangels hinzu (Honsell/Vogt/Wiegand, Art. 368 OR, N. 69). Die Haftung für einen Mangelfolgeschaden setzt ein Verschulden voraus. Der Unternehmer hat jedoch gestützt auf die Regel von Art. 97 Abs. 1 OR zu beweisen, dass ihn kein Verschulden trifft (BGE 107 II 439, 93 II 315). Dieser Exkulpationsbeweis steht ihm auch für die Tätigkeit seiner Subunternehmer zu. 559

In den AVB wird die Haftung für Mangelfolgeschäden wegbedungen. Sie gilt lediglich im Fall einer individuellen vertraglichen Vereinbarung. Diese Regelung steht im Gegensatz zu Art. 368 OR und Art. 171 SIA-Norm 118. 560

Die in den AVB geltende Änderung der gesetzlichen Haftung für Mangelfolgeschäden ist insoweit verständlich, als eine Vielzahl von Subunternehmern und allenfalls Subsubunternehmern am Bauwerk beteiligt und Mangelfolgeschäden unabsehbar gross sein können. Die Übernahme dieses Risikos wäre bei der Risikoentschädigung des Generalunternehmers zu berücksichtigen. 561

Obwohl die Wegbedingung der Haftung für Mangelfolgeschäden den Regeln der SIA-Norm 118 und des OR widerspricht, dürfte sie vor der Ungewöhnlichkeitsregel standhalten. Allerdings ist der Grundsatz gemäss Art. 100 OR zu beachten, wonach eine im Voraus getroffene Vereinbarung nichtig ist, welche die Haftung für rechtswidrige Absicht oder grobe Fahrlässigkeit ausschliesst. Die Wegbedingung der Haftung für Mangelfolgeschäden in den AVB ist daher in den Fällen groben Verschuldens des Generalunternehmers unwirksam. 562

Falls in Abweichung von den Bestimmungen der AVB eine Haftung des Generalunternehmers für Mangelfolgeschäden vereinbart wird, gilt Art. 171 SIA-Norm 118 bzw. Art. 368 OR subsidiär, wobei zwischen diesen beiden Bestimmungen keine Differenzen bestehen (vgl. Gauch, Kommentar SIA-Norm 118, N. 1 ff. zu Art. 171). Es sind die folgenden wichtigsten Grundsätze zu beachten. 563

Mangelfolgeschäden sind nur diejenigen Schäden, die in einem adäquaten Kausalzusammenhang mit dem betreffenden Mangel stehen. Andere Schä- 564 den wie diejenige infolge verspäteter Ablieferung des Werks oder Begleitschäden, welche anlässlich der Herstellung oder Nachbesserung des Werks entstanden sind, sind keine Mangelfolgeschäden. Der Schadenersatz umfasst auch den Schadenszins auf dem zur Schadensdeckung geschuldeten Betrag (Gauch, Kommentar SIA-Norm 118, N. 8 zu Art. 171). Die Verschuldenshaftung des Generalunternehmers für Mangelfolgeschäden ist durch die Möglichkeit des Exkulpationsbeweises des Generalunternehmers beschränkt.

Ziff. 34.6

Eine allfällige Sicherheitsleistung für die Mängelhaftung des Generalunternehmers bedarf einer besonderen vertraglichen Vereinbarung.

565 Entgegen den Regeln der Art. 181 f. SIA-Norm 118 (Rückbehaltungsrecht, Garantiescheine) sehen die AVB keinerlei Sicherheitsleistung für die Mängelhaftung des Generalunternehmers vor. Ziff. 34.6 AVB verlangt hierfür ausdrücklich eine besondere vertragliche Vereinbarung. Damit sind insbesondere die Zulässigkeit eines Teilrückbehalts des Werkpreises durch den Bauherrn im Umfang gemäss den Art. 149 ff. SIA-Norm 118 vor der Werkabnahme und eine Sicherheitsleistung des Generalunternehmers nach der Abnahme des Bauwerks gemäss den Art. 181 f. SIA-Norm 118 wegbedungen. Immerhin gilt das Rückbehaltungsrecht für Mängel bei der Abnahme, die den vorgesehenen Gebrauch des Bauwerks wesentlich beeinträchtigen (Ziff. 31.3 AVB). Allerdings kann nur der noch nicht bezahlte Restbetrag zurückbehalten werden.

566 Als individuell vereinbarte Sicherheitsleistung (vgl. Ziff. 8.1 Vurk) kommt die Anwendung der genannten Regelung gemäss SIA-Norm 118 in Frage. Die Norm unterscheidet zwischen Sicherheitsleistungen vor und nach der Abnahme.

567 Als Sicherheit vor der Werkabnahme wird regelmässig ein *Zahlungsrückbehalt* vereinbart. Für Verträge mit vereinbarten Global- oder Pauschalwerkpreisen sieht die SIA-Norm 118 keine konkreten Sicherheitsleistungen (insbesondere keinen Garantieschein, vgl. Art. 151) vor, sondern überlässt deren Vereinbarung den Parteien. Hier könnte beispielsweise ein *Zahlungsplan* das Sicherheitsbedürfnis des Bauherrn berücksichtigen, der die Fälligkeit der Abschlagszahlungen derart zurückschiebt, dass ein gesondert festzuhaltender Rückbehalt nicht mehr erforderlich ist (Gauch, Kommentar SIA-Norm 118, N. 2 zu Art. 151; vgl. N. 447 zu Ziff. 31.6 AVB). Bei offener

Abrechnung können die Regeln der Art. 149 ff. SIA-Norm 118 übernommen werden, wonach ein Rückbehalt im Umfang nach der Massgabe von Art. 150 SIA-Norm 118 zulässig ist (vgl. dazu Gauch, Kommentar SIA-Norm 118, N. 1 ff. zu Art. 150). Für die Teuerung und für Regiearbeiten ist in diesen Fällen keine Rückbehaltsmöglichkeit vorgesehen (Art. 149 Abs. 2 SIA-Norm 118). Weitere Sicherheitsleistungen des Unternehmers sind auch in der SIA-Norm 118 nicht vorgesehen; sie sind einer individuellen Vereinbarung vorbehalten.

Für Sicherheitsleistungen des Unternehmers nach der Abnahme des Werks sieht die SIA-Norm die Leistung einer *Solidarbürgschaft* im Umfang von Art. 181 SIA-Norm 118 vor. Die Solidarbürgschaft wird in der Praxis mit der Übergabe der in der Branche bekannten «Garantiescheine» geleistet. Obwohl in der Praxis von *Garantiescheinen* gesprochen wird, verurkunden die Sicherstellungen im Sinne der SIA-Norm 118 eine Bürgschaft und damit eine akzessorische Sicherstellung, bei welcher der Bürge nur haftet, falls der Unternehmer seinerseits zur Leistung aus Werkvertrag verpflichtet ist. Sie unterscheidet sich damit von der Garantie, welche als «abstrakte» Sicherstellung unabhängig von allfälligen Werkvertragsverletzungen allein aufgrund formeller Voraussetzungen abgerufen werden kann. 568

Der *Garantieschein* deckt Mängel, Mangelfolgeschäden und Schäden wegen verzögerter Mängelbehebung, nicht aber Verzugsschäden. Er verbürgt die Mängelrechte für solche Mängel, die während der zweijährigen Rügefrist gemäss Art. 172 SIA-Norm 118 gerügt werden. Somit stellt der Garantieschein eine Sicherstellung für Mängel dar, die bei der Abnahme oder innert einer Frist von zwei Jahren danach festgestellt werden. Die Verpflichtung des Bürgen, die Bürgschaftssumme zu zahlen, dauert jedoch länger. Die zeitliche Gültigkeitsdauer ist in der Rechtslehre allerdings strittig. Sie beträgt nach herrschender Lehre entsprechend der Verjährungsfrist der Mängelrechte fünf Jahre (vgl. auch die Fussnote zu Art. 181 SIA-Norm 118 in der Fassung von 1991 sowie Lenzlinger Gadient, S. 221 ff.). Dies kann unter anderem daraus abgeleitet werden, dass der Unternehmer vom Besteller eine Befreiung von der Solidarbürgschaft verlangen kann, wenn während der zweijährigen Rügefrist keine Mängel geltend gemacht worden sind. Art. 181 Abs. 3 SIA-Norm 118 wäre bei einer Gültigkeitsdauer von zwei Jahren überflüssig (Gauch, Kommentar SIA-Norm 118, N. 16 zu Art. 181). Es ist dem Bauherrn zu empfehlen, die Gültigkeitsdauer der Garantiescheine bei deren Übergabe zu kontrollieren. Entdeckt er die zu kurze Gültigkeitsdauer verspätet, kann er seinen Vertragsanspruch nicht mehr durchsetzen, da die betreffende 569

H. Bauabnahme und Garantie

Bank bzw. Versicherung die Gültigkeitsdauer nicht nachträglich (und insbesondere nicht im Schadenfall) verlängert. Der Generalunternehmer haftet allenfalls für die Übergabe eines vertragswidrigen Garantiescheins.

570 In der Rechtslehre ist umstritten, ob neben dem Garantieschein ein Rückbehaltungsrecht zur Sicherung des Nachbesserungsrechts gestützt auf Art. 82 OR besteht. Nach Auffassung einiger Autoren ist die Regelung von Art. 181 SIA-Norm 118 abschliessend, so dass keine Möglichkeit mehr besteht, zusätzlich zum Garantieschein einen Teil des Werklohns nach Art. 82 OR zurückzubehalten (Koller, N. 334; Lenzlinger Gadient, S. 177 mit Hinweis auf einen unveröffentlichten BGE). Nach wohl richtiger Auffassung gewährt Art. 82 OR indessen eine «Druckfunktion» zur Durchsetzung einer unverzüglichen Nachbesserung, welche mit Art. 181 SIA-Norm 118 nicht wegbedungen ist (Gauch, Kommentar SIA-Norm 118, N. 4 zu Art. 149 und N. 9 zu Art. 181). Ein Rückbehaltungsrecht nach Art. 82 OR besteht auf jeden Fall insoweit, als der dem Mangel entsprechend zurückzubehaltende Betrag denjenigen des im Garantieschein sichergestellten überschreitet (Gauch, Werkvertrag, N. 2388 ff.).

571 In einer individuellen Abrede kann eine *Bargarantie* im Sinne von Art. 182 SIA-Norm vereinbart werden. Mit dieser wird die Fälligkeit der Vergütung auf einen späteren Zeitpunkt verschoben (vgl. Gauch, Kommentar SIA-Norm 118, N. 1 zu Art. 182; zum Verhältnis zwischen Bargarantie und Rückbehaltungsrecht gemäss Art. 82 OR vgl. Gauch, Werkvertrag, N. 2404).

572 Im Übrigen kann von den verschiedenen Angeboten der Banken und Versicherungen (Garantien, Bürgschaften, Versicherungen usw.) Gebrauch gemacht werden. Als *Erfüllungsgarantien* des Generalunternehmers sind verschiedene Arten denkbar (Systemgarantie, Haltbarkeitsgarantie, Verfügbarkeitsgarantie, Zuverlässigkeitsgarantie usw.; vgl. zum Ganzen Roland Hürlimann, Garantien und Garantiefristen, Tagungsunterlagen der Vortragung zur Baurechtstagung 1995 in Freiburg). Die Erfüllungsgarantien der Parteien für die Zahlung des Werkpreises (vgl. Ziff. 31.6 AVB) bzw. für die Ablieferung und die Mängelfreiheit des Werks stehen in einem wirtschaftlichen Zusammenhang und sind entsprechend koordiniert zu vereinbaren.

35. Garantiefrist und Verjährung

Ziff. 35.1

Die Garantiefrist beträgt zwei Jahre, gerechnet ab Bauabnahme.

Während dieser Frist ist der Bauherr berechtigt, Mängel jederzeit zu rügen. Mängel, deren spätere Behebung zu weiteren oder grösseren Schäden führen würde, sind sofort zu melden.

Mit dem Begriff «Garantiefrist» ist die Rügefrist gemeint. Dies geht aus Abs. 2 der Bestimmung und aus Ziff. 35.3 AVB ohne weiteres hervor und entspricht im Übrigen der Präzisierung der SIA-Norm 118 in der Ausgabe 1991 (Art. 173 Abs. 2). Der Begriff der «Bauabnahme» ist in Ziff. 33 AVB definiert. 573

Nach der Ablieferung entdeckte Mängel sind grundsätzlich innert zweier Jahre ab Abnahme zu rügen. Diese Regelung steht im Gegensatz zum Regime der Sofortrüge gemäss OR. Nach Ablauf von zwei Jahren seit der Abnahme sind Mängel sofort, d.h. innert weniger Tage ab Entdeckung des Mangels zu rügen. 574

Die Anzeige der Mängel ist an keine Form gebunden. Inhaltlich muss die Rüge indessen sachgerecht substantiiert sein. Die Mängelrüge beinhaltet zwei Elemente. Einerseits hat sie die Mitteilung des erkannten Mangels zu enthalten und anderseits gehört zu ihr auch die Willenskundgabe des Bauherrn, dass er das Werk nicht als vertragskonform anerkenne und den Generalunternehmer dafür haftbar machen wolle (BGE 107 II 175, Gauch, Werkvertrag, N. 2133). Die Mängelrüge muss möglichst präzis sein und alle Mängel aufweisen, für die der Generalunternehmer einstehen soll. Nicht notwendig ist jedoch, dass der Bauherr die Ursache des Mangels erforscht und diese dem Generalunternehmer angibt. Stellt er dennoch Behauptungen über die Ursache auf und erweisen sich diese im Nachhinein als unrichtig, hat dies für den Bauherrn keinen Nachteil zur Folge (Gauch, Werkvertrag, N. 2130 f.). 575

Mängel sind auch dann während der Garantiefrist zu rügen, wenn keine gemeinsame Prüfung stattgefunden hat. Art. 179 Abs. 4 SIA-Norm 118 überbindet dem Bauherrn somit die Obliegenheit, das ohne gemeinsame Prüfung abgenommene Werk selbstständig zu prüfen (vorbehalten bleibt jeweils eine absichtliche Täuschung des Unternehmers; Gauch, Werkvertrag, N. 2721 ff.). 576

H. Bauabnahme und Garantie

577 Die zweijährige Rügefrist zugunsten des Bauherrn gilt mit der Ausnahme für Apparate und maschinelle Einrichtungen gemäss Ziff. 34.2 Abs. 2 AVB uneingeschränkt. Ein Verweis auf Art. 172 Abs. 1 SIA-Norm 118 liegt nicht vor. Nach dieser Bestimmung gelten andere Rügefristen, soweit diese in anderen Normen des SIA oder anderer Fachverbände zum Vertragsbestandteil erhoben worden sind. Aufgrund des klaren Wortlauts von Ziff. 35.1 AVB ist eine subsidiäre Anwendung von Art. 172 Abs. 1 SIA-Norm 118 ausgeschlossen. Sie wäre zudem mit der Ungewöhnlichkeitsregel kaum vereinbar (vgl. N. 51 zu Ziff. 2.1 AVB). Soweit der Generalunternehmer bei seinen Subunternehmern und Lieferanten keine entsprechende Verlängerung der Rügefristen erreichen kann, ist diesem zu empfehlen, mittels spezieller Abrede Art. 172 Abs. 1 SIA-Norm 118 zum Inhalt des Generalunternehmervertrags zu erheben (für Apparate und Maschinen gilt wie erwähnt die Ausnahme gemäss Ziff. 34.2 Abs. 2 AVB).

578 Den Bauherrn trifft im Rahmen der Pflicht zur Schadenminderung die Obliegenheit, Mängel unverzüglich anzuzeigen, falls ein Zuwarten zu weiterem Schaden des Unternehmers führte. Mit einer verspäteten Rüge im Sinne des zweiten Satzes von Ziff. 35.1 Abs. 2 AVB verwirkt der Bauherr seine Mängelrechte nicht, doch hat er den weiteren Schaden selbst zu tragen, der bei unverzüglicher Behebung des entdeckten Mangels hätte vermieden werden können (vgl. Art. 173 Abs. 2 SIA-Norm 118).

579 Die Beweislast für die Rechtzeitigkeit der Mängelrüge trägt der Bauherr. Es obliegt jedoch dem Generalunternehmer, die verspätete Mängelrüge zu behaupten (BGE 118 II 147).

Ziff. 35.2

Vor Ablauf der Garantiefrist nehmen die Parteien allfällige Mängel schriftlich auf.

580 Für die Haftung nach Ablauf der Garantiefrist ist entscheidend, ob der Bauherr den Mangel während der Garantiefrist bereits entdeckt hat oder nicht. Zur Vermeidung von Beweisproblemen sehen die AVB analog zu Art. 177 SIA-Norm 118 eine Schlussprüfung vor.

581 Jede Partei kann vor Ablauf der Rügefrist verlangen, dass der Zustand des Werks zur Beweissicherung gemeinsam festgestellt wird. Über diese Schlussprüfung wird ein Protokoll aufgenommen und von den Beteiligten

unterschriftlich anerkannt (Art. 177 SIA-Norm 118). Das Protokoll der Schlussprüfung hält fest, dass der Bauherr allfällige Mängel vor Ablauf der Garantiefrist festgestellt hat, und es spricht eine Vermutung dafür, dass er protokollierte Mängel auch gerügt hat (Gauch, Kommentar SIA-Norm 118, N. 5 zu Art. 177). Ist ein später entdeckter Mangel im Protokoll nicht festgehalten, gilt die Vermutung, dass dieser Mangel bis zum Abschluss der Prüfung unerkannt blieb (Gauch, Werkvertrag, N. 2710 ff.).

Ziff. 35.3

Nach Ablauf der Garantiefrist haftet der Generalunternehmer weiterhin für verdeckte Mängel. Solche Mängel müssen sofort nach ihrer Entdeckung gerügt werden.

Der Begriff des verdeckten Mangels ist im Sinne des verdeckten Mangels gemäss SIA-Norm 118 zu verstehen. Danach sind verdeckte Mängel solche Mängel, die der Bauherr erst nach Ablauf der zweijährigen Rügefrist entdeckt. Die SIA-Norm 118 enthält dazu verschiedene Bestimmungen insbesondere zur Vermeidung von Beweisschwierigkeiten. 582

Wird das Werk nach einer gemeinsamen Abnahmeprüfung abgenommen (Art. 159 SIA-Norm 118), haftet der Unternehmer nicht für verdeckte Mängel, die bereits bei der damaligen Prüfung hätten erkannt werden können (Art. 179 Abs. 3 SIA-Norm 118; Gauch, Werkvertrag, N. 2720 und 2733). 583

Nach Art. 178 Abs. 2 SIA-Norm 118 gilt die unwiderlegbare Fiktion, dass offensichtliche (geradezu ins Auge springende) Mängel als vor Ablauf der Garantiefrist entdeckt gelten und deshalb nach Ablauf der Garantiefrist (Rügefrist) nicht mehr gerügt werden können. Subsidiär bzw. zumindest als Ausfluss des Prinzips von Treu und Glauben findet diese Regel auch beim VSGU-Vertrag Anwendung. 584

Art. 176 SIA-Norm 118 betreffend die Gewährleistungsrechte nach der Behebung eines Mangels gilt subsidiär. Es erfolgen eine neue Prüfung und Abnahme und die Garantiefrist beginnt mit dem Tag der Abnahme für den instandgestellten Teil neu zu laufen, ausser es handle sich um einen unwesentlichen Mangel. Die neue Garantiefrist dauert gleich lang wie die alte Frist. 585

Entdeckt ist ein Mangel mit dessen zweifelsfreier Feststellung durch den Bauherrn. Die Rügefrist wird daher weder durch die objektive Erkennbar- 586 keit des Mangels in Gang gesetzt, noch durch die Feststellung der ersten Mängelspuren, sofern der Bauherr nach Treu und Glauben davon ausgehen darf, es handle sich bloss um übliche Erscheinungen, die keine Abweichung vom Vertrag darstellten, wie das insbesondere für wachsende Mauerrisse zutreffen kann (BGE 117 II 427).

587 Zur Beurteilung der Rechtmässigkeit der Mängelrüge ist auf die konkreten Umstände des Einzelfalls abzustellen. Allgemein kann aber gesagt werden, dass die Rügefrist kurz zu bemessen ist, wenn es sich um einen Mangel handelt, bei dem die Gefahr besteht, dass ein Zuwarten zu einem grösseren Schaden führen kann. Dem Bauherrn ist auch eine Erklärungsfrist zuzubilligen, die jedoch ebenfalls kurz zu bemessen ist (BGE 118 II 148).

Ziff. 35.4

Die Ansprüche des Bauherrn aus Mängeln verjähren fünf Jahre nach Bauabnahme.

588 Die Verjährungsfrist ist die absolute Rügefrist für verdeckte Mängel. Sie beginnt mit der Bauabnahme zu laufen, und zwar unabhängig davon, wann der betreffende Mangel entdeckt bzw. gerügt wird. Hat der Generalunternehmer Mängel absichtlich verschwiegen, tritt die Verjährung erst nach zehn Jahren ein (Art. 210 Abs. 3 i.V.m. 371 Abs. 1 OR, Art. 180 SIA-Norm 118). Diese Verjährungsfristen gelten unabhängig davon, ob es sich um ein unbewegliches Bauwerk im Sinne von Art. 371 Abs. 2 OR handelt oder nicht (Gauch, Werkvertrag, N. 2725).

589 Für wesentliche, insbesondere für die Dichtigkeit einer Baute verantwortliche Bauteile (Flachdachisolation, Abdichtungen und Abdeckungen, Wasserabdichtungen im Erdbereich, Dämmungen im Erdbereich usw.) wird öfters eine längere Verjährungsfrist (bis zehn Jahre) vorgesehen. Die hiefür erforderliche Vereinbarung wird teilweise vom Abschluss und der Aufrechterhaltung eines Wartungsvertrags abhängig gemacht.

590 Ziff. 35.4 AVB betrifft lediglich die Verjährung von Mängelrechten. Dagegen verjähren Ansprüche aus anderen Vertragsverletzungen (z.B. Bauverzögerung) oder aus selbstständigen Erfolgsversprechen (z.B. betreffend die Rentabilität des Werks) nach den allgemeinen Bestimmungen der Art. 127 ff. OR (Gauch, Kommentar SIA-Norm 118, N. 2 zu Art. 180).

35. Garantiefrist und Verjährung

Die Verjährung führt nicht zum Untergang des Anspruchs, sondern gibt dem Unternehmer ein Einrederecht, dessen Ausübung im Prozess bewirkt, dass die Forderung nicht mehr gerichtlich durchgesetzt werden kann. Da die entsprechende Forderung weiter besteht, darf das Gericht eine allfällige Verjährung nicht von Amtes wegen beachten, sondern lediglich auf die entsprechende Einrede hin. Erfüllt der Schuldner eine bereits verjährte Forderung, führt dies wegen des Weiterbestands des Anspruchs nicht zu einer ungerechtfertigten Bereicherung des Gläubigers. 591

Der Lauf der Verjährungsfrist kann unterbrochen werden (Art. 135 OR). Ob die Verjährung unterbrochen wurde, ist für jeden Mangel einzeln zu beurteilen. Durch die Unterbrechung beginnt die Verjährungsfrist von neuem (Art. 137 Abs. 1 OR). Es gilt dabei zu beachten, dass die Verjährung nicht durch eine Mängelrüge, Erstellung eines Gutachtens, Verhandlungen usw. unterbrochen wird. Erst durch eine qualifizierte Rechtsverfolgung von Seiten des Bestellers wie etwa die Betreibung oder Klage, aber auch durch die Anerkennung der Haftung für einen Mangel wird die Verjährung unterbrochen. 592

In diesem Zusammenhang hielt das Bundesgericht im Entscheid vom 5. September 2002 (4C.258/2001) allerdings fest, dass für die Verjährung der Nachbesserungsforderung die Unterbrechung durch Schuldbetreibung irrelevant sei, weil die Nachbesserungsforderung nicht auf dem Betreibungsweg geltend gemacht werden könne. Lediglich eine Geldforderung, nicht aber ein Anspruch auf Sachleistung könne in Betreibung gesetzt werden. Obwohl dieser Entscheid stark kritisiert wurde, sind Bauherren gezwungen, die Verjährung von Nachbesserungsansprüchen durch Einreichen eines Sühnebegehrens zu unterbrechen, falls der Generalunternehmer nicht bereit ist, den Anspruch des Bauherrn anzuerkennen oder aber einen befristeten Verzicht auf die Einrede der Verjährung abzugeben. 593

Entgegen dem Wortlaut von Art. 135 Ziff. 2 OR wird bei der Klageeinleitung die Verjährung nicht erst durch die Ladung zu einem amtlichen Sühnverfahren unterbrochen. Es genügt bereits die Postaufgabe des Sühnebegehrens. Ein nachträgliches Gesuch, vorderhand nicht zur Sühnverhandlung vorzuladen, lässt die eingetretene Unterbrechung unberührt (BGE 114 II 262). 594

H. Bauabnahme und Garantie

36. Garantiearbeiten

Ziff. 36.1

Der Generalunternehmer ist verpflichtet, unter seine Haftung fallende Mängel auf eigene Kosten beheben zu lassen.

Allgemeines

595 Gemäss Art. 368 OR hat der Bauherr beim Vorliegen von Mängeln das Wahlrecht, vom Generalunternehmer Minderung (Reduktion des Werkpreises), Wandelung (Auflösung und Rückabwicklung des Vertrags) oder Nachbesserung (Behebung der Mängel) zu verlangen (vgl. auch zum Nachfolgenden Koller, N. 4 ff.). Die Wandelungs-, Minderungs- und Nachbesserungsrechte sind alternative und verschuldensunabhängige Mängelrechte (vgl. N. 537 zu Ziff. 34.1 AVB). Ein Recht auf Schadenersatz (Ersatz des so genannten Mangelschadens) besteht nicht, ausser bei Verzug des Generalunternehmers, so dass der Bauherr beispielsweise seinen Nachbesserungsanspruch wegen Untätigkeit des Generalunternehmers in einen Schadenersatzanspruch umwandeln kann (Art. 107 Abs. 2 OR). Ferner hat der Bauherr das verschuldensabhängige Recht auf Ersatz des Mangelfolgeschadens; dem Generalunternehmer steht diesbezüglich der Exkulpationsbeweis offen (zum Begriff des Mangelfolgeschadens und zur Wegbedingung der Haftung für Mangelfolgeschäden vgl. die N. 558 ff. zu Ziff. 34.5 AVB).

596 Das Recht zur Wahl zwischen Nachbesserung, Minderung oder Wandelung ist ein Gestaltungsrecht. Mit der Ausübung des Wahlrechts entstehen die sekundären Mängelrechte, welche an die Stelle der erwähnten primären (alternativen) Mängelrechte treten. So entsteht beispielsweise aus dem Nachbesserungsrecht die Nachbesserungsforderung. Die Unterscheidung zwischen primären und sekundären Mängelrechten ist unter anderem deshalb sinnvoll, weil die Abtretung der Forderungen aus den sekundären Mängelrechten ohne weiteres möglich ist. Dagegen streitet sich die Lehre darüber, ob von den primären Mängelrechten nur das Nachbesserungsrecht allein oder auch das Wandelungs- oder Minderungsrecht einzeln abtretbar seien, oder aber, ob die primären Mängelrechte nur zusammen, als Bündel, abgetreten werden können (vgl. N. 619 f. zu Ziff. 38.2 AVB).

Nachbesserung

Die AVB gehen von der Regelung von Art. 163 Abs. 1 SIA-Norm 118 aus, wonach der Bauherr vorerst einzig das Recht hat, vom Generalunternehmer Nachbesserung zu verlangen. Die Bestimmung statuiert den *Vorrang der Nachbesserungspflicht* und in Verbindung mit Ziff. 36.3 AVB auch das entsprechende *Nachbesserungsrecht* des Generalunternehmers. Dieser hat somit die Möglichkeit, die Mängel des Werks zu beheben, selbst wenn der Bauherr Minderung oder Wandelung verlangt. Das Gestaltungsrecht der Mängelhaftung gemäss OR ist somit insoweit wegbedungen, als es vorerst auf das Nachbesserungsrecht beschränkt ist. Indessen kann der Bauherr bei Verzug des Generalunternehmers nach unbenutztem Ablauf der angesetzten Nachbesserungsfrist sein Wahlrecht gemäss OR betreffend Nachbesserung, Minderung oder Wandelung wieder ausüben (vgl. Art. 169 Abs. 1 SIA-Norm 118). Hat sich der Generalunternehmer ausdrücklich geweigert, eine Nachbesserung vorzunehmen, oder ist er hierzu offensichtlich nicht imstande, so stehen dem Bauherrn die Mängelrechte gemäss Art. 169 Abs. 1 Ziff. 1–3 SIA-Norm 118 schon vor Ablauf der Nachbesserungsfrist zu. Ein Bauherr, der das vorgehende Nachbesserungsrecht des Generalunternehmers missachtet, indem er einen Mangel selbst beseitigt oder durch einen Dritten beseitigen lässt, ohne dem Generalunternehmer hierzu Gelegenheit zu geben, handelt auf eigene Kosten und Gefahr; er hat keinen Anspruch auf Kostenersatz und kann den Kostenersatz auch nicht im Rahmen der Preisminderung verrechnen (Gauch, Kommentar SIA-Norm 118, N. 7 zu Art. 169).

597

In den *Nachbesserungskosten* sind auch die Kosten enthalten, die durch die Beseitigung von Schäden anfallen, die an anderen Arbeiten im Zuge der Mängelbeseitigung entstehen (vgl. auch Art. 170 Abs. 1 SIA-Norm 118). Von den Nachbesserungskosten sind die Kosten für die Beseitigung von Mangelfolgeschäden zu unterscheiden. Diese Kosten hat der Generalunternehmer nur zu ersetzen, wenn eine individuelle Vereinbarung in Abweichung von Ziff. 34.5 AVB getroffen wurde. Zulasten des Bauherrn gehen diejenigen Nachbesserungskosten, die dem Bauherrn auch bei ursprünglich mangelfreier Ausführung entstanden wären (Sowieso-Kosten, vgl. auch Art. 170 Abs. 2 SIA-Norm 118). Der Bauherr soll nicht besser gestellt werden, als er stünde, wenn das Werk von vornherein mangelfrei gewesen wäre.

598

Der Generalunternehmer kann die Nachbesserung verweigern, wenn deren *Kosten übermässig sind*. Die Frage der Übermässigkeit ist im Streitfall nach Recht und Billigkeit zu würdigen (Art. 4 ZGB). Übermässige Kosten

599

H. Bauabnahme und Garantie

liegen nicht erst dann vor, wenn ein grobes Missverhältnis zwischen Kosten und Interesse an der Nachbesserung festgestellt wird. Die Nachbesserungskosten sind dann übermässig, wenn sie in einem Missverhältnis zum Nutzen stehen, den die Mängelbeseitigung dem Bauherrn bringt. Bei der Abwägung von Kosten und Nutzen können aufseiten des Bauherrn nicht nur wirtschaftliche, sondern auch nichtwirtschaftliche Interessen berücksichtigt werden. Das Verhältnis der Nachbesserungskosten zu den Baukosten oder zum vereinbarten Werklohn ist nicht massgebend (BGE 111 II 173 f.). Verhältnismässig sind die Kosten jedenfalls dann, wenn der Minderwert grösser ist als die Nachbesserungskosten, oder wenn die Nachbesserung billiger ist als die entsprechenden Einsparungen des Generalunternehmers bei der Erstellung des Werks, oder wenn der Mangel aus polizeilichen Gründen (Gefahr für Leib und Leben) beseitigt werden muss (vgl. zum Ganzen Gauch, Kommentar SIA-Norm 118, N. 14 zu Art. 169; Gauch, Werkvertrag, N. 1749 ff.). Die Nachbesserungskosten umfassen neben dem Aufwand für die eigentliche Mängelbeseitigung auch die damit verbundenen Begleitkosten für Vorbereitungs- und Wiederherstellungsarbeiten sowie die Mängelbehebungsfolgekosten, zu denen beispielsweise die anderweitige Unterbringung von Hausgenossen gehören (BGE 111 II 174).

600 Die zur Nachbesserung *anzusetzende Frist* muss angemessen sein. Setzt der Bauherr eine zu kurze Frist an, so setzt dies den Lauf einer angemessenen Frist in Gang. Wehrt sich der Generalunternehmer aber nicht gegen die zu kurze Frist, hat er diese gegen sich gelten zu lassen (Gauch, Kommentar SIA-Norm 118, N. 5 zu Art. 169).

601 Um Unsicherheiten über die Frage der Angemessenheit vorzubeugen, kann eine bestimmte Frist vereinbart werden, wobei für dringende Mängelbehebungen eine unverzügliche Nachbesserung zu vereinbaren wäre. Eine bestimmte Frist (z.B. ein Monat) könnte im Einzelfall aber unsachgemäss sein. Es kann für diesen Fall aber auch vereinbart werden, dass der Generalunternehmer wenigstens innert vorgeschriebener Frist den gerügten Mangel und seine Nachbesserungspflicht anzuerkennen habe. Sodann könnte vereinbart werden, dass die Parteien auf eine Nachfrist im Sinne von Art. 169 Abs. 1, 2. Satz, SIA-Norm 118 verzichten und die Mängel somit ohne weitere Anzeige und ohne richterliche Ermächtigung durch Dritte auf Kosten und Rechnung des Generalunternehmers beseitigt werden dürfen.

602 Ist der Generalunternehmer nicht gewillt oder nicht fähig, die Nachbesserung vorzunehmen, so kann der Bauherr die *Nachbesserung durch einen*

Dritten auf Kosten des Generalunternehmers vornehmen lassen. Bei einer ungerechtfertigten Verweigerung der Nachbesserung durch den Generalunternehmer hat der Bauherr gemäss dem Verweis der AVB auf Art. 169 Abs. 1 Ziff. 1 SIA-Norm 118 das Recht auf Ersatzvornahme, ohne vorher den Richter gemäss Art. 98 Abs. 1 OR anrufen zu müssen (vgl. auch Art. 366 Abs. 2 OR und BGE 107 II 55). Die Ersatzvornahme erfolgt auf Kosten und Gefahr des Generalunternehmers. Der Anspruch auf Ersatz der Kosten der Ersatzvornahme (Anspruch auf Kostenersatz) leitet sich aus der kausalen Haftung des Generalunternehmers ab und ist daher als Aufwendungsersatzanspruch verschuldensunabhängig (Gauch, Kommentar SIA-Norm 118, N. 17 zu Art. 169). Gerät der Generalunternehmer mit der Nachbesserung in Verzug, kommen die allgemeinen Bestimmungen über den Schuldnerverzug zur Anwendung. Zur Durchsetzung des Nachbesserungsanspruchs steht dem Bauherrn aber auch das Recht zu, die Vergütung in Anwendung von Art. 82 OR bis zur Erfüllung der Nachbesserungsschuld zurückzuhalten (BGE 89 II 235).

Ist der Bauherr berechtigt, die Nachbesserung durch einen Dritten vornehmen zu lassen, so hat er Anspruch darauf, dass ihm die dafür notwendigen Kosten vom Generalunternehmer vorgeschossen werden (BGE 128 III 416). Der *Vorschuss* darf vom Bauherrn aber allein für die Finanzierung der Nachbesserung verwendet werden. Nach Abschluss der Nachbesserungsarbeiten hat er über die entsprechenden Kosten abzurechnen und einen allfälligen Überschuss dem Generalunternehmer zurückzuerstatten (BGE 128 III 418). 603

Minderungsrecht

Das dem Nachbesserungsrecht nachgehende (vgl. N. 597) Minderungsrecht des Bauherrn gemäss der subsidiär geltenden SIA-Norm 118 (Art. 169 Abs. 1 Ziff. 2) entspricht den Regeln des OR. Das Minderungsrecht gibt dem Bauherrn die Befugnis, den Werkpreis herabzusetzen. 604

Massgebend für die *Ermittlung des Minderwerts* eines Werks ist der Unterschied zwischen seinem objektiven Wert im mangelfreien Zustand einerseits und im mangelhaften Zustand anderseits (BGE 105 II 101). Der Zeitpunkt der Berechnung bestimmt sich nach dem Gefahrübergang (BGE 117 II 552). Das Minderungsrecht entfällt nicht, wenn das mangelhafte Werk trotz seines Mangels immer noch soviel wert ist, dass auch die unverminderte Vergü- 605

H. Bauabnahme und Garantie

tung den Wert des mangelhaften Werks nicht übersteigt (ZR 1970, 47). Der Minderwert kann aber normalerweise nicht höher ausfallen als die Kosten für eine tadellose Beseitigung des Werkmangels (BGE 105 II 102).

606 Der Minderwert entspricht nicht zwingend dem *Herabsetzungsbetrag*. Dies ist nur dann der Fall, wenn sich der objektive Wert des mängelfrei gedachten Werks mit der vertraglichen Vergütung deckt. Ansonsten entspricht der Herabsetzungsbetrag der proportionalen Kürzung der Vergütung um das Mass des Minderwerts des Werks (BGE 116 II 313). Nach dieser gängigen relativen Berechnungsmethode verhält sich die volle Vergütung zur herabgesetzten Vergütung gleich wie der Wert des mängelfrei gedachten Werks zum Wert des mangelhaften Werks (vgl. Gauch, Werkvertrag, N. 1651 ff.). Der vereinbarte Preis entspricht allerdings vermutungsweise dem objektiven Wert der Sache. Sodann ist anzunehmen, der Minderwert entspreche den Kosten für die Behebung des Mangels (BGE 111 II 162). In der Praxis wird der Minderwert denn auch oft den Nachbesserungskosten gleichgesetzt (Gauch, Kommentar SIA-Norm 118, N. 18 zu Art. 169).

607 Nicht unter das Minderungsrecht fällt ein *merkantiler Minderwert*. Er besteht in einer Verminderung des Verkaufswerts, die auch bei vollständiger Mängelbeseitigung deshalb verbleibt, weil das betreffende Werk wegen der einmal bestandenen Mangelhaftigkeit im Geschäftsverkehr geringer bewertet wird (Gauch, Werkvertrag, N. 1634). Da der merkantile Minderwert zwar durch den Mangel ausgelöst wird, aber nicht im Mangel selber begründet ist, ist er als Mangelfolgeschaden zu würdigen. Der Generalunternehmer haftet dafür nur bei Verschulden sowie gestützt auf Ziff. 34.5 AVB nur bei ausdrücklicher Vereinbarung der Haftung für Mangelfolgeschäden.

Rücktrittsrecht

608 Das ebenfalls subsidiär geltende Rücktrittsrecht nach Art. 169 Abs. 1 Ziff. 3 SIA-Norm 118 entspricht dem *Wandelungsrecht* gemäss Art. 368 OR. Danach kann der Bauherr den Generalunternehmervertrag rückwirkend aufheben, so dass die gegenseitigen Leistungspflichten erlöschen und gegenseitige Forderungen zur Rückabwicklung des Vertrags (Rückgabe des bereits Geleisteten) entstehen (Gauch, Kommentar SIA-Norm 118, N. 21 zu Art. 169). Die Ausübung des Rücktrittsrechts bei VSGU-Verträgen kommt wegen der grundsätzlich problematischen Rückabwicklung dieser Verträge kaum in Frage.

Mängel vor Abnahme des Werks

Ziff. 36.1 AVB befasst sich nur mit der Haftung für Mängel, die nach der Abnahme des Werks gerügt werden. Für den Fall, in dem sich bereits während der Ausführung des Bauvorhabens bestimmt voraussehen lässt, dass das Bauwerk durch Verschulden des Generalunternehmers mangelhaft erstellt wird, enthalten die AVB sowie die SIA-Norm 118 keine Bestimmungen. Es gilt deshalb subsidiär Art. 366 Abs. 2 OR, wonach der Bauherr dem Generalunternehmer eine angemessene Frist zur Abhilfe ansetzen kann mit der Androhung, dass er im Unterlassungsfall die Verbesserung oder Fortführung des Werks auf Gefahr und Kosten des Generalunternehmers einem Dritten übertragen werde (Gauch, Werkvertrag, N. 868 ff.).

Ziff. 36.2

Mängel, deren verspätete Behebung zu Schäden führen würde oder die für den Bauherrn erhebliche Nachteile zeitigen, sind vom Generalunternehmer so rasch wie möglich zu beheben.

Die übrigen Mängel werden vom Generalunternehmer gesamthaft innert angemessener Frist behoben. Für grössere Arbeiten ist ein Arbeitsprogramm zu erstellen und dem Bauherrn zur Genehmigung zu unterbreiten.

Die Umschreibung der Frist als angemessen bedeutet nicht grosszügig, denn der Bauherr hat ein schutzwürdiges Interesse an einer unverzüglichen Mängelbeseitigung. Dies gilt nicht zuletzt auch deshalb, weil der Bauherr zumindest vorerst keine Minderung oder Wandelung geltend machen kann. Die Angemessenheit der Frist ist objektiv nach dem Aufwand eines versierten Unternehmers zu würdigen (Gauch, Kommentar SIA-Norm 118, N. 5 zu Art. 169).

Ziff. 36.3

Der Bauherr ist verpflichtet, die Ausführung der Garantiearbeiten zu dulden und die daraus entstehenden Unannehmlichkeiten in Kauf zu nehmen. Diese Verpflichtung ist gegebenenfalls auch den am Bauwerk interessierten Dritten (Käufer, Mieter) zu überbinden.

Ziff. 36.3 AVB verlangt vom Bauherrn, die Ausführungen der Mängelbehebungsarbeiten zu dulden. Verletzt er diese Pflicht, gerät er in Annahmever-

H. Bauabnahme und Garantie

zug. Die AVB stellen zudem klar, dass Verhinderungen oder Erschwerungen der Nachbesserung auch dann dem Bauherrn anzurechnen sind, wenn sie durch am Werk beteiligte Dritte wie Käufer oder Mieter verursacht werden. Dies ist gerechtfertigt, denn gegenüber Dritten kann der Generalunternehmer seinen Anspruch auf Nachbesserung mangels Vertragsverhältnis mit diesen nicht durchsetzen. Unterlässt der Bauherr die Überbindung seiner in Ziff. 36.3 AVB genannten Pflicht zulasten der am Bau interessierten Dritten, stellt dies ebenfalls eine Vertragsverletzung seitens des Bauherrn dar.

612 Für die Nachbesserung gilt wiederum die Mängelhaftung gemäss den AVB. Insbesondere beginnt mit dem Tag der Abnahme die Rügefrist für den instandgestellten Teil neu zu laufen. Unwesentliche Mängel unterbrechen die Rügefrist allerdings nicht. Diese Rechtslage ergibt sich aus Art. 176 SIA-Norm 118, welche mangels gesonderter Bestimmung in den AVB subsidiär gilt.

I. SCHLUSSBESTIMMUNGEN

37. Vertragsabschluss

Ziff. 37.1

Der Generalunternehmer-Werkvertrag ist abgeschlossen, sobald er von beiden Parteien rechtsgültig unterzeichnet ist.

Gemäss Ziff. 2.1 Vurk ist nicht nur der Generalunternehmervertrag, sondern sind auch die AVB von beiden Parteien schriftlich zu unterzeichnen. Diese Bestimmung geht Ziff. 37.1 AVB vor, welche die Unterzeichnung der AVB nicht ausdrücklich nennt. Die Unterzeichnung der AVB wird somit ausdrücklich vorbehalten, so dass fehlende Unterschriften auf den AVB die Vermutung zur Folge haben, dass die Vertragsparteien sich nicht vertraglich binden wollten (vgl. Art. 16 OR). Die Vermutung ist widerlegbar. Sie kann durch den Beweis zerstört werden, dass die Schriftlichkeit nicht als Gültigkeitsform vereinbart wurde oder dass die Abrede einer Gültigkeitsform nachträglich wieder aufgehoben wurde. Die Beweislast für das Zustandekommen eines VSGU-Vertrags trägt diejenige Partei, die aus dem Zustandekommen des Vertrags Rechte ableiten will. 613

Ziff. 2.1 Vurk und Ziff. 37.1 AVB sind grundsätzlich nur dann relevant, wenn das Zustandekommen des VSGU-Vertrags strittig wird, bevor mit den Planungs- oder Bauarbeiten (gemäss Inhalt des betreffenden Vertrags) begonnen worden ist. Andernfalls ist Ziff. 37.2 AVB zu beachten. 614

Ziff. 37.2

Der Vertrag gilt ebenfalls als abgeschlossen, falls der Bauherr den Generalunternehmer aufgrund einer verbindlichen Offerte schriftlich zur Inangriffnahme der Planungs- oder Bauarbeiten ermächtigt oder den tatsächlichen Baubeginn unter der Verantwortung des Generalunternehmers vorbehaltlos zur Kenntnis nimmt.

Die schriftliche Ermächtigung des Bauherrn zur Inangriffnahme der Arbeiten oder der tatsächliche Baubeginn in Kenntnis des Bauherrn kann nur dann als Vertragsschluss im Sinne des VSGU-Vertrags gelten, wenn der 615

I. Schlussbestimmungen

Generalunternehmer eine verbindliche Offerte mit dem Hinweis auf die Vertragsbedingungen des VSGU abgegeben hat. Andernfalls ist eventuell stillschweigend ein blosser Werkvertrag nach OR zustande gekommen.

Ziff. 37.3
Änderungen des Werkvertrags sowie ergänzende Vereinbarungen bedürfen der schriftlichen Form.

616 Die Bestimmung trifft in erster Linie Änderungen der Vertragsurkunde und der AVB. Schriftlichkeit ist ferner vorgesehen für die Weisungen des Bauherrn und seiner Beauftragten an den Generalunternehmer (Ziff. 6.3 und 7.7 AVB) betreffend die anlässlich der Projektkoordinationssitzungen getroffenen Entscheide (Ziff. 8.5 AVB), für die weitere Planbearbeitung (Planform gemäss den Ziff. 11.4 und 12.2 AVB) sowie für die Vereinbarung von Änderungen (Ziff. 21.4 und 22.3 AVB).

617 Denkbar ist eine ausdrückliche Klausel, wonach die Wahl der Schriftform nicht nur eine Beweisvorschrift, sondern eine Abschlussvorschrift darstelle. Dies könnte im Streitfall den meistens schwer zu erbringenden Beweis erleichtern, dass Abweichungen des Generalunternehmers vom Baubeschrieb nicht vertraglich vereinbart worden sind und daher auf Kosten des Generalunternehmers gehen (vgl. aber N. 322). Im Prozess erweist sich nämlich die vertragliche Vereinbarung, dass auch Bestellungsänderungen schriftlich zu vereinbaren sind, oft als nicht leicht durchsetzbar. Des Öftern nimmt das Gericht an, die Ausführung der Bestellungsänderungen seien vom Bauherrn erkannt worden oder wenigstens erkennbar gewesen, weshalb eine Berufung auf die vereinbarte Formvorschrift als rechtsmissbräuchlich erscheine.

38. Parteiwechsel und Abtretung

Ziff. 38.1
Rechte und Pflichten aus dem Generalunternehmer-Werkvertrag können nur mit schriftlicher Genehmigung der anderen Vertragspartei gesamthaft auf einen Dritten übertragen werden (Parteiwechsel).

Die Zustimmung zum Parteiwechsel kann nicht verweigert werden, wenn der neue Vertragspartner mit dem Austretenden wirtschaftlich eng verbunden ist und letzterer für die Erfüllung des Vertrags eine hinreichende Sicherheit leistet.

Grundsätzlich ist zu unterscheiden zwischen dem Parteiwechsel einerseits, d.h. dem Ausscheiden einer Partei aus dem Vertragsverhältnis mit der Folge ihrer Ablösung in ihrer gesamten Rechtsstellung durch einen Dritten, und der Abtretung anderseits, d.h. der vertraglichen Übertragung einzelner Forderungen oder Rechte aus dem Vertragsverhältnis auf einen Dritten. Ziff. 38 AVB regelt den Parteiwechsel. Wird eine Partei durch einen Dritten ersetzt, liegt eine Vertragsübernahme vor, die auf einer Vereinbarung zwischen allen Beteiligten beruht (Gauch, Werkvertrag, N. 1498). Im Fall des Bauherrenwechsels gehen auch alle Mängelrechte auf den Dritten über. 618

Ziff. 38.2

Im Falle des Verkaufs des Bauwerks nach der Bauabnahme ist der Bauherr berechtigt, seine Gewährleistungsrechte gegenüber dem Generalunternehmer gesamthaft einem Käufer abzutreten, soweit diese abtretbar sind. Der Käufer ist in diesem Fall auch zur selbstständigen Prüfung des Bauwerks und zur Mängelrüge ermächtigt.

Die Abtretung der Gewährleistungsrechte an verschiedene Käufer (z.B. Stockwerkeigentum) bedarf einer besonderen vertraglichen Vereinbarung.

Jede Abtretung ist dem Generalunternehmer unverzüglich schriftlich anzuzeigen.

Die AVB enthalten kein in der Praxis häufig anzutreffendes allgemeines Zessions- und Verpfändungsverbot. Dem Bauherrn ist deshalb zu empfehlen, die zur Vermeidung von Bauhandwerkerpfandrechten zu vereinbarende Möglichkeit von Direktzahlungen an die Subunternehmer auch für den Fall zu vereinbaren, dass der Generalunternehmer Forderungen gegenüber der Bauherrschaft abtritt. 619

Ziff. 38.2 AVB regelt lediglich den Fall der Abtretung von Gewährleistungsrechten und zwar nur seitens des Bauherrn. 620

Nach herrschender Lehre und Rechtsprechung ist das primäre Wandelungs- und Minderungsrecht als akzessorisches Gestaltungsrecht unlösbar mit dem 621

I. Schlussbestimmungen

Werkvertrag verbunden. Es kann nicht vom Vertrag getrennt und somit auch nicht vom Bauherrn auf einen Dritten übertragen werden (zur Systematik der Mängelrechte vgl. die N. 595 ff. zu Ziff. 36.1 AVB). Daran vermag auch die Zustimmung des Generalunternehmers nichts zu ändern. Abtretbar sind indessen die Forderungen nach Ausübung des Gestaltungsrechts als sekundäre Mängelrechte aus der erklärten Wandelung oder Minderung auf die ganze oder teilweise Rückleistung der bezahlten Vergütung. Abtretbar sind zudem grundsätzlich das Nachbesserungsrecht und das Forderungsrecht auf Ersatz des Mangelfolgeschadens (soweit Letzterer geschuldet ist; vgl. Ziff. 34.5 AVB).

622 Eine andere Lehrmeinung vertritt dagegen die Auffassung, dass die Natur des Rechtsverhältnisses grundsätzlich der gesonderten Abtretung einzelner primärer Mängelrechte entgegensteht. Als Grund dafür wird angeführt, dass die Abtretung eines einzelnen alternativen Mängelrechts vor der Ausübung des Gestaltungsrechts zu einer Aufsplitterung der Rechtsposition des Bestellers führen würde. Dagegen sei eine gesamte Abtretung aller primären Mängelrechte «im Bündel» zulässig (Koller, N. 19).

623 Grundsätzlich bedarf die Abtretung von Mängelrechten keiner Einwilligung des Generalunternehmers (Art. 164 Abs. 1 OR). Abs. 2 von Ziff. 38.2 AVB regelt, dass die Abtretung von Gewährleistungsrechten an eine Mehrheit von Personen der Zustimmung des Generalunternehmers bedarf. Es soll verhindert werden, dass der Generalunternehmer einer grösseren Anzahl von Rechtsnachfolgern des Bauherrn gegenübersteht, welche verschiedene Gewährleistungsansprüche geltend machen. Eine Verletzung dieser Vertragsbestimmung schützt den Generalunternehmer allerdings dann nicht, wenn sich die Käufer als Zessionare auf Art. 164 Abs. 2 OR berufen können. Danach kann der Generalunternehmer den Käufern das Abtretungsverbot nicht entgegenhalten, wenn die abgetretene Forderung in einer den Käufern vorgelegten Urkunde verankert ist, die über das Abtretungsverbot nichts aussagt (vgl. Honsell/Vogt/Wiegand, Art. 164 OR, N. 57). In diesem Fall hat der Generalunternehmer lediglich einen Schadenersatzanspruch gegenüber dem Bauherrn wegen Verletzung von Ziff. 38.2 Abs. 2 AVB.

Ziff. 38.3

Nach erfolgter Bauabnahme kann der Bauherr vom Generalunternehmer jederzeit die Abtretung sämtlicher Gewährleistungsrechte gegenüber des-

sen Beauftragten, Subunternehmern und Lieferanten verlangen, soweit diese Rechte abtretbar sind.

Mit der vom Bauherrn verlangten Abtretung aller abtretbaren Gewährleistungsrechte erlischt die gesamte Mängelhaftung des Generalunternehmers.

Diese Regelung begünstigt den Bauherrn, ohne dass der Generalunternehmer dadurch benachteiligt wird. Aufgrund der Abtretung kann der Bauherr direkt gegen die Subunternehmer vorgehen, falls ihm dies praktikabler erscheint oder der Generalunternehmer die Leistungen nicht mehr erbringen kann (z.B. bei Zahlungsunfähigkeit). Da der Bauherr «jederzeit» die Abtretung vom Generalunternehmer verlangen kann, ist er bei der Ausübung des Abtretungsanspruchs auch in zeitlicher Hinsicht flexibel, was einen weiteren Vorteil für den Bauherrn darstellt. 624

Abs. 2 dieser Bestimmung dient dem Schutz des Generalunternehmers, denn dieser hat nach einer Abtretung seiner Gewährleistungsrechte keine Regressansprüche mehr gegenüber seinen Subunternehmern. 625

Auch wenn nur einzelne und nicht alle Gewährleistungsrechte abgetreten werden können, wird der Generalunternehmer gemäss dem Text der AVB vollumfänglich von seiner Haftung befreit. Falls der Rechtsauffassung gefolgt wird, dass die Abtretung der Mängelrechte «im Bündel» zulässig sei, ist die Regelung ausgewogen; andernfalls kann der Bauherr gewisse Mängelrechte verlieren (vgl. N. 619 ff. zu Ziff. 38.2 AVB). 626

39. Vorzeitige Vertragsauflösung

Grundsätzlich sind Verträge einzuhalten. Wird ein Generalunternehmer-Werkvertrag abgeschlossen, hat daher der Generalunternehmer das Werk zu erstellen und der Bauherr den Werkpreis zu bezahlen. Das Werkvertragsrecht sieht aber Möglichkeiten des Bauherrn zu einer vorzeitigen Vertragsauflösung vor. 627

Art. 377 OR

Gemäss Art. 377 OR kann das Rücktrittsrecht jederzeit, somit auch vor Beginn des Werks und kurz vor dessen Vollendung ausgeübt werden. Mit der 628

I. Schlussbestimmungen

Vollendung des Werks ist das Rücktrittsrecht verwirkt (BGE 117 II 276). Auch ein teilweiser Rücktritt ist zulässig. Der Rücktritt stellt eigentlich eine *Kündigung* dar, da er lediglich eine Vertragsauflösung «ex nunc», d.h. für die Zukunft und ohne rückwirkende Kraft, zur Folge hat (BGE 117 II 276, Gauch, Werkvertrag, N. 528). Die Ausübung des Gestaltungsrechts ist unwiderruflich. Es darf nicht mit Bedingungen ausgeübt werden, die zu einer Ungewissheit des Generalunternehmers führen.

629 Der bis zum Rücktritt geleistete Aufwand des Generalunternehmers und die von ihm beschafften Werkstoffe sind zu vergüten. Der Bauherr hat Anspruch auf Ablieferung des unvollendeten Werks und die vertraglichen Gewährleistungsrechte (BGE 116 II 452 f.).

630 Die *Vergütung* bemisst sich aufgrund der vertraglichen Preisabrede bzw. bei Fehlen einer solchen nach Massgabe des Werts der Arbeit und der Aufwendungen des Unternehmers (Art. 374 OR). Der Bauherr schuldet zusätzlich zur Vergütung *volle Schadloshaltung,* die dem Ersatz des positiven Vertragsinteresses entspricht (BGE 117 II 277). Der Generalunternehmer hat Anspruch auf Ersatz des Erfüllungsinteresses und dabei insbesondere des entgangenen Gewinns. Der Generalunternehmer ist so zu stellen, wie wenn er gegen Vollendung des geschuldeten Werks auch den Rest der Vergütung erhalten hätte. Anrechnen zu lassen hat sich der Generalunternehmer, was er durch anderweitige Verwendung seiner frei gewordenen Kräfte tatsächlich erworben oder was er absichtlich zu erwerben unterlassen hat (Gauch, Werkvertrag, N. 549). Zu beachten ist aber, dass das Bundesgericht in einem neueren Entscheid (BGE 129 III 738) seine frühere Praxis, wonach die Ersatzforderung nur und in demselben Zeitpunkt fällig wird, in dem die Erfüllung bei ordnungsgemässer Vertragsentwicklung hätte verlangt werden können (BGE 117 II 278), aufgibt. Das Bundesgericht reagierte damit auf die in der Literatur geäusserte Kritik zu BGE 117 II 278 und erklärte, an der bisherigen Rechtsprechung könne nicht festgehalten werden. Der Anspruch des Unternehmers werde mit der Auflösung des Vertrags fällig.

631 Die Schadenersatzforderung ist gemäss herrschender Lehre nach der Additionsmethode (positive Berechnungsmethode) zu berechnen (Gauch, Werkvertrag, N. 546 ff.; BGE 69 II 146; a.M. BGE 96 II 197, wonach auf die Umstände des konkreten Falls und die Beweismöglichkeiten abzustellen sei). Gemäss Additionsmethode wird zu den tatsächlichen Aufwendungen des Generalunternehmers der Bruttogewinn addiert, welcher bei ordnungsgemässer Vertragsbeendigung erzielt worden wäre. Gemäss Abzugsmetho-

de werden die durch die vorzeitige Beendigung des Vertragsverhältnisses bewirkten Einsparungen des Generalunternehmers und ein anderweitig erzielter Gewinn vom vereinbarten Werkpreis abgezogen (Gauch, Werkvertrag, N. 551; vgl. Art. 184 Abs. 2 SIA-Norm 118).

Die herrschende Lehre schliesst eine Reduktion der Schadenersatzpflicht dann nicht aus, wenn der Bauherr aufgrund des Verhaltens des Generalunternehmers zum Rücktritt veranlasst wurde, indessen nicht gestützt auf eine andere Norm hätte vorgehen können (in BGE 117 II 276 ff. offen gelassen, vgl. die Übersicht bei Gauch, Werkvertrag, N. 567 ff.). 632

Der Rücktritt und dessen Zeitpunkt hat derjenige zu beweisen, der daraus Rechte ableitet (Art. 8 ZGB). Der Generalunternehmer hat den Schaden (bisherige Aufwendungen und entgangener Gewinn) nachzuweisen, was auch gilt, wenn die Abzugsmethode zugelassen wird (Honsell/Vogt/Wiegand, Art. 377 OR, N. 22). 633

Art. 366 OR

Gemäss Art. 366 OR soll der Bauherr den Ablieferungstermin nicht tatenlos abwarten müssen, wenn sich klar abzeichnet, dass der Generalunternehmer seine Werkleistung nicht rechtzeitig oder nicht mängelfrei wird erbringen können (Honsell/Vogt/Wiegand, Art. 366 OR, N. 1). 634

Eine mangelhafte Erstellung lässt sich bestimmt voraussehen, wenn klar erkennbar ist, dass das Werk bei seiner Beendigung einen Werkmangel aufweisen wird (Honsell/Vogt/Wiegand, Art. 366 OR, N. 32). 635

Als sonst vertragswidrige Erstellung ist jegliche Vertragsverletzung bei der Ausführung des Werks, mit Ausnahme der nicht rechtzeitigen Ausführung i.S.v. Art. 366 Abs. 1 OR, zu betrachten (Gauch, Werkvertrag, N. 877, a.M. BK-Koller, Art. 366 OR, N. 520 f.). 636

Da ein *Anwendungsfall der allgemeinen Verzugsfolgen* vorliegt, muss der Generalunternehmer vorerst durch Mahnung in Verzug gesetzt und ihm daraufhin eine angemessene Nachfrist angesetzt werden. Erst nach Ablauf der Nachfrist kann der Vertragsrücktritt erklärt werden (BGE 115 II 55, 98 II 115). Tritt der Bauherr nach Ablauf der Nachfrist nicht unverzüglich vom Vertrag zurück, so ist ein späterer Rücktritt ohne Ansetzung einer Nachfrist als Rücktritt i.S.v. Art. 377 OR zu betrachten. 637

I. Schlussbestimmungen

638   Ist der *Beginn* weder durch Vertrag noch durch die Natur des Rechtsverhältnisses bestimmt, so hat der Generalunternehmer auf Wunsch des Bestellers sofort mit den Arbeiten zu beginnen (Art. 75 OR). Haben die Parteien einen Ablieferungs- oder Vollendungstermin mit oder ohne Zwischentermine vereinbart, so entspricht es mangels anderer Anhaltspunkte dem hypothetischen Parteiwillen, dass der Generalunternehmer mit dem Arbeitsbeginn so lange zuwarten darf, als die verbleibende Zeit noch ausreicht, um die Werkausführung termingerecht zu erledigen (Gauch, Werkvertrag, N. 674).

639   Eine *Verzögerung* in der Ausführung des Werks setzt voraus, dass verbindliche Zwischentermine vereinbart wurden. Ob ein Bauprogramm verbindlich vereinbart wurde, ist – mangels einer ausdrücklichen Regelung – nach der Natur des Geschäfts und nach den Umständen auszulegen. Die Verbindlichkeit ist nur mit Zurückhaltung anzunehmen. Gemäss Art. 93 SIA-Norm 118 ist das Bauprogramm nur verbindlich, wenn dies in der Vertragsurkunde ausdrücklich so vereinbart wurde (vgl. Ziff. 23 AVB).

640   Die *rechtzeitige Vollendung* ist nicht erst dann nicht mehr vorauszusehen, wenn die verspätete Vollendung unvermeidlich ist. Es genügen ernsthafte Anzeichen dafür, dass der Unternehmer mit der Werkausführung in der bisherigen ungenügenden Weise fortfahren wird (Honsell/Vogt/Wiegand, Art. 366 OR, N. 11). Ob der Generalunternehmer einwenden kann, mit überdurchschnittlicher Arbeitsgeschwindigkeit die rechtzeitige Vollendung noch realisieren zu können, ist umstritten (BK-Koller, Art. 366 OR, N. 138 mit weiteren Verweisen).

641   Das vorausgesetzte Verschulden des Generalunternehmers ist nicht wörtlich zu verstehen. Es genügt, dass den Bauherrn an der Entstehung des Mangels kein Selbstverschulden trifft (Gauch, Werkvertrag, N. 880).

642   Dem Generalunternehmer ist zusammen mit der Ansetzung einer angemessenen Nachfrist die Ersatzvornahme anzudrohen. Wird eine zu kurze Nachfrist angesetzt, setzt dies eine angemessene Frist in Gang (BGE 91 II 351), es sei denn, der Generalunternehmer habe gegen die kurze Dauer der Frist nicht protestiert (BGE 116 II 440).

643   Das Recht der Ersatzvornahme schliesst weitere Rechtsbehelfe nicht aus. Sind die Voraussetzungen für die Anwendung von Art. 366 Abs. 2 OR erfüllt, kann der Bauherr die Wahlrechte gemäss Art. 107 Abs. 2 OR wahrnehmen. Es steht ihm somit zu, auf die versprochene Leistung zu verzichten und Schadenersatz zu verlangen (BGE 126 III 234 f.).

Der Rücktritt gestützt auf Art. 366 Abs. 1 OR führt zur *Vertragsauflösung ex tunc* und begründet ein Rückabwicklungsverhältnis. Der Bauherr hat aber auch das Recht, beim bereits begonnenen Werk den Vertrag gegen Vergütung der bereits geleisteten Arbeit ex nunc aufzulösen (BGE 116 II 452). Gestützt auf Art. 109 Abs. 2 OR kann der Bauherr zudem Ersatz des aus dem Dahinfallen des Vertrags erwachsenen Schadens geltend machen. 644

Die Bestimmung ist analog auch auf die Nachbesserung gemäss Art. 368 Abs. 2 OR anwendbar. Für eine entsprechende Nachbesserung auf Kosten des Generalunternehmers muss keine Zustimmung des Richters eingeholt werden (BGE 107 II 55 f.). 645

Ziff. 39.1

Der Bauherr ist berechtigt, bei Vorliegen wichtiger Gründe vom Werkvertrag zurückzutreten.

Als wichtige Gründe gelten insbesondere eingetretene oder drohende Zahlungs- oder Handlungsunfähigkeit des Generalunternehmers, vom Generalunternehmer verschuldete Unmöglichkeit der rechtzeitigen und vertragsgemässen Fertigstellung des Bauwerks, sowie andere schwere und wiederholte Verletzungen der vertraglichen Pflichten.

Bei vorzeitiger Vertragsauflösung durch den Bauherrn ist der Generalunternehmer verpflichtet, sämtliche für die Fertigstellung des Bauwerks notwendigen Unterlagen herauszugeben und die mit den Subunternehmern und Lieferanten abgeschlossenen Verträge abzutreten.

Gemäss Art. 184 SIA-Norm 118 gilt im Sinne von Art. 377 OR das freie Rücktrittsrecht des Bauherrn (vgl. N. 628 ff. hievor). 646

Die 1995 neu in die AVB aufgenommene Ziff. 39.1 schränkt dieses freie Rücktrittsrecht des Bauherrn in dem Sinne ein, dass dem Bauherrn nur beim Vorliegen wichtiger Gründe ein Rücktrittsrecht zusteht. Zu beachten ist immerhin, dass dem Bauherrn die Möglichkeit nicht genommen ist, auch ohne wichtigen Grund das Bauvorhaben wesentlich zu reduzieren. In diesem Fall steht dem Generalunternehmer allerdings ein Anspruch auf volle Schadloshaltung zu (vgl. Ziff. 21.6 AVB). 647

Das Bundesgericht liess offen, ob Art. 377 OR dispositiver Natur sei (BGE 117 II 276; bejaht in unveröffentlichtem Teil des BGE 114 II 53 bei Merz in 648

ZBJV 126/1990, 276). Die Lehre vertritt differenzierte Meinungen (Gauch, Werkvertrag, N. 583 ff.; ZK-Bühler, Art. 377 OR, N. 8 ff.). Auf einen Rücktritt aus wichtigem Grund kann nicht im Voraus verzichtet werden (BGE 89 II 35 f.; Gauch, Werkvertrag, N. 583).

649 Ein wichtiger Grund liegt dann vor, wenn es dem Bauherrn unzumutbar ist, den Vertrag fortzuführen (Trümpy-Jäger, S. 138). Ziff. 39.1 Abs. 2 AVB führt zur Verdeutlichung dieses Begriffs eine nicht abschliessende Aufzählung von Beispielen an.

650 Verschiedentlich werden die wichtigen Gründe in Generalunternehmer-Werkverträgen näher präzisiert. So wird beispielsweise vereinbart, dass der Bauherr berechtigt ist, vom Vertrag zurückzutreten, wenn der Generalunternehmer ohne triftigen Grund nicht innerhalb von 30 Tagen nach Unterzeichnung des Vertrags bzw. nach Vorliegen der rechtskräftigen Baubewilligung mit Ausführung der Arbeiten beginnt, wenn er ohne akzeptablen Grund oder willkürlich den Fortgang der Arbeiten für länger als 60 Tage unterbricht, wenn er schriftliche Anordnungen des Bauherrn offenkundig missachtet oder sich weigert, das Resultat vertragswidriger Arbeiten oder untaugliches Material von der Baustelle zu entfernen, wenn er die Bestimmungen des Generalunternehmervertrags bezüglich die Vertragsverhältnisse mit den Unternehmern, Lieferanten und Spezialisten missachtet, wenn er mit der Beschlagnahme seines Vermögens konfrontiert wird usw.

651 Zur Minderung der Gefahr, dass ein Vertragsrücktritt notwendig wird, kann insbesondere für den Fall eines strittigen Zweifels an der Solvenz des Generalunternehmers als eine Art Vorstufe des Rücktritts eine Sicherstellung vereinbart werden. So kann beispielsweise vereinbart werden, dass der Bauherr vom Generalunternehmer eine Sicherstellung für die vollumfängliche Erfüllung der vertraglichen Pflichten des Generalunternehmers in Form einer Garantie verlangen kann, falls der Bauherr berechtigte Zweifel an der Solvenz des Generalunternehmers hat. So könnte die Garantie dem Werkpreis der noch nicht fertiggestellten Arbeiten sowie einem Zuschlag für allenfalls auftretende Mängel im Umfang von 10 % des Werkpreises entsprechen und eine Gültigkeit bis ein Jahr nach der Abnahme des gesamten Bauwerks durch den Bauherrn aufweisen, wobei diese Garantie zusätzlich zu den übrigen Sicherstellungen zu leisten wäre. Ferner kann der Begriff des berechtigten Zweifels dahingehend umschrieben werden, dass diese gegeben sind, falls beispielsweise der Generalunternehmer unbestrittene Schulden erheblich verspätet bezahlt. Sodann kann vereinbart werden, dass der

Bauherr berechtigt ist, vom Vertrag zurückzutreten, falls der Generalunternehmer die geforderte Garantie nicht innert zehn Tagen vorlegt.

Zur Vermeidung eines Bauunterbruchs kann zusätzlich vereinbart werden, dass die für die Ausführung des Werks notwendigen Installationen auf der Baustelle zu verbleiben haben, auch wenn der Werkvertrag vorzeitig aufgelöst wird. Zur weiter gehenden Sicherstellung ist auch eine Vereinbarung dahingehend denkbar, dass die auf der Baustelle befindlichen Installationen während der Bauzeit in das Eigentum des Bauherrn übergehen und nach Vollendung des Werks auf den Generalunternehmer zurückübertragen werden. Diese eher komplizierte Regelung würde auch entsprechende Vereinbarungen zwischen dem Generalunternehmer und seinen Subunternehmern voraussetzen. 652

Einen Sonderfall der Kündigung regelt Art. 375 OR, wonach der Bauherr während und nach der Ausführung des Werks vom Vertrag zurücktreten kann, wenn ein mit dem Generalunternehmer verabredeter Kostenansatz ohne Zutun des Bauherrn unverhältnismässig überschritten wird. Diese subsidiäre Regelung ist für die Vertragsvariante mit Preisbestimmung nach offener Abrechnung relevant, denn dieser liegt mindestens eine Kostenschätzung zugrunde (vgl. N. 272 zu Ziff. 16.1 AVB; Ziff. 4.3 Vurk, Variante offene Abrechnung). Die Vertragsauflösung kann durch den Generalunternehmer verhindert werden, indem er auf den Werkpreis soweit verbindlich verzichtet, als dieser die Toleranzgrenze übersteigt. Eine solche Verzichtserklärung beseitigt sogar die bereits eingetretene Vertragsauflösung, wenn sie der Generalunternehmer unmittelbar nach Erhalt der Rücktrittserklärung abgibt. Auf den Rechtsbehelf von Art. 375 OR verzichtet der Bauherr allerdings dann, wenn er in Kenntnis der Sachlage Zahlungen leistet oder anderweitig sein ausdrückliches Einverständnis mit den Mehrkosten kundtut (Trümpy-Jäger, S. 140). 653

Bauverzögerungen sind primär durch die Konventionalstrafe gemäss Ziff. 3.7 Abs. 1 Vurk abgedeckt. Nach Ziff. 3.7 Abs. 2 Vurk verzichtet der Bauherr nicht nur auf Schadenersatzansprüche, die über den Höchstbetrag der vereinbarten Konventionalstrafe hinausgehen, sondern auch auf einen Rücktritt vom Vertrag infolge Verzug (vgl. N. 340 zu Ziff. 23 AVB). Diese Regelung gilt indessen nicht bei Verzug des Generalunternehmers vor Eintritt des Ablieferungstermins. Für diesen Fall gewährt Ziff. 39.1 AVB dem Bauherrn das Recht im Sinne von Art. 366 Abs. 1 OR, vom Vertrag zurückzutreten, ohne den Ablieferungstermin abzuwarten. 654

I. Schlussbestimmungen

655 Mit der Pflicht des Generalunternehmers, die mit den Subunternehmern und Lieferanten abgeschlossenen Verträge dem Bauherrn abzutreten, ist ein Parteiwechsel gemeint. Dieser erfordert das Einverständnis der Subunternehmer und Lieferanten. Damit auch die Mitwirkung dieser Baubeteiligten sichergestellt ist, ist zusätzlich zu Ziff. 39.1 Abs. 3 AVB zwischen dem Bauherrn und dem Generalunternehmer zu vereinbaren, dass Letzterer sich verpflichtet, in seine Verträge mit den Subunternehmern und Lieferanten die Klausel aufzunehmen, dass diese verpflichtet sind, im Falle eines vorzeitigen Rücktritts den Parteiwechsel vom Generalunternehmer zum Bauherrn zu akzeptieren.

656 Aus Abs. 3 von Ziff. 39.1 AVB kann abgeleitet werden, dass der Bauherr ein Recht auf Rücktritt im Sinne einer Kündigung hat (vgl. Gauch, Werkvertrag, N. 683 ff.). Der Generalunternehmer ist verpflichtet, das unvollendete Werk in mangelfreiem Zustand abzuliefern. Er ist ferner verpflichtet, dem Bauherrn eine allfällige Weiterführung der Bauarbeiten zu erleichtern, indem er etwa die Baugerüste stehen lässt (gegen Entschädigung) und die ihm gegen seine Subunternehmer zustehenden Ansprüche an den Bauherrn abtritt, sofern dieser es verlangt, die Ansprüche der Subunternehmer gegen den Generalunternehmer übernimmt und nötigenfalls sicherstellt (Mosimann, S. 138; vgl. auch Art. 186 Abs. 2 und 3 SIA-Norm 118).

657 Die Pflicht, die notwendigen Unterlagen herauszugeben, gilt für den Fall des vorzeitigen Rücktritts des Bauherrn aus wichtigen Gründen. Falls dieses Recht zwischen den Parteien strittig ist, wird auch offen sein, ob der Generalunternehmer berechtigt ist, seine Unterlagen zurückzuhalten. Gemäss Ziff. 39.1 AVB ist die Verpflichtung, die notwendigen Unterlagen herauszugeben, an die vorzeitige Vertragsauflösung durch den Bauherrn geknüpft. Es ist daher davon auszugehen, dass das Rückbehaltsrecht gemäss Art. 82 OR wegbedungen ist, unabhängig davon, ob der vorzeitige Rücktritt durch einen wichtigen Grund begründet war.

Ziff. 39.2

Der Generalunternehmer ist berechtigt, bei Vorliegen wichtiger Gründe die Bauarbeiten einzustellen und/oder vom Werkvertrag zurückzutreten.

Als wichtige Gründe gelten insbesondere eingetretene oder drohende Zahlungs- oder Handlungsunfähigkeit des Bauherrn, dauernde Zahlungsrückstände, vom Bauherrn verschuldete Unmöglichkeit der vertragsgemässen

Fertigstellung des Bauwerks, sowie andere schwere und wiederholte Verletzungen der vertraglichen Pflichten.

Stellt der Generalunternehmer die Bauarbeiten aus wichtigen Gründen ein, so hat er diese unverzüglich wieder aufzunehmen, falls die Gründe wegfallen oder der Bauherr hinreichende Sicherheiten leistet.

Entgegen Art. 377 OR steht auch dem Generalunternehmer das Recht auf vorzeitige Vertragsbeendigung zu. Analog zur Beschränkung des Rücktrittsrechtes des Bauherrn auf wichtige Gründe steht auch dem Generalunternehmer dieses Recht nur bei wichtigen Gründen zu.   658

Der Generalunternehmer ist zur Arbeitseinstellung befugt, bis er die fälligen Abschlagszahlungen des Bauherrn erhalten hat (da sich dieses Recht auf Art. 82 OR stützt, steht ihm Art. 37 Abs. 1 SIA-Norm 118 nicht entgegen, denn dieser verbietet nur eine vertragswidrige und damit unbefugte Unterbrechung der Arbeit (Gauch, Werkvertrag, N. 1280).   659

Subsidiär sind auch die Art. 107 ff. OR (Schuldnerverzug; vgl. auch Art. 190 Abs. 2 SIA-Norm 118) sowie Art. 83 OR (Recht auf Sicherstellung bei Zahlungsunfähigkeit des Gläubigers) anwendbar.   660

Ziff. 39.2 Abs. 1 AVB spricht sowohl vom Rücktritt als auch von der Arbeitseinstellung. Dieses Wahlrecht ist insbesondere bei der Ankündigung der Einstellung der Bauarbeiten zu beachten, denn die Rücktrittserklärung stellt im Gegensatz zur blossen Einstellung der Arbeit die Ausübung eines Gestaltungsrechts dar und ist unwiderruflich. Die Wiederaufnahme der Bauarbeiten nach einem Vertragsrücktritt könnte allenfalls einem neuen Vertragsabschluss gleichkommen, wenn bewiesen ist, dass ein neuer mündlicher Werkvertrag ohne Schriftform zustande gekommen ist. In diesem Falle dürfte vermutet werden, dass wiederum ein VSGU-Vertrag vereinbart worden ist.   661

Ziff. 39.3

Der Vertragsrücktritt aus wichtigen Gründen ist 20 Tage im Voraus schriftlich anzuzeigen und zu begründen.

Die Rücktrittserklärung fällt dahin, falls die im Verzug befindliche Partei vor Ablauf der Anzeigefrist eine für die vollständige Erfüllung hinreichende Sicherheit leistet.

I. Schlussbestimmungen

Die vorzeitige Vertragsauflösung steht in allen Fällen unter dem Vorbehalt der gesetzlichen und vertraglichen Schadenersatzansprüche beider Parteien.

662 Abs. 2 dieser Bestimmung schränkt den Rücktritt einer Partei gemäss Ziff. 39 AVB insoweit ein, als dieser unter dem Vorbehalt der Resolutivbedingung steht, dass die Gegenpartei innert Frist den Rücktrittsgrund mittels hinreichender Sicherheitsleistung beseitigt.

663 Die Vertragsauflösung aus wichtigem Grund durch den Bauherrn ist ein Anwendungsfall von Art. 377 OR. Analog gilt dies auch für den Generalunternehmer (Gauch, Werkvertrag, N. 567, 598). Die Rechtslehre geht davon aus, dass denjenigen, der den Werkvertrag aus wichtigem Grund auflöst, keine Schadenersatzpflicht trifft (für den Bauherrn trotz Art. 377 OR), wenn der wichtige Grund auf einem vorwerfbaren Verhalten der Gegenpartei beruht (Gauch, Werkvertrag, N. 572). Bereits geleistete Arbeit ist soweit zu zahlen, als sie der Bauherr verwerten kann. Inwiefern ein Vertragsrücktritt aus wichtigem Grund eine Schadenersatzpflicht beim Vertragspartner auslöst, ist eine Ermessensfrage, die der Richter nach Recht und Billigkeit entscheiden muss (Gauch, Werkvertrag, N. 573).

664 Im Gegensatz zum OR, wo für die Rücktrittserklärung keine besondere Form vorgesehen ist, verlangt Ziff. 39.3 AVB sowohl die schriftliche Form als auch eine Begründung. Der Ausschluss eines stillschweigenden Rücktritts erhöht die Rechtssicherheit zwischen den Parteien. Dadurch werden allfällige Unklarheiten über die Bedeutung des Verhaltens der zurücktretenden Partei geklärt.

40. Streitigkeiten und Gerichtsstand

Ziff. 40.1

Die Parteien bemühen sich, allfällige Streitigkeiten über Entstehung, Auslegung und Erfüllung des Generalunternehmer-Werkvertrags wenn möglich auf dem Verhandlungsweg zu erledigen.

Ziff. 40.2

Jede Partei ist berechtigt, die Schlichtungsstelle des Verbandes Schweizerischer Generalunternehmer VSGU zur Teilnahme an der Einigungsverhandlung einzuladen.

Ohne anderweitige Vereinbarung hat der Vertreter der Schlichtungsstelle ausschliesslich beratende Funktion.

Die Durchführung eines Schlichtungsverfahrens hat nur dann einen Sinn, wenn davon ausgegangen werden kann, dass beide Parteien eine aussergerichtliche Einigung anstreben. Die Bestimmung sieht deshalb zu Recht keine Verpflichtung der Parteien vor, an einem Schlichtungsverfahren teilzunehmen. 665

Eine vor der Schlichtungsstelle des VSGU getroffene Vereinbarung ist kein Gerichtsurteil. Soweit sie eine Schuldanerkennung enthält, stellt sie lediglich einen provisorischen Rechtsöffnungstitel dar. 666

Ziff. 40.3

Kommt auf dem Verhandlungsweg keine Einigung zustande, so wird der Streitfall durch die ordentliche Gerichtsbarkeit entschieden.

Falls in Ziff. 10.2 Vurk die örtliche Zuständigkeit des staatlichen Gerichts nicht bestimmt worden ist, ist für inländische Rechtsstreitigkeiten nach den Regeln des schweizerischen Gerichtsstandsgesetzes vorzugehen. Im Vordergrund stehen der Wohnsitz bzw. Sitz des Beklagten sowie der Ort der gelegenen Sache. 667

Das Schlichtungsverfahren des VSGU ersetzt die Sühnverfahren der verschiedenen staatlichen Prozessordnungen nicht. 668

Die AVB sehen ein Schiedsgerichtsverfahren auch als blosse Alternative zum staatlichen Zivilprozess nicht vor. Den Parteien ist es indessen unbenommen, individuell im Rahmen des Vertragsabschlusses oder zu jedem späteren Zeitpunkt eine Schiedsgerichtsklausel bzw. die Durchführung eines Schiedsgerichtsverfahrens zu vereinbaren. 669

Die staatlichen Gerichte und insbesondere die Handelsgerichte verfügen über eine grosse Prozesserfahrung, allenfalls auch über Fachrichter, und die Prozesskosten dürften diejenigen eines Schiedsgerichtsverfahrens regelmäs- 670

I. Schlussbestimmungen

sig nicht übersteigen. Die Verfahrensdauer der staatlichen Gerichtsverfahren ist nicht ohne weiteres länger als diejenige der Schiedsgerichtsverfahren.

671 Für die Vereinbarung eines Schiedsgerichts spricht, dass das Verfahren eigenständig und damit allenfalls einfacher geregelt werden kann, doch dürfen diese Verfahrensvereinfachungen nicht überschätzt werden, da auch die Schiedsgerichte den minimalen rechtsstaatlichen Ansprüchen zu genügen haben. Hauptsächlicher Grund für die Vereinbarung eines Schiedsgerichtsverfahrens wird der Umstand sein, dass die Anrufung eines Schiedsgerichts als freundschaftliche Streiterledigung gilt, und dass die Öffentlichkeit regelmässig von den Verhandlungen ausgeschlossen ist, womit unter anderem vermieden werden kann, dass Fabrikations- oder Geschäftsgeheimnisse bekannt werden oder die wirtschaftliche Lage eines Unternehmens an die Öffentlichkeit dringt.

672 Unter Schiedsgerichtsbarkeit versteht man eine auf Vereinbarung beruhende Gerichtsbarkeit, die im Bereich des privaten Rechts zur Entscheidung von Rechtsstreitigkeiten anstelle der staatlichen Gerichte angerufen wird (Rüede/Hadenfeldt, S. 3). Der Vertragsinhalt von Schiedsgerichtsvereinbarungen ist klar von anderen Schiedsverträgen abzugrenzen. Kein Schiedsgericht, sondern ein Schiedsgutachter wird bestimmt, wenn ein neutraler Dritter lediglich Tatsachen feststellen soll, die für ein Rechtsverhältnis erheblich sind. Ist beispielsweise nur die Schadenshöhe, nicht aber die Verantwortlichkeit strittig, genügt die Bestellung eines Schiedsgutachters. Keine Schiedsgerichte sind ferner vorgeschaltete Schlichtungsstellen und ähnliche Einrichtungen, die nicht endgültig entscheiden. Dies gilt insbesondere für die Schlichtungsstelle des VSGU gemäss Ziff. 40.2 AVB. Auch die anderen Organe des VSGU sind keine Schiedsgerichte, falls sie als statutarische Aufsichtsorgane Massnahmen gegen ihre Mitglieder beschliessen.

673 Die Schiedsgerichtsabrede bedarf der schriftlichen Form (Rüede/Hadenfeldt, S. 63). Notwendiger Inhalt ist lediglich, dass die Parteien ihren Willen zum Ausdruck bringen, eine Rechtsstreitigkeit durch ein Schiedsgericht beurteilen zu lassen. Fehlen weitere Angaben, gelten die gesetzlichen subsidiären Regeln (Rüede/Hadenfeldt, S. 70). Es empfiehlt sich indessen, zusätzlich wenigstens den Sitz des Schiedsgerichts, die Anzahl Schiedsrichter und allenfalls die Verfahrensart (z.B. gemäss SIA-Norm 150 oder gemäss den Regeln der Handelskammer Zürich) zu bestimmen.

Muster GU-Werkvertrag des VSGU

Muster für einen

GENERALUNTERNEHMER-WERKVERTRAG

zwischen

    vertreten durch

    nachstehend als «BAUHERR» bezeichnet

und

    vertreten durch

    nachstehend als «GENERALUNTERNEHMER» bezeichnet,

---

1. GEGENSTAND DES VERTRAGS

1.1   Der Bauherr überträgt hiermit dem Generalunternehmer die Erstellung des folgenden Bauwerks:

    Grundstück:

    Baubewilligung vom ....

1.2   Im Vertragsumfang inbegriffen sind die Planungsleistungen des Generalunternehmers gemäss Leistungstabelle (Beilage Nr...............).

2. VERTRAGSBESTANDTEILE

2.1 Dieser Generalunternehmer-Werkvertrag besteht aus der vorliegenden Vertragsurkunde und den «Allgemeinen Bedingungen für Generalunternehmer-Werkverträge» (AVB), die beide von den Parteien rechtsgültig unterzeichnet sind.

Folgende Dokumente, in der nachstehenden Reihenfolge, sind Bestandteile dieses Vertrages:

2.1.1 Der Baubeschrieb des Generalunternehmers vom .... (Beilage Nr. ....).

2.1.2 Die Vertragspläne gemäss beiliegender Liste (Beilage Nr. ....).

2.1.3 Die Leistungstabelle für Planungs- und Koordinationsleistungen vom ....(Beilage Nr. ....)

2.1.4 Das Bauprogramm des Generalunternehmers vom .... (Beilage Nr. ....).

2.1.5 Der Zahlungsplan des Generalunternehmers vom .... (Beilage Nr. ....).

2.1.6 Das geologische Gutachten vom .... (Beilage Nr. ....).

2.1.7 ....

2.2 Weitere ergänzende Vertragsbestandteile sind, soweit sie vorgenannten Dokumenten nicht widersprechen:

2.2.1 Die SIA Norm 118.

2.2.2 Die zum Zeitpunkt der Baueingabe geltenden technischen Bedingungen übriger Normen, sofern sie ortsüblich und als Regeln der Bautechnik allgemein anerkannt sind.

2.2.3 Die Bestimmungen des schweizerischen Obligationenrechts.

3. TERMINE

Der Generalunternehmer verpflichtet sich, für die Erstellung des Bauwerks folgende Termine einzuhalten:

3.1 Baubeginn:

3.2 Bereitschaft zur Ingebrauchnahme:

3.3 **Bauabnahme:**

3.4 Vollendung des Bauwerks:

Muster GU-Werkvertrag des VSGU

3.5 Umgebungsarbeiten:

3.6 Verbindliche Zwischentermine:

3.7 Wird die Bereitschaft zur Ingebrauchnahme durch vom Generalunternehmer verschuldete Gründe verzögert, so bezahlt dieser dem Bauherrn eine Konventionalstrafe von Fr. .... pro volle Woche Verspätung, maximal Fr. ....

Über diesen Höchstbetrag hinausgehende Schadenersatzansprüche oder der Rücktritt des Bauherrn vom Vertrag infolge Verzug sind ausgeschlossen.

Bei früherer Bereitschaft zur Ingebrauchnahme hat der Generalunternehmer Anspruch auf eine Prämie in der gleichen Höhe.

4. WERKPREIS

siehe Varianten

5. LEISTUNGEN DES GENERALUNTERNEHMERS

5.1 Im Werkpreis inbegriffen sind sämtliche für die vertragsgemässe Erstellung des Bauwerks notwendigen Leistungen:

    5.1.1 Sämtliche Leistungen und Lieferungen des Generalunternehmers und seiner Subunternehmer und Lieferanten bezüglich der im Baubeschrieb und in den Vertragsplänen festgelegten Ausführung.

    5.1.2 Die Befolgung aller gesetzlichen und behördlichen Vorschriften und Auflagen, die zu folgendem Stichtag in Kraft sind: ....

    5.1.3 Die Honorare und Spesen des Generalunternehmers und seiner Beauftragten, gemäss Leistungstabelle.

    5.1.4 Die Garantie und Risikoübernahme des Generalunternehmers.

    5.1.5 Folgende Gebühren und Abgaben:

5.1.6 Die Prämien für folgende Versicherungen:

– Unternehmerhaftpflichtversicherung

–

5.1.7 Weitere Kosten:

5.2 Nicht im Werkpreis inbegriffen und vom Bauherrn separat zu vergüten sind alle übrigen Kosten, insbesondere:

5.2.1 Die Honorare und Spesen der Beauftragten des Bauherrn.

5.2.2 Folgende Gebühren und Abgaben:

5.2.3 Die Prämien für folgende Versicherungen:

– Bauherrenhaftpflichtversicherung

–

5.2.4 Die Bauzinsen und übrigen mit der Finanzierung zusammenhängenden Kosten.

5.2.5 Entschädigungen an Nachbarn, Mieter und Dritte, sofern sie nicht durch den Generalunternehmer verschuldet sind.

5.2.6 Mehrkosten infolge notwendiger oder vom Bauherrn gewünschter Änderungen, sowie infolge nicht durch den Generalunternehmer verschuldeter Verzögerungen des Bauprogramms.

5.2.7 Weitere Kosten:

6. PROJEKTORGANISATION

6.1 BAUHERR:

    6.1.1 Projektleiter:

    6.1.2 Beauftragte:

6.2 GENERALUNTERNEHMER:

    6.2.1 Projektleiter:

    6.2.2 Beauftragte:

6.3 Die Aufteilung der Teilleistungen und Honorare gemäss SIA-Ordnung 102/103/108 zwischen den Beauftragten des Bauherrn und dem Generalunternehmer erfolgt gemäss der Leistungstabelle für Planungs- und Koordinationsleistungen.

7. SUBUNTERNEHMER UND LIEFERANTEN

7.1 Vorschlagsrecht des Bauherrn für die Submittentenliste des Generalunternehmers:

7.2 Mitspracherecht des Bauherrn für die Vergabe folgender Arbeiten und Lieferungen:

7.3 Folgende Arbeiten und Lieferungen werden an die nachstehenden Subunternehmer und Lieferanten vergeben:

Preisfestsetzung:

Die entsprechenden Verträge werden durch den Generalunternehmer abgeschlossen.

8. SICHERHEITEN

8.1 Sicherheitsleistung des Generalunternehmers:

8.2 Sicherheitsleistung des Bauherrn:

9. BESONDERE VEREINBARUNGEN

10. SCHLUSSBESTIMMUNGEN

10.1 Allfällige Streitigkeiten zwischen den Vertragsparteien, welche nicht auf dem Verhandlungswege geregelt werden können, unterstehen der ordentlichen Gerichtsbarkeit.

10.2 **Als Gerichtsstand wird .... vereinbart.**

Ausgefertigt und unterzeichnet in .... Exemplaren in .... den ....

DER BAUHERR: DER GENERALUNTERNEHMER:

Beilagen

Revidierte Ausgabe 1995

Varianten für die Bestimmung des Werkpreises
(Art. 4 des Vertragsmusters)

Pauschalpreis

4. WERKPREIS

4.1 Der zwischen den Parteien vereinbarte Werkpreis beträgt
Fr. ....
(in Worten:...Franken).

Dieser Betrag versteht sich als **Pauschalpreis**, einschliesslich Bauteuerung.

4.2 Für die folgenden Leistungen ist ein Budgetpreis eingesetzt:

4.3 Für die Berechnung einer allfälligen **zusätzlichen** Bauteuerung (AVB Ziff. 15.2) und der Mehrkosten infolge Erhöhung der indirekten Steuern ist der Stand am .... massgebend.
Berechnungsmodus für die Bauteuerung:

4.4 Für allfällige Arbeiten auf Abrechnung hat der Generalunternehmer Anspruch auf die entsprechenden Honorare gemäss Leistungstabelle sowie eine Risikoentschädigung von .... %.

GENERALUNTERNEHMER-WERKVERTRAG
Revidierte Ausgabe 1995

Varianten für die Bestimmung des Werkpreises
(Art. 4 des Vertragsmusters)

Globalpreis

4. WERKPREIS

4.1 Der zwischen den Parteien vereinbarte Werkpreis beträgt
Fr. ....
(in Worten:..Franken).

Dieser Betrag versteht sich als **Globalpreis**, ausschliesslich Bauteuerung.

4.2 Für die folgenden Leistungen ist ein Budgetpreis eingesetzt:

4.3 Für die Berechnung der Bauteuerung und der allfälligen Mehrkosten infolge Erhöhung der indirekten Steuern ist der Stand am .... massgebend.
Berechnungsmodus für die Bauteuerung:

4.4 Für allfällige Arbeiten auf Abrechnung hat der Generalunternehmer Anspruch auf die entsprechenden Honorare gemäss Leistungstabelle sowie eine Risikoentschädigung von ...... %.

GENERALUNTERNEHMER-WERKVERTRAG
Revidierte Ausgabe 1995

Varianten für die Bestimmung des Werkpreises
(Art. 4 des Vertragsmusters)

Offene Abrechnung

4. WERKPREIS

4.1 Die Bestimmung des Werkpreises erfolgt in offener Abrechnung.

4.2 Der Generalunternehmer hat Anspruch auf die Honorare gemäss Leistungstabelle sowie eine Risikoentschädigung von .... % auf der gesamten Abrechnungssumme.

4.3 Die Kostenschätzung beträgt Fr. ....
(in Worten: .... Franken),
mit einer Genauigkeit von .... %.

GENERALUNTERNEHMER-WERKVERTRAG
Revidierte Ausgabe 1995

Varianten für die Bestimmung des Werkpreises
(Art. 4 des Vertragsmusters)

Offene Abrechnung mit Kostendach ausschliesslich Bauteuerung

4. WERKPREIS

4.1 Das zwischen den Parteien vereinbarte **Kostendach ausschliesslich Bauteuerung** beträgt Fr. ....
(in Worten: .... Franken).

Eine allfällige Anpassung des Kostendachs erfolgt sinngemäss nach den Bestimmungen über den Globalpreis.

4.2 Für die folgenden Leistungen ist ein Budgetpreis eingesetzt:

4.3 Für die Anpassung des Kostendachs an die Bauteuerung und die allfälligen Mehrkosten infolge Erhöhung der indirekten Steuern ist der Stand am .... massgebend.

Berechnungsmodus für die Bauteuerung:

4.4 Die Bestimmung des definitiven Werkpreises erfolgt in offener Abrechnung.

4.5 Der Generalunternehmer hat Anspruch auf die Honorare gemäss Leistungstabelle sowie eine Risikoentschädigung von ...... % auf der gesamten Abrechnungssumme.

4.6 Überschreitet der Gesamtbetrag der Schlussabrechnung - einschliesslich Honorare und Risikoentschädigung des Generalunternehmers - das angepasste Kostendach, so geht die Kostendifferenz vollumfänglich zu Lasten des Generalunternehmers.

4.7 Liegt der Gesamtbetrag der Schlussabrechnung unter dem angepassten Kostendach, so hat der Generalunternehmer Anspruch auf ...... % der Kostendifferenz.

GENERALUNTERNEHMER-WERKVERTRAG
Revidierte Ausgabe 1995

Varianten für die Bestimmung des Werkpreises
(Art. 4 des Vertragsmusters)

Offene Abrechnung mit Kostendach einschliesslich Bauteuerung

4. WERKPREIS

4.1 Das zwischen den Parteien vereinbarte **Kostendach einschliesslich Bauteuerung** beträgt Fr. ....
(in Worten: .... Franken).

Eine allfällige Anpassung des Kostendachs erfolgt sinngemäss nach den Bestimmungen über den Pauschalpreis.

4.2 Für die folgenden Leistungen ist ein Budgetpreis eingesetzt:

4.3 Für die Anpassung des Kostendachs an eine allfällige zusätzliche Bauteuerung (AVB Ziff. 15.2) und der Mehrkosten infolge Erhöhung der indirekten Steuern ist der Stand am ...... massgebend.
Berechnungsmodus für die Bauteuerung:

    4.4 Die Bestimmung des definitiven Werkpreises erfolgt in offener Abrechnung.

    4.5 Der Generalunternehmer hat Anspruch auf die Honorare gemäss Leistungstabelle sowie eine Risikoentschädigung von ...... % auf der gesamten Abrechnungssumme.

    4.6 Überschreitet der Gesamtbetrag der Schlussabrechnung – einschliesslich Honorare und Risikoentschädigung des Generalunternehmers – das angepasste Kostendach, so geht die Kostendifferenz vollumfänglich zu Lasten des Generalunternehmers.

    4.7 Liegt der Gesamtbetrag der Schlussabrechnung unter dem angepassten Kostendach, so hat der Generalunternehmer Anspruch auf ...... % der Kostendifferenz.

Allgemeine Vertragsbedingungen des VSGU

GENERALUNTERNEHMER – WERKVERTRAG

ALLGEMEINE BEDINGUNGEN (AVB)

Revidierte Ausgabe 1995

Allgemeine Vertragsbedingungen des VSGU

INHALTSVERZEICHNIS
Seite

A. RECHTSGRUNDLAGEN
1. Geltendes Recht — 3
2. Vertragsbestandteile — 3

B. PROJEKTORGANISATION
3. Bauherr — 3
4. Beauftragte des Bauherrn — 4
5. Generalunternehmer — 4
6. Beauftragte des Generalunternehmers — 4
7. Subunternehmer und Lieferanten — 5
8. Projektkoordination — 5

C. VERTRAGSUNTERLAGEN
9. Baubeschrieb — 6
10. Vertragspläne — 6
11. Planbearbeitung durch den Bauherrn — 7
12. Planbearbeitung durch den Generalunternehmer — 7
13. Baugrundstück — 7

D. PREISBESTIMMUNG
14. Globalpreis — 8
15. Pauschalpreis — 8
16. Offene Abrechnung — 8
17. Kostendach — 9
18. Budgetpreis — 9
19. Bauteuerung — 10

E. ÄNDERUNGEN
20. Notwendige Änderungen — 10
21. Änderungswünsche des Bauherrn — 11
22. Änderungsvorschläge des Generalunternehmers — 11

F. BAUAUSFÜHRUNG
23. Termine — 12
24. Bauprogramm — 13
25. Kontrollrecht des Bauherrn — 13
26. Vertretungsbefugnis des Generalunternehmers — 13
27. Material- und Farbwahl — 13
28. Versicherungen — 14
29. Baudokumentation — 14
30. Werbemassnahmen — 14

G. ZAHLUNGEN
31. Fälligkeit des Werkpreises — 15
32. Bauhandwerkerpfandrecht — 15

H. BAUABNAHME UND GARANTIE
33. Bauabnahme — 16
34. Mängelhaftung — 17
35. Garantiefrist und Verjährung — 17
36. Garantiearbeiten — 17

I. SCHLUSSBESTIMMUNGEN
37. Vertragsabschluss — 18
38. Parteiwechsel und Abtretung — 18
39. Vorzeitige Vertragsauflösung — 18
40. Streitigkeiten und Gerichtsstand — 19

Allgemeine Vertragsbedingungen des VSGU

A. RECHTSGRUNDLAGEN

1. GELTENDES RECHT

1.1 Der Generalunternehmer-Werkvertrag untersteht dem schweizerischen Recht, insbesondere den Bestimmungen über den Werkvertrag (Art. 363 ff OR).

1.2 Der Generalunternehmer ist verpflichtet, die zwingenden gesetzlichen Vorschriften sowie die behördlichen Verordnungen, welche am Ort des Bauvorhabens gelten, zu befolgen und insbesondere alle Vorschriften, Bedingungen und Auflagen der Baubewilligung sowie der übrigen behördlichen und polizeilichen Bewilligungen und Verfügungen einzuhalten.

2. VERTRAGSBESTANDTEILE

2.1 Die Vertragsbestandteile sowie die Rangordnung ihrer Gültigkeit sind im Vertrag festzulegen.

2.2 Weitere ergänzende Vertragsbestandteile sind, soweit sie vorgenannten Dokumenten nicht widersprechen:

  2.2.1 Die SIA Norm 118.

  2.2.2 Die zum Zeitpunkt der Baueingabe geltenden technischen Bedingungen übriger Normen, sofern sie ortsüblich und als Regeln der Bautechnik allgemein anerkannt sind.

  2.2.3 Die Bestimmungen des schweizerischen Obligationenrechts.

B. PROJEKTORGANISATION

3. BAUHERR

3.1 Der Bauherr ist Besteller des Werks im Sinne von Art. 363 ff OR.

3.2 Soweit der Bauherr seine vertraglichen Aufgaben nicht selbst wahrnimmt, bestellt er einen internen oder externen Projektleiter, der ihn im Rahmen des Bauvorhabens rechtsgültig vertritt.

3.3 Die Vertretungsbefugnis des Projektleiters des Bauherrn umfasst alle für die Erfüllung des Werkvertrags notwendigen Kompetenzen, insbesondere:

  a) Koordination der bauherrenseitigen Projektorganisation;

  b) Kontroll- und Weisungsrecht gegenüber dem Generalunternehmer sowie den Beauftragten des Bauherrn;

  c) Genehmigung von Plänen, Material- und Farbwahl;

  d) Veranlassung und Genehmigung von Änderungen, einschliesslich Kosten- und Terminfolgen;

  e) sofern vertraglich vorgesehen, Ausübung des Vorschlagsrechts und des Mitspracherechts bei der Wahl der Subunternehmer und Lieferanten;

  f) Freigabe der Zahlungen gemäss den vertraglichen Zahlungsbedingungen, Genehmigung der Schlussabrechnung;

  g) Abnahme des Bauwerks und Geltendmachung der Gewährleistungsrechte;

  h) Delegation der Vertretungsbefugnis an einen Stellvertreter.

Allgemeine Vertragsbedingungen des VSGU

3.4 Die seitens des Bauherrn am Bauvorhaben interessierten Dritten (Käufer, Mieter, Kreditgeber) haben keine Vertretungsbefugnis gegenüber dem Generalunternehmer.

4. BEAUFTRAGTE DES BAUHERRN

4.1 Als Beauftragte des Bauherrn gelten alle in seinem Auftrag und auf seine Kosten im Rahmen des Bauvorhabens tätigen Dritten, insbesondere die für die Planung verantwortlichen Architekten, Ingenieure und Spezialisten.

4.2 Unter Vorbehalt der Prüfungs- und Abmahnpflicht des Generalunternehmers ist der Bauherr letzterem gegenüber für die Tätigkeit seiner Beauftragten verantwortlich.

4.3 Ohne anderweitige Vereinbarung sind die Beauftragten des Bauherrn dem Generalunternehmer gegenüber nicht weisungsberechtigt.

4.4 Jeder Beauftragte des Bauherrn bestimmt einen Projektverantwortlichen, der ihn im Rahmen des Bauvorhabens rechtsgültig vertritt.

5. GENERALUNTERNEHMER

5.1 Der Generalunternehmer ist bezüglich des Generalunternehmer-Werkvertrags Unternehmer im Sinne von Art. 363 ff OR.

5.2 Der Generalunternehmer bezeichnet einen verantwortlichen Projektleiter, der ihn im Rahmen des Bauvorhabens rechtsgültig vertritt.

5.3 Die Vertretungsbefugnis des Projektleiters des Generalunternehmers umfasst alle für die Erfüllung des Werkvertrags notwendigen Kompetenzen, insbesondere:

a) Entgegennahme von Weisungen des Bauherrn, gegebenenfalls auch seiner Beauftragten;

b) Kontroll- und Weisungsrecht gegenüber den Beauftragten des Generalunternehmers, sowie gegenüber den Subunternehmern und Lieferanten;

c) Offertstellung und Vereinbarung von Änderungen, einschliesslich Kosten- und Terminfolgen;

d) Aufstellen der Submittentenliste und Entscheid über die Vergabe an Unterakkordanten und Lieferanten;

e) Einfordern der Zahlungen gemäss den vertraglichen Zahlungsbedingungen, Aufstellen der Schlussabrechnung;

f) Übergabe des Bauwerks, Entgegennahme allfälliger Mängelrügen;

g) Delegation der Vertretungsbefugnis an einen Stellvertreter.

5.4 Ohne anderweitige Vereinbarung ist der Generalunternehmer weder berechtigt noch verpflichtet, im Rahmen des Bauvorhabens für Dritte (Käufer, Mieter) Leistungen zu erbringen oder von diesen Weisungen entgegenzunehmen.

6. BEAUFTRAGTE DES GENERALUNTERNEHMERS

6.1 Als Beauftragte des Generalunternehmers gelten alle in seinem Auftrag und auf seine Kosten im Rahmen des Bauvorhabens tätigen Dritten, mit Ausnahme der Subunternehmer und Lieferanten. Es handelt sich insbesondere um die vom Generalunternehmer direkt beauftragten Architekten, Ingenieure und Spezialisten.

Allgemeine Vertragsbedingungen des VSGU

6.2 Der Generalunternehmer ist dem Bauherrn gegenüber für die Tätigkeit seiner Beauftragten verantwortlich, auch wenn dieser die Wahl ausdrücklich genehmigt hat.

6.3 Der Bauherr hat kein Weisungsrecht gegenüber den Beauftragten des Generalunternehmers. Alle Weisungen sind schriftlich an den Generalunternehmer zu richten.

6.4 Ohne anderweitige Vereinbarung haben die Beauftragten des Generalunternehmers keine Vertretungsbefugnis gegenüber dem Bauherrn.

7. SUBUNTERNEHMER UND LIEFERANTEN

7.1 Gegenüber seinen Subunternehmern und Lieferanten handelt der Generalunternehmer als Besteller im Sinne von Art. 363 ff OR bzw. als Käufer im Sinne von Art. 184 ff OR.

7.2 Die Wahl der Subunternehmer und Lieferanten obliegt dem Generalunternehmer. Er schliesst die entsprechenden Verträge in seinem Namen und auf eigene Rechnung ab.

7.3 Ist vertraglich ein Vorschlagsrecht des Bauherrn vereinbart, so wird die Submittentenliste des Generalunternehmers entsprechend erweitert. Ein Mitspracherecht des Bauherrn bei der Arbeitsvergebung ist damit nicht verbunden.

7.4 Ist vertraglich ein Mitspracherecht des Bauherrn vereinbart, kann dieser die Vergabe der Arbeiten an einen vom Generalunternehmer vorgeschlagenen Subunternehmer verweigern oder die Vergabe an einen bestimmten Subunternehmer verlangen, sofern er die allenfalls gegenüber dem Vergabevorschlag des Generalunternehmers entstehenden Mehrkosten übernimmt.

7.5 Der Generalunternehmer kann einen vom Bauherrn gewünschten Subunternehmer ablehnen, wenn dieser nach seiner Ansicht nicht die nötige Gewähr für einwandfreie Arbeit und fristgerechte Fertigstellung bietet oder aus anderen Gründen nicht vertrauenswürdig ist.

7.6 Der Generalunternehmer ist dem Bauherrn gegenüber für die Tätigkeit seiner Subunternehmer verantwortlich, auch wenn dieser die Wahl ausdrücklich genehmigt hat.

7.7 Der Bauherr hat kein Weisungsrecht gegenüber den Subunternehmern und Lieferanten des Generalunternehmers und darf nicht direkt mit ihnen über die Vergabe verhandeln. Alle Weisungen sind schriftlich an den Generalunternehmer zu richten.

8. PROJEKTKOORDINATION

8.1 Der Generalunternehmer ist verantwortlich für die Projektkoordination vom Zeitpunkt des Vertragsabschlusses bis zur Vollendung des Bauwerks.

8.2 Die Projektkoordination bezieht sich insbesondere auf folgende Punkte:
a) Ausarbeiten und Genehmigung der zum Zeitpunkt des Vertragsabschlusses noch nicht vorhandenen Pläne, allenfalls des Baubeschriebs;
b) Material- und Farbwahl;
c) Studien und Entscheide bezüglich allfälliger Änderungen.

Allgemeine Vertragsbedingungen des VSGU

8.3 Die Projektkoordination erfolgt an regelmässigen Koordinationssitzungen zwischen dem Projektleiter des Generalunternehmers und dem Bauherrn oder seinem Projektleiter.

8.4 Die Beauftragten des Bauherrn und des Generalunternehmers nehmen an den Koordinationssitzungen teil soweit ihre Anwesenheit erforderlich ist, ebenso einzelne Subunternehmer und Lieferanten für die sie speziell betreffenden Punkte.

8.5 Der Projektleiter des Generalunternehmers bereitet die Koordinationssitzungen vor und führt das Protokoll. Die im Protokoll aufgeführten Entscheide gelten als schriftliche Vereinbarung, sofern sie nicht innert 10 Tagen nach Zustellung des Protokolls beim Generalunternehmer beanstandet werden.

C. VERTRAGSUNTERLAGEN

9. BAUBESCHRIEB

9.1 Der Baubeschrieb bestimmt, zusammen mit den Vertragsplänen, Umfang und Qualität der Ausführung.

9.2 Im Baubeschrieb nicht speziell aufgeführte Nebenleistungen gelten als eingeschlossen, sofern sie für die Erbringung der beschriebenen Leistungen notwendig oder üblich sind.

9.3 Enthält der Baubeschrieb funktionelle Leistungswerte (z. B. Nutzlast, k-Wert) so sind alle notwendigen Leistungen eingeschlossen, auch wenn sie nicht im Detail beschrieben sind.

9.4 Im Baubeschrieb angeführte Produkte- oder Markenbezeichnungen sind für den Generalunternehmer nur bezüglich des Qualitätsstandards verbindlich. Ohne anderweitige Vereinbarung ist der Generalunternehmer berechtigt, gleichwertige Produkte anderer Marken oder Hersteller zu verwenden.

9.5 Im Baubeschrieb aufgeführte Budgetpreise beinhalten sämtliche üblichen Neben- und Vorleistungen, sofern diese nicht anderweitig speziell beschrieben sind.

10. VERTRAGSPLÄNE

10.1 Als Vertragspläne werden die im Generalunternehmer-Werkvertrag aufgeführten Projekt- und Ausführungspläne bezeichnet, die zum Zeitpunkt des Vertragsabschlusses vorliegen und von beiden Parteien genehmigt sind.

10.2 Bei allfälligen Widersprüchen zwischen verschiedenen Vertragsplänen gelten die Angaben mit dem höheren Detaillierungsgrad.

10.3 Hat der Generalunternehmer die Vertragspläne selbst oder durch eigene Beauftragte erstellt, so haftet er dem Bauherrn gegenüber für allfällige Planmängel.

10.4 Hat der Bauherr die Vertragspläne selbst oder durch eigene Beauftragte erstellt, so hat er für die Folgen allfälliger Planmängel einzustehen.

Der Generalunternehmer ist verpflichtet, die Vertragspläne mit der üblichen Sorgfalt zu kontrollieren und offensichtliche Mängel und Unklarheiten anzuzeigen.

Allgemeine Vertragsbedingungen des VSGU

Ist vertraglich eine Übernahme der Haftung für die Vertragspläne durch den Generalunternehmer vereinbart, so hat der Bauherr diesem eine angemessene Frist für die eingehende Prüfung einzuräumen und ihm im Haftungsfall den Rückgriff auf seine Beauftragten zu gewährleisten.

10.5 Für die Bauausführung gehen die nach Vertragsabschluss erstellten und vom Bauherrn genehmigten Ausführungs- und Detailpläne den Vertragsplänen vor.

11. PLANBEARBEITUNG DURCH DEN BAUHERRN

11.1 Erfolgt die weitere Planbearbeitung durch den Bauherrn oder seine Beauftragten, so ist dieser dem Generalunternehmer gegenüber verantwortlich für rechtzeitige und mängelfreie Planlieferung. Die Folgen für Verspätungen und Planmängel trägt der Bauherr.

11.2 Alle dem Generalunternehmer ausgelieferten Pläne gelten als vom Bauherrn genehmigt.

11.3 Der Generalunternehmer ist verpflichtet, gelieferte Pläne mit der üblichen Sorgfalt zu kontrollieren und offensichtliche Mängel und Unklarheiten anzuzeigen Die gleiche Prüfungs- und Abmahnpflicht gilt für mündliche oder schriftliche Weisungen des Bauherrn.

11.4 Abweichungen gegenüber den Vertragsplänen und den Angaben des Baubeschriebs gelten als Änderungswünsche des Bauherrn.

12. PLANBEARBEITUNG DURCH DEN GENERALUNTERNEHMER

12.1 Erfolgt die weitere Planbearbeitung durch den Generalunternehmer oder seine Beauftragten, so ist dieser dem Bauherrn gegenüber verantwortlich für rechtzeitige und mängelfreie Planlieferung. Die Folgen für Verspätungen und Planmängel trägt der Generalunternehmer.

12.2 Ohne anderweitige Vereinbarung gelten die vom Generalunternehmer oder seinen Beauftragten ausgearbeiteten Pläne als vom Bauherrn genehmigt, sofern sie von diesem nicht innert 10 Tagen nach Zustellung beanstandet werden.

Die Genehmigung der Pläne durch den Bauherrn entbindet den Generalunternehmer nicht von seiner vertraglichen Verantwortung.

12.3 Der Bauherr kann die Genehmigung der Pläne nicht verweigern, sofern diese den Vertragsplänen und den Angaben des Baubeschriebs entsprechen. Das Änderungsrecht des Bauherrn bleibt ausdrücklich vorbehalten.

12.4 Der Generalunternehmer ist verpflichtet, den Bauherrn auf wesentliche Abweichungen gegenüber den Vertragsplänen und Angaben des Baubeschriebs aufmerksam zu machen.

Der Bauherr kann die Genehmigung dieser Abweichungen verweigern, sofern sie nicht einer sachlichen Notwendigkeit oder einer behördlichen Auflage entspringen.

13. BAUGRUNDSTÜCK

13.1 Der Bauherr ist dem Generalunternehmer gegenüber verantwortlich für alle Mängel des Baugrundstücks, die nicht aus den Vertragsunterlagen hervorgehen.

Allgemeine Vertragsbedingungen des VSGU

Als Mängel des Baugrundes gelten insbesondere ungenügende Tragfähigkeit für die in Plänen und Baubeschrieb vorgesehene Fundation, Fels, Grundwasser, Werkleitungen, unterirdische Bauten oder andere Hindernisse im Bereich der vorgesehenen Erdbewegungen sowie archäologische Fundstellen und zu beseitigende Altlasten auf dem ganzen Grundstück.

13.2 Ohne anderweitige Vereinbarung kann der Generalunternehmer über das bei Abbruch und Aushub anfallende Material frei verfügen. Allfällige Deponiegebühren sowie Rückvergütungen für wiederverwendbares Material sind im vertraglichen Werkpreis berücksichtigt.

13.3 Der Bauherr ist dem Generalunternehmer gegenüber verantwortlich für die rechtzeitige Beseitigung aller öffentlich- und privatrechtlichen Hindernisse, die die Erstellung des Bauwerks gemäss den in den Vertragsunterlagen enthaltenen Angaben verhindern oder erschweren.

13.4 Der Bauherr trägt sämtliche Risiken für die Entschädigungen und Schadenersatzzahlungen an Nachbarn, Mieter und Dritte, soweit diese nicht durch den Generalunternehmer verschuldet sind.

Ohne anderweitige Vereinbarung gehen allfällige Entschädigungen für die Benützung von öffentlichem Grund während der Bauarbeiten zulasten des Generalunternehmers.

D. PREISBESTIMMUNG

14. GLOBALPREIS

14.1 Ein Globalpreis ist eine feste Vergütung für alle gemäss Werkvertrag inbegriffenen Leistungen, mit Ausnahme allfälliger teuerungsbedingter Mehrkosten.

14.2 Der Generalunternehmer hat zudem Anspruch auf die Vergütung der Mehrkosten infolge Erhöhung bestehender, Einführung neuer indirekter Steuern oder bei Ausdehnung bestehender Steuern auf bisher nicht pflichtige Leistungen.

15. PAUSCHALPREIS

15.1 Ein Pauschalpreis ist eine feste Vergütung für alle gemäss Werkvertrag inbegriffenen Leistungen einschliesslich allfälliger teuerungsbedingter Mehrkosten.

15.2 Der Pauschalpreis bezieht sich auf die vertraglich festgelegten Termine für die Bauausführung.

Verzögert sich der vertraglich festgelegte Baubeginn oder die Ausführung erheblich und ohne Verschulden des Generalunternehmers, so ist der Pauschalpreis entsprechend der nachweislich daraus entstehenden Mehrkosten anzupassen.

15.3 Der Generalunternehmer hat zudem Anspruch auf die Vergütung der Mehrkosten infolge Erhöhung bestehender, Einführung neuer indirekter Steuern oder bei Ausdehnung bestehender Steuern auf bisher nicht pflichtige Leistungen.

16. OFFENE ABRECHNUNG

16.1 Wird ein Werkvertrag mit offener Abrechnung vereinbart, so erfolgt die Bestimmung des Werkpreises aufgrund der Schlussabrechnung des Generalunterneh-

Allgemeine Vertragsbedingungen des VSGU

mers. Der allenfalls im Werkvertrag aufgeführte Preis gilt in diesem Fall als Kostenschätzung.

16.2 Die Schlussabrechnung basiert auf den detaillierten und vom Generalunternehmer akzeptierten Abrechnungen sämtlicher Subunternehmer, Lieferanten und Beauftragten des Generalunternehmers sowie den Kostenbelegen für alle im Werkvertrag eingeschlossenen übrigen Leistungen und Kosten. Der Bauherr ist berechtigt, die Abrechnungsbelege einzusehen.

16.3 Die Honorare und die Risikoentschädigung des Generalunternehmers sowie durch diesen selbst erbrachte Bauleistungen werden gemäss den vertraglich vereinbarten Ansätzen vergütet.

17. KOSTENDACH

17.1 Wird bei Verträgen mit offener Abrechnung ein Kostendach vereinbart, so gilt dieses als garantierter maximaler Werkpreis für die im Werkvertrag inbegriffenen Leistungen.

17.2 Im Werkvertrag ist festzulegen, ob sich das Kostendach einschliesslich oder ausschliesslich Bauteuerung versteht. Für die Anpassung des Kostendachs sind die Bestimmungen über den Pauschal- bzw. Globalpreis sinngemäss anzuwenden.

17.3 Zudem ist das Kostendach anzupassen infolge notwendiger oder vom Bauherrn gewünschter Änderungen, Abrechnung der im Kostendach enthaltenen Budgetpositionen, Mehrkosten infolge Vergabe an einen vom Bauherrn gewünschten Subunternehmer sowie von Verzögerungen des Bauprogramms ohne Verschulden des Generalunternehmers.

17.4 Keine Anpassung des Kostendachs erfolgt bei Mehr- oder Minderkosten, die vom Generalunternehmer zu vertreten sind. Dies gilt insbesondere für Mehr- oder Minderausmasse, sowie Preisnachlässe oder Nachforderungen seitens der Subunternehmer und Lieferanten.

Minderkosten infolge von vom Bauherrn genehmigten Änderungsvorschlägen des Generalunternehmers haben in der Regel keine Anpassung des Kostendachs zur Folge.

17.5 Überschreitet der Gesamtbetrag der Schlussabrechnung das angepasste Kostendach, so geht die Kostendifferenz vollumfänglich zu Lasten des Generalunternehmers.

17.6 Liegt der Gesamtbetrag der Schlussabrechnung unter dem angepassten Kostendach, so hat der Generalunternehmer Anspruch auf den vertraglich festgelegten Anteil der Kostendifferenz.

18. BUDGETPREIS

18.1 Für im Werkvertrag inbegriffene, in Art und/oder Umfang aber noch nicht bestimmte Leistungen kann ein Budgetpreis vereinbart werden.

18.2 Über diese Leistungen (= Budgetpositionen) wird innerhalb des Werkpreises separat und offen abgerechnet.

Allfällige Differenzen zwischen der Abrechnungssumme und den einkalkulierten Budgetpreisen haben eine entsprechende Erhöhung bzw. Verminderung des vertraglichen Werkpreises zur Folge.

18.3 Ohne anderweitige Vereinbarung sind die Honorare und die Risikoentschädigung für die Budgetpositionen im vertraglichen Pauschal- oder Globalpreis inbegriffen.

Abweichungen vom vereinbarten Budgetpreis gelten als Änderungen mit den entsprechenden Auswirkungen auf die Honorare und die Risikoentschädigung des Generalunternehmers.

19. BAUTEUERUNG

19.1 Die Berechnungsart der teuerungsbedingten Mehrkosten (= Bauteuerung) ist im Werkvertrag festzulegen.

19.2 Ohne anderweitige Vereinbarung gelten folgende Regeln:

Als Ausgangspunkt für die Berechnung der Bauteuerung gilt der Preisstand zum Zeitpunkt der Offertabgabe.

Erhöht sich der Preisstand nach der Offertabgabe, so wird der als Globalpreis vereinbarte Werkpreis entsprechend angepasst. Ein sinkender Preisstand hat keine Anpassung des Werkpreises zur Folge.

Die Berechnung der Bauteuerung erfolgt halbjährlich, nach Massgabe der im betreffenden Zeitraum geleisteten Zahlungen.

Für die Bestimmung des Preisstandes wird der Gesamt-Baukostenindex des Statistischen Amtes der Stadt Zürich angewendet. Der Indexstand per 1. April ist massgebend für die erste Hälfte jedes Kalenderjahres, derjenige per 1. Oktober für die zweite Hälfte.

Die vorstehenden Regeln sind sinngemäss anzuwenden auf Verträge mit Kostendach ausschliesslich Bauteuerung.

E. ÄNDERUNGEN

20. NOTWENDIGE ÄNDERUNGEN

20.1 Als notwendig gelten Änderungen infolge höherer Gewalt oder anderer nicht vom Generalunternehmer verschuldeter Umstände, insbesondere infolge von neuen gesetzlichen und behördlichen Vorschriften und Auflagen, gerichtlichen und polizeilichen Weisungen. Ohne anderweitige Vereinbarung gilt der Vertragsabschluss als Stichtag.

Änderungen infolge Mängel des Baugrundstücks gelten als notwendig, sofern letztere nicht aus den Vertragsunterlagen hervorgehen.

Ebenfalls als notwendige Änderungen gelten Mehr- oder Minderleistungen infolge nicht durch den Generalunternehmer verschuldeter Terminverschiebungen.

20.2 Der Generalunternehmer ist verpflichtet, die notwendigen Änderungen zu veranlassen und den Bauherrn unverzüglich darüber zu orientieren.

20.3 Durch notwendige Änderungen verursachte Mehr- oder Minderkosten werden ausserhalb des vertraglichen Werkpreises offen abgerechnet, einschliesslich der entsprechenden Honorare und der Risikoentschädigung des Generalunternehmers.

Sofern es die Umstände zulassen, kann der Bauherr vor Ausführung der Änderung die Ausarbeitung einer verbindlichen Offerte verlangen, gegebenenfalls für verschiedene Änderungsvarianten.

Allgemeine Vertragsbedingungen des VSGU

20.4 Der Generalunternehmer orientiert den Bauherrn raschmöglichst über allfällige Auswirkungen der notwendigen Änderungen auf das Bauprogramm.

21. ÄNDERUNGSWÜNSCHE DES BAUHERRN

21.1 Der Bauherr ist berechtigt, jederzeit Änderungen gegenüber der in den Vertragsunterlagen festgelegten Ausführung zu verlangen.

21.2 Änderungswünsche sind dem Generalunternehmer möglichst frühzeitig mitzuteilen. Dieser orientiert den Bauherrn über allfällige Auswirkungen auf den Baufortschritt.

21.3 Der Generalunternehmer unterbreitet dem Bauherrn raschmöglichst eine verbindliche Offerte für die von ihm gewünschten Änderungen, gegebenenfalls verbunden mit einem angepassten Bauprogramm.

In die Offerte eingerechnet werden die Honorare und die Risikoentschädigung des Generalunternehmers und seiner Beauftragten. Bei Änderungen mit Minderkosten werden nur die Honoraranteile für allenfalls noch nicht erbrachte Teilleistungen gutgeschrieben.

Allfällige teuerungsbedingte Mehrkosten infolge Anpassung des Bauprogramms, Schadenersatz für bereits eingegangene Verpflichtungen des Generalunternehmers sowie andere Folgekosten sind in der Grössenordnung abzuschätzen und dem Bauherrn gleichzeitig mit der Offerte bekanntzugeben.

Beinhaltet die Änderung Qualitätsrisiken, die der Generalunternehmer nicht zu übernehmen bereit ist, so hat er den Bauherrn gleichzeitig mit der Offerte schriftlich abzumahnen.

21.4 Die Änderung wird nur ausgeführt, wenn der Bauherr die Offerte innerhalb des vom Generalunternehmer festgelegten Entscheidungstermins schriftlich annimmt.

Die Annahme der Offerte bewirkt eine entsprechende Anpassung des vertraglichen Werkpreises und allenfalls des Bauprogramms. Sie beinhaltet ebenfalls die Genehmigung der mit der Änderung verbundenen Folgekosten.

Im Falle einer Abmahnung des Generalunternehmers übernimmt der Bauherr mit der Annahme der Offerte auch die mit der Änderung verbundenen Qualitätsrisiken.

21.5 Verzichtet der Bauherr auf die Ausführung der Änderung, so hat der Generalunternehmer Anspruch auf Entschädigung für die Ausarbeitung der Offerte. Dasselbe gilt für besonders aufwendige Studien im Zusammenhang mit Änderungswünschen (z.B. Varianten, Vergleichsrechnungen).

21.6 Bewirkt eine vom Bauherrn gewünschte Änderung eine wesentliche Reduktion des gesamten Vertragsvolumens, so hat der Generalunternehmer Anspruch auf volle Schadloshaltung.

22. ÄNDERUNGSVORSCHLÄGE DES GENERALUNTERNEHMERS

22.1 Ohne anderweitige Vereinbarung ist der Generalunternehmer berechtigt, kleinere Änderungen gegenüber der in den Vertragsunterlagen festgelegten Ausführung von sich aus vorzunehmen.

Diese Änderungen dürfen jedoch die Funktion und die Qualität des Bauwerks nicht beeinträchtigen und dem Bauherrn keine Mehrkosten oder andere Nachteile verursachen.

11

Allgemeine Vertragsbedingungen des VSGU

22.2 Änderungsvorschläge des Generalunternehmers, die der Verbesserung der Qualität, der Verkürzung des Bauprogramms oder der Verminderung der Baukosten dienen, sind dem Bauherrn rechtzeitig zu unterbreiten, unter Angabe der allfälligen Kosten- und Terminfolgen.

22.3 Die Änderung wird nur ausgeführt, wenn der Bauherr den Vorschlag innerhalb des vom Generalunternehmer festgelegten Entscheidungstermins schriftlich genehmigt.

Die Genehmigung des Änderungsvorschlags durch den Bauherrn bewirkt eine entsprechende Anpassung des vertraglichen Werkpreises und allenfalls des Bauprogramms.

F. BAUAUSFÜHRUNG

23. TERMINE

23.1 Als Voraussetzung für den Baubeginn gelten insbesondere die freie Verfügbarkeit des Baugrundstücks einschliesslich Zufahrten sowie die rechtskräftige Baufreigabe durch die zuständigen Behörden.

Der Generalunternehmer ist berechtigt, den vertraglich vereinbarten Baubeginn zu verschieben, falls die notwendigen Ausführungspläne durch den Bauherrn oder seine Beauftragten nicht rechtzeitig geliefert oder die durch den Generalunternehmer oder seine Beauftragten ausgearbeiteten Pläne vom Bauherrn nicht genehmigt sind.

Eine Verschiebung des Baubeginns zieht eine Anpassung des Bauprogramms und eine Verschiebung der vertraglich festgelegten Termine nach sich.

23.2 Als Bereitschaft zur Ingebrauchnahme gilt der Zeitpunkt, an welchem das Bauwerk seinem Zweck entsprechend in Betrieb genommen werden kann, auch wenn einzelne vertragliche Leistungen noch nicht ausgeführt sind.

Werden Ausbauarbeiten oder Betriebseinrichtungen durch den Bauherrn selbst oder durch von diesem beauftragte Drittunternehmer ausgeführt, so gilt der mögliche Beginn dieser Arbeiten als Bereitschaft zur Ingebrauchnahme. Die Ausführung solcher Arbeiten vor Bereitschaft zur Ingebrauchnahme bedarf einer besonderen vertraglichen Vereinbarung.

23.3 Die Vollendung des Bauwerks beinhaltet die vollständige Ausführung aller vertraglichen Leistungen, mit Ausnahme der Garantiearbeiten. Für die Umgebungsarbeiten ist in der Regel ein separater Vollendungstermin festzusetzen.

23.4 Allfällige Zwischentermine, die vom Generalunternehmer zwingend einzuhalten sind, bedürfen einer speziellen vertraglichen Vereinbarung.

23.5 Verzögert sich die Ausführung des Bauwerks ohne Verschulden des Generalunternehmers, so hat dieser Anspruch auf eine Anpassung des Bauprogramms und eine Verschiebung der vertraglich festgelegten Termine.

Kein Verschulden des Generalunternehmers liegt namentlich vor bei Verzögerungen infolge von höherer Gewalt, behördlichen Massnahmen, archäologischen Funden, nicht voraussehbaren Baugrundverhältnissen und Umweltereignissen (Unruhen, Sabotage, Streiks, ausserordentliche Kälte- und Regenperioden), verspäteten Entscheiden des Bauherrn oder der Behörden, verspäteter Lieferung

Allgemeine Vertragsbedingungen des VSGU

von Plänen durch den Bauherrn oder seine Beauftragten sowie Änderungen des Bauprogramms im Zusammenhang mit notwendigen oder vom Bauherrn gewünschten Änderungen.

Der Generalunternehmer ist verpflichtet, solche Verzögerungen, sobald sie für ihn erkennbar sind, dem Bauherrn unverzüglich schriftlich anzuzeigen und zu begründen. Korrekturmassnahmen mit Kostenfolgen für den Bauherrn bedürfen dessen schriftlicher Genehmigung.

24. BAUPROGRAMM

24.1 Das Bauprogramm ist für den Generalunternehmer nur bezüglich der im Werkvertrag ausdrücklich aufgeführten Termine verbindlich.

24.2 Der Generalunternehmer ist verpflichtet, bei Abweichungen von mehr als 60 Tagen zwischen dem tatsächlichen Baufortschritt und dem vertraglichen Bauprogramm ein revidiertes Bauprogramm aufzustellen und dem Bauherrn zu unterbreiten.
Diese Verpflichtung gilt auch für den Fall, dass trotz dem revidierten Bauprogramm die vertraglichen Termine eingehalten werden.

24.3 Für grössere oder besonders komplexe Bauvorhaben erstellt der Generalunternehmer zusätzlich zum Bauprogramm eine Terminliste für die Planlieferung und die Entscheidungen des Bauherrn.

25. KONTROLLRECHT DES BAUHERRN

25.1 Der Bauherr ist berechtigt, den Baufortschritt zu kontrollieren. Er hat zu diesem Zweck freien Zugang zur Baustelle während der ordentlichen Arbeitszeit, unter Beachtung der üblichen Sicherheitsvorschriften.
Das gleiche Kontrollrecht steht den Beauftragten des Bauherrn zu. Drittpersonen haben nur Zutritt in Begleitung oder mit schriftlicher Ermächtigung des Bauherrn und sind vorgängig anzumelden.

25.2 Weitergehende Kontrollen während der Bauzeit (z.B. Materialprüfung, Zwischenabnahmen, Funktionskontrollen) bedürfen einer vertraglichen Vereinbarung.

26. VERTRETUNGSBEFUGNIS DES GENERALUNTERNEHMERS

26.1 Ohne anderweitige Vereinbarung ist der Generalunternehmer berechtigt und verpflichtet, den Bauherrn inbezug auf die vertraglichen Leistungen gegenüber Behörden, Amtsstellen und öffentlichen Betrieben zu vertreten.

26.2 Der Generalunternehmer orientiert den Bauherrn regelmässig über die von ihm im Rahmen der Vertretungsbefugnis unternommenen Schritte und getroffenen Massnahmen.
Vereinbarungen mit Kostenfolgen für den Bauherrn bedürfen seiner Genehmigung.

27. MATERIAL- UND FARBWAHL

27.1 Der Generalunternehmer unterbreitet dem Bauherrn rechtzeitig die notwendigen Muster für die definitive Material- und Farbwahl im Rahmen der in den Vertragsunterlagen vorgesehenen Ausführung.

13

Allgemeine Vertragsbedingungen des VSGU

27.2 Die Beschaffung der Material- und Farbmuster im üblichen Umfang ist im vertraglichen Werkpreis inbegriffen.

Aussergewöhnliche Muster sowie Modelle und Prototypen werden nur beschafft, sofern der Bauherr vorgängig die entsprechenden Zusatzkosten genehmigt.

27.3 Der Generalunternehmer haftet für allfällige Qualitätsmängel der von ihm zur Wahl vorgeschlagenen Materialien und Farben.

Beinhaltet ein Wahlvorschlag des Bauherrn Qualitätsrisiken, die der Generalunternehmer nicht zu übernehmen bereit ist, so hat er den Bauherrn vor der endgültigen Wahl schriftlich abzumahnen.

28. VERSICHERUNGEN

28.1 Der Generalunternehmer ist verpflichtet, für seine zivilrechtliche Haftung eine Betriebshaftpflichtversicherung abzuschliessen.

Auf Verlangen des Bauherrn ist diesem ein entsprechender Versicherungsnachweis mit Angabe der Versicherungssumme auszuhändigen.

28.2 Der Generalunternehmer ist verantwortlich für den Abschluss der vertraglich vereinbarten Versicherungen für das Bauwerk.

Auf Verlangen des Bauherrn ist diesem eine Kopie der entsprechenden Versicherungspolicen auszuhändigen.

28.3 Ohne anderweitige Vereinbarung trägt der Bauherr das Risiko der Bauherrenhaftung. Der Abschluss einer entsprechenden Versicherung ist seine Sache.

28.4 Nach erfolgter Bauabnahme trägt der Bauherr die alleinige Verantwortung für den Abschluss aller das Bauwerk betreffenden Versicherungen.

29. BAUDOKUMENTATION

29.1 Der Generalunternehmer ist verpflichtet, dem Bauherrn die übliche Baudokumentation auszuhändigen: behördliche Akten und Bewilligungen, revidierte Ausführungspläne, Installationsschemas, Betriebs- und Bedienungsanleitungen, Unternehmerverzeichnis.

Obliegt die Erstellung der Baudokumentation ganz oder teilweise den Beauftragten des Bauherrn, so liefert der Generalunternehmer lediglich die benötigten Angaben bezüglich der Ausführung.

29.2 Die Übergabe der Betriebs- und Bedienungsanleitungen sowie des Unternehmerverzeichnisses erfolgt bei der Bauabnahme.

Die übrigen Baudokumente werden spätestens 6 Monate nach Bauabnahme übergeben, behördliche Akten und Bewilligungen nach Erhalt.

29.3 Die Kosten der vom Generalunternehmer zu liefernden Baudokumentation in einem Exemplar sind im vertraglichen Werkpreis inbegriffen. Weitere Exemplare sowie zusätzliche Dokumente sind vom Bauherrn separat zu vergüten.

30. WERBEMASSNAHMEN

30.1 Ohne anderweitige Vereinbarung ist der Generalunternehmer berechtigt, Baureklametafeln anzubringen und weitere Werbemassnahmen zu treffen, die auf den Bau Bezug nehmen.

Allgemeine Vertragsbedingungen des VSGU

Auf der Baureklametafel des Generalunternehmers sind der Bauherr und seine Beauftragten in angemessener Weise aufzuführen.

30.2 Aussergewöhnliche Massnahmen des Generalunternehmers (z.B. öffentliche Anlässe, Medienveranstaltungen) bedürfen der vorgängigen Bewilligung des Bauherrn.

30.3 Werbemassnahmen des Bauherrn, insbesondere für Verkauf und Vermietung, haben auf die Bedürfnisse der Bauausführung Rücksicht zu nehmen und sind vom Bauherrn separat zu bezahlen.

G. ZAHLUNGEN

31. FÄLLIGKEIT DES WERKPREISES

31.1 Ist ein vertraglicher Zahlungsplan vereinbart, so haben die Zahlungen auf die darin festgelegten Fälligkeitstermine zu erfolgen.

Jede Revision des Bauprogramms bedingt eine entsprechende Anpassung des Zahlungsplans.

31.2 Nicht im Zahlungsplan enthaltene Leistungen werden vom Generalunternehmer nach Massgabe des Baufortschrittes verrechnet.

Die vertraglich vereinbarte Bauteuerung und die allfälligen Mehrkosten infolge Erhöhung der indirekten Steuern werden vom Generalunternehmer auf jeden Zahlungstermin approximativ in Rechnung gestellt. Die definitive Abrechnung erfolgt, sobald die massgebenden Grundlagen bekannt sind.

Ohne anderweitige Vereinbarung sind die nicht im Zahlungsplan enthaltenen Leistungen und Mehrkosten innert 30 Tagen nach Rechnungsstellung zur Zahlung fällig.

31.3 Geringfügige Rückstände auf das Bauprogramm oder Mängel bei der Bauabnahme, die den vorgesehenen Gebrauch des Bauwerks nicht wesentlich beeinträchtigen, berechtigen den Bauherrn nicht zu Zahlungsrückbehalten.

31.4 Mit dem Verfall eines Zahlungstermins kommt der Bauherr in Verzug. Er schuldet dem Generalunternehmer einen Verzugszins zu den am Sitz des Generalunternehmers ortsüblichen Konditionen für Kontokorrent-Kredite an Unternehmer.

31.5 Alle Zahlungen des Bauherrn haben auf das vom Generalunternehmer bezeichnete Bankkonto zu erfolgen.

31.6 Eine allfällige Sicherheitsleistung des Bauherrn für die Bezahlung des Werkpreises bedarf einer besonderen vertraglichen Vereinbarung.

32. BAUHANDWERKERPFANDRECHT

32.1 Der Generalunternehmer ist verpflichtet, die Rechnungen seiner Beauftragten, Subunternehmer und Lieferanten für vertragsgemäss erbrachte Leistungen pünktlich zu bezahlen.

32.2 Unter Voraussetzung der vertragsgemässen Erfüllung der Zahlungspflichten durch den Bauherrn garantiert der Generalunternehmer, dass seitens seiner Subunternehmer und Lieferanten keine Bauhandwerkerpfandrechte definitiv eingetragen werden.

Allgemeine Vertragsbedingungen des VSGU

32.3 Der Bauherr ist berechtigt, im Falle der provisorischen Eintragung eines Bauhandwerkerpfandrechtes den entsprechenden Betrag bei der nächsten fälligen Zahlung zurückzubehalten. Der Rückbehalt ist unverzüglich freizugeben, sobald der Generalunternehmer eine hinreichende Sicherheit gemäss Art. 839 Abs. 3 ZGB geleistet hat.

H. BAUABNAHME UND GARANTIE

33. BAUABNAHME

33.1 Ohne anderweitige Vereinbarung erfolgt die Abnahme des Bauwerks bei Bereitschaft zur Ingebrauchnahme. Der genaue Zeitpunkt der Bauabnahme wird dem Bauherrn vom Generalunternehmer mindestens 30 Tage im voraus angezeigt.

33.2 Durch die Abnahme gehen Obhut und Gefahr des Bauwerks an den Bauherrn über.

33.3 Die Abnahme besteht in einer gemeinsamen Prüfung des Bauwerks durch den Bauherrn und den Generalunternehmer, gegebenenfalls unter Mitwirkung von deren Beauftragten oder weiterer Fachleute.

Über die Abnahme wird ein detailliertes Protokoll erstellt, in welchem insbesondere alle festgestellten Mängel aufgeführt sind, ebenso allfällig noch nicht fertiggestellte Arbeiten. Das Abnahmeprotokoll ist von beiden Parteien zu unterzeichnen.

33.4 Verweigert oder unterlässt der Bauherr die Mitwirkung an der gemeinsamen Prüfung, so gilt das Bauwerk per Datum der angezeigten Bauabnahme trotzdem als abgenommen.

Der Generalunternehmer kann die Abnahme des Bauwerks auch dann verlangen, falls der Bauherr die hierzu notwendigen Entscheide und Arbeiten absichtlich verzögert. Als Datum der Abnahme gilt in diesem Fall der Zeitpunkt, an dem der Generalunternehmer die zu leistenden Arbeiten aufgrund des tatsächlichen Baufortschritts und des Bauprogramms hätte fertigstellen können.

33.5 Zeigen sich bei der gemeinsamen Prüfung wesentliche Mängel, die eine Ingebrauchnahme des Bauwerks als nicht zumutbar erscheinen lassen, so vereinbaren die Parteien einen neuen Zeitpunkt für die Bauabnahme.

Der Generalunternehmer ist verpflichtet, in der Zwischenzeit die festgestellten wesentlichen Mängel auf seine Kosten zu beheben.

33.6 Nach erfolgter Bauabnahme ist der Generalunternehmer verpflichtet, die festgestellten Mängel auf seine Kosten zu beheben und allfällige noch nicht beendete Arbeiten unverzüglich fertigzustellen.

33.7 Will der Bauherr vor der Abnahme des Bauwerks Ausbauarbeiten oder Betriebseinrichtungen selbst oder durch von ihm beauftragte Drittunternehmer ausführen, so ist eine vorzeitige Abnahme des betreffenden Bauteils vorzunehmen.

Durch die vorzeitige Abnahme gehen Obhut und Gefahr des betreffenden Bauteils auf den Bauherrn über. Die vorzeitige Abnahme ist jedoch nicht massgebend für die Berechnung der Garantie- und Verjährungsfristen.

Nach der vorzeitigen Abnahme stellt der Generalunternehmer allfällig noch nicht ausgeführte Arbeiten gemäss dem Bauprogramm fertig, unter Rücksichtnahme auf die gleichzeitigen Arbeiten des Bauherrn.

Allgemeine Vertragsbedingungen des VSGU

34. MÄNGELHAFTUNG

34.1 Der Generalunternehmer haftet dem Bauherrn für vertragsgemässe Ausführung des Bauwerks, insbesondere auch für die Einhaltung der im Baubeschrieb festgelegten Leistungswerte.

34.2 Die Mängelhaftung des Generalunternehmers umfasst alle Eigenleistungen sowie die Leistungen und Lieferungen seiner Beauftragten, Subunternehmer und Lieferanten.

Für Apparate und maschinelle Einrichtungen haftet der Generalunternehmer im Umfang der durch die Lieferanten und/oder Subunternehmer gewährten Garantie.

34.3 Nicht unter die Mängelhaftung des Generalunternehmers fallen alle Schäden, die nach der Bauabnahme durch höhere Gewalt, normale Abnützung, mangelnden Unterhalt, nicht sachgemässen Gebrauch oder durch Dritte verursacht wurden.

34.4 Nicht als Mängel gelten geringfügige Unvollkommenheiten (z.B. Haarrisse in Mauerwerk und Verputz, unbedeutende Material- und Farbtonunterschiede sowie Feuchtigkeits- und Salpeterspuren in den Untergeschossen), sofern sie den vertraglich vorgesehenen Gebrauch des Bauwerks nicht wesentlich beeinträchtigen.

34.5 Die Haftung des Generalunternehmers beinhaltet ebenfalls die Mängelbehebungsfolgekosten. Eine Haftung für Mängelfolgeschäden, insbesondere Betriebsausfallkosten bedarf einer besonderen vertraglichen Vereinbarung.

34.6 Eine allfällige Sicherheitsleistung für die Mängelhaftung des Generalunternehmers bedarf einer besonderen vertraglichen Vereinbarung.

35. GARANTIEFRIST UND VERJÄHRUNG

35.1 Die Garantiefrist beträgt zwei Jahre, gerechnet ab Bauabnahme.

Während dieser Frist ist der Bauherr berechtigt, Mängel jederzeit zu rügen. Mängel, deren spätere Behebung zu weiteren oder grösseren Schäden führen würde, sind sofort zu melden.

35.2 Vor Ablauf der Garantiefrist nehmen die Parteien allfällige Mängel schriftlich auf.

35.3 Nach Ablauf der Garantiefrist haftet der Generalunternehmer weiterhin für verdeckte Mängel. Solche Mängel müssen sofort nach ihrer Entdeckung gerügt werden.

35.4 Die Ansprüche des Bauherrn aus Mängeln verjähren fünf Jahre nach Bauabnahme.

36. GARANTIEARBEITEN

36.1 Der Generalunternehmer ist verpflichtet, unter seine Haftung fallende Mängel auf eigene Kosten beheben zu lassen.

36.2 Mängel, deren verspätete Behebung zu Schäden führen würde oder die für den Bauherrn erhebliche Nachteile zeitigen, sind vom Generalunternehmer so rasch wie möglich zu beheben.

Die übrigen Mängel werden vom Generalunternehmer gesamthaft innert angemessener Frist behoben. Für grössere Arbeiten ist ein Arbeitsprogramm zu erstellen und dem Bauherrn zur Genehmigung zu unterbreiten.

Allgemeine Vertragsbedingungen des VSGU

36.3 Der Bauherr ist verpflichtet, die Ausführung der Garantiearbeiten zu dulden und die daraus entstehenden Unannehmlichkeiten in Kauf zu nehmen. Diese Verpflichtung ist gegebenenfalls auch den am Bauwerk interessierten Dritten (Käufer, Mieter) zu überbinden.

I. SCHLUSSBESTIMMUNGEN

37. VERTRAGSABSCHLUSS

37.1 Der Generalunternehmer-Werkvertrag ist abgeschlossen, sobald er von beiden Parteien rechtsgültig unterzeichnet ist.

37.2 Der Vertrag gilt ebenfalls als abgeschlossen, falls der Bauherr den Generalunternehmer aufgrund einer verbindlichen Offerte schriftlich zur Inangriffnahme der Planungs- oder Bauarbeiten ermächtigt oder den tatsächlichen Baubeginn unter der Verantwortung des Generalunternehmers vorbehaltlos zur Kenntnis nimmt.

37.3 Änderungen des Werkvertrags sowie ergänzende Vereinbarungen bedürfen der schriftlichen Form.

38. PARTEIWECHSEL UND ABTRETUNG

38.1 Rechte und Pflichten aus dem Generalunternehmer-Werkvertrag können nur mit schriftlicher Genehmigung der anderen Vertragspartei gesamthaft auf einen Dritten übertragen werden (Parteiwechsel).

Die Zustimmung zum Parteiwechsel kann nicht verweigert werden, wenn der neue Vertragspartner mit dem Austretenden wirtschaftlich eng verbunden ist und letzterer für die Erfüllung des Vertrages eine hinreichende Sicherheit leistet.

38.2 Im Falle des Verkaufs des Bauwerks nach der Bauabnahme ist der Bauherr berechtigt, seine Gewährleistungsrechte gegenüber dem Generalunternehmer gesamthaft einem Käufer abzutreten, soweit diese abtretbar sind. Der Käufer ist in diesem Fall auch zur selbständigen Prüfung des Bauwerks und zur Mängelrüge ermächtigt.

Die Abtretung der Gewährleistungsrechte an verschiedene Käufer (z.B. Stockwerkeigentum) bedarf einer besonderen vertraglichen Vereinbarung.

Jede Abtretung ist dem Generalunternehmer unverzüglich schriftlich anzuzeigen.

38.3 Nach erfolgter Bauabnahme kann der Bauherr vom Generalunternehmer jederzeit die Abtretung sämtlicher Gewährleistungsrechte gegenüber dessen Beauftragten, Subunternehmern und Lieferanten verlangen, soweit diese Rechte abtretbar sind.

Mit der vom Bauherrn verlangten Abtretung aller abtretbaren Gewährleistungsrechte erlischt die gesamte Mängelhaftung des Generalunternehmers.

39. VORZEITIGE VERTRAGSAUFLÖSUNG

39.1 Der Bauherr ist berechtigt, bei Vorliegen wichtiger Gründe vom Werkvertrag zurückzutreten.

Allgemeine Vertragsbedingungen des VSGU

Als wichtige Gründe gelten insbesondere eingetretene oder drohende Zahlungs- oder Handlungsunfähigkeit des Generalunternehmers, vom Generalunternehmer verschuldete Unmöglichkeit der rechtzeitigen und vertragsgemässen Fertigstellung des Bauwerks, sowie andere schwere und wiederholte Verletzungen der vertraglichen Pflichten.

Bei vorzeitiger Vertragsauflösung durch den Bauherrn ist der Generalunternehmer verpflichtet, sämtliche für die Fertigstellung des Bauwerks notwendigen Unterlagen herauszugeben und die mit den Subunternehmern und Lieferanten abgeschlossenen Verträge abzutreten.

39.2 Der Generalunternehmer ist berechtigt, bei Vorliegen wichtiger Gründe die Bauarbeiten einzustellen und/oder vom Werkvertrag zurückzutreten.

Als wichtige Gründe gelten insbesondere eingetretene oder drohende Zahlungs- oder Handlungsunfähigkeit des Bauherrn, dauernde Zahlungsrückstände, vom Bauherrn verschuldete Unmöglichkeit der vertragsgemässen Fertigstellung des Bauwerks, sowie andere schwere und wiederholte Verletzungen der vertraglichen Pflichten.

Stellt der Generalunternehmer die Bauarbeiten aus wichtigen Gründen ein, so hat er diese unverzüglich wieder aufzunehmen, falls die Gründe wegfallen oder der Bauherr hinreichende Sicherheiten leistet.

39.3 Der Vertragsrücktritt aus wichtigen Gründen ist 20 Tage im voraus schriftlich anzuzeigen und zu begründen.

Die Rücktrittserklärung fällt dahin, falls die im Verzug befindliche Partei vor Ablauf der Anzeigefrist eine für die vollständige Erfüllung hinreichende Sicherheit leistet.

Die vorzeitige Vertragsauflösung steht in allen Fällen unter dem Vorbehalt der gesetzlichen und vertraglichen Schadenersatzansprüche beider Parteien.

40. STREITIGKEITEN UND GERICHTSSTAND

40.1 Die Parteien bemühen sich, allfällige Streitigkeiten über Entstehung, Auslegung und Erfüllung des Generalunternehmer-Werkvertrags wenn möglich auf dem Verhandlungsweg zu erledigen.

40.2 Jede Partei ist berechtigt, die Schlichtungsstelle des Verbandes Schweizerischer Generalunternehmer VSGU zur Teilnahme an der Einigungsverhandlung einzuladen.

Ohne anderweitige Vereinbarung hat der Vertreter der Schlichtungsstelle ausschliesslich beratende Funktion.

40.3 Kommt auf dem Verhandlungsweg keine Einigung zustande, so wird der Streitfall durch die ordentliche Gerichtsbarkeit entschieden.

Allgemeine Vertragsbedingungen des VSGU

Die vorstehenden allgemeinen Bedingungen sind integrierender Bestandteil des Generalunternehmer-Werkvertrags vom _____

_____ ,den _____

DER BAUHERR: DER GENERALUNTERNEHMER:

Sachregister

Das Sachregister soll den Zugang zum Vertragswerk und die Koordination allfälliger Vertragsänderungen erleichtern. Es bezieht sich auf die Ziffern der Vertragsurkunde und die allgemeinen Vertragsbedingungen. Der Inhalt der Wegleitung ist über die Angabe der Randnummern (N.) erschlossen.

A

Abbruch Ziff. 13.2 AVB

Abbruchmaterial Ziff. 13.2 ABV; N. 227 ff.

Abfall N. 223 f.

Abgaben Ziff. 5.2.2 Vurk

Ablieferung Ziff. 5.3 AVB; N. 500
– eines Werkteils N. 504 f.

Abmahnung Ziff. 4.2, 11.3 AVB; N. 547
– Änderungswünsche Ziff. 21.2 ff. AVB
– Vertragspläne N. 196
– Mängelhaftung N. 546 f.

Abnahme Ziff. 3.3 Vurk, Ziff. 3.3, 25.2, 28.4, 29.2, 31.3, 33, 34.3, 35.4, 38.2, 38.3 AVB; N. 500 ff.
– eines Werkteils N. 504 f.
– gemeinsame s. Prüfung, gemeinsame

Abnahmeprotokoll Ziff. 33.3 AVB; N. 501

Abnützung Ziff. 34.3 AVB

Abrechnung, offene Ziff. 16, 17.1, 18.2, 20.3 AVB; N. 271 ff.

Abschlagszahlung N. 422

Abtretung von Mängelrechten Ziff. 38.2 f. AVB; N. 596, 620 ff.

Additionsmethode N. 631

Akontozahlungen N. 419

Allgemeine Vertragsbedingungen N. 38, 50 ff.

Altlast N. 222 ff.

Änderung
– Kosten Ziff. 5.2.6 Vurk, Ziff. 20.3 AVB; N. 213
– Orientierungspflicht Ziff. 20.2, 20.4 AVB
– notwendige Ziff. 5.2.6 Vurk, Ziff. 20 AVB; N. 29, 39, 188, 307 ff.
– Vertretungsbefugnisse Ziff. 3.3, 5.3 AVB; N. 87

Änderungsvorschläge des GU Ziff. 17.4, 22 AVB; N. 295 f., 332 ff.

Änderungswünsche des Bauherrn Ziff. 12.3, 21 AVB; N. 188
– Mitteilungspflicht Ziff. 21.2 AVB
– Offerten Ziff. 21.3 AVB
– umfassende Ziff. 21.6 AVB; N. 330
– Verzicht Ziff. 21.5 AVB; N. 328

Arbeitsgemeinschaften N. 379, 382

Architekt Ziff. 4.1, 6.1 AVB

Auflagen, öffentlichrechtliche Ziff. 12.4, 20.1 AVB

Aufwand N. 242

Aufwendungen N. 237

Ausführungspläne Ziff. 10.1, 10.5, 23.1. AVB; N. 12, 188, 198 f.
– revidierte Ziff. 29.1 AVB

Aushub Ziff. 13.2 AVB; N. 227 ff.

Auslegung N. 52

Ausmass Ziff. 17.4 AVB

215

B

Bargarantie N. 571

Bauabnahme s. Abnahme

Bauaufsicht N. 546

Baubeginn Ziff. 3.1 Vurk
- Verschiebung Ziff. 23.1, 37.2 AVB
- Voraussetzungen Ziff. 23.1 AVB

Baubeschrieb Ziff. 2.1.1 Vurk, Ziff. 8.2, 9.1, 12.3, 13.1, 33.4 AVB; N. 4, 36, 39, 55 f., 164 ff.
- Abweichungen Ziff. 11.4 AVB; N. 204
- funktionaler N. 167

Baubetreuungsvertrag N. 11

Baubewilligung Ziff. 1.1 Vurk, Ziff. 1.2. AVB; N. 12, 35, 56

Baudokumentation Ziff. 29 AVB

Baueingabe Ziff. 2.2.2 Vurk, Ziff. 2.2.2 AVB; N. 30 f., 68
- Pläne N. 56

Baueinstellung N. 441

Baufreigabe Ziff. 23.1 AVB

Baugrund N. 212

Baugrundrisiko N. 44, 213 ff.

Baugrundstück Ziff. 13 AVB
- Altlast N. 222 ff.
- Mangel Ziff. 13.1, 20.1 AVB; N. 212 ff.
- Mangelbehebung Ziff. 13.3 AVB; N. 219, 232, 543
- Verantwortlichkeit für Mängel Ziff. 13.1 AVB; N. 214 ff.
- Verhältnismässigkeit der Mängelbehebung N. 220, 231

Bauhandwerkerpfandrecht Ziff. 32 AVB; N. 6, 461 ff.
- Rückbehalt Ziff. 32.3 AVB; N. 496 f.
- Sicherungsmöglichkeiten vor Doppelzahlungen N. 488 ff.

Bauherr Ziff. 3 AVB

Bauherrenberater N. 78

Bauherrenhaftpflichtversicherung Ziff. 28.3 AVB
- versicherte Gefahr N. 402 f.
- versicherter Gegenstand N. 401

Bauherrentreuhänder N. 98

Bauherrschaft, öffentliche N. 19

Baukostenanalyse N. 168

Baukostenplan N. 45, 168

Bauprogramm Ziff. 2.1.4 Vurk, Ziff. 24, 31.3 AVB; N. 42, 365 ff.
- Änderungen, notwendige Ziff. 20.4 AVB
- Änderungewünsche des Bauherrn Ziff. 21.3 f. AVB
- Änderungsvorschläge des GU Ziff. 22.3 AVB
- Anpassung Ziff. 17.3, 23.5 AVB; N. 361
- Rückstand, geringfügiger Ziff. 21.3 AVB; N. 435 ff.
- Abnahme Ziff. 33.7 AVB

Baurecht, öffentliches N. 14 ff., 26 f.

Baureklame Ziff. 30 AVB

Baustelle, Zugang zur Ziff. 25.1 AVB

Bautechnik, Regeln der Ziff. 2.2.2 AVB

Bauteuerung s. Teuerung

Bauunfall N. 392

Bauwesenversicherung Ziff. 28.2 AVB; N. 388 ff.
- Bauunfall N. 392
- Diebstahl N. 393
- Elementarschäden N. 391
- versicherte Gefahren N. 391
- versicherter Gegenstand N. 388 ff.

Bauzinsen Ziff. 4.2.4 Vurk

Beauftragte
- des Bauherrn Ziff. 5.2.1, 6.1.2 Vurk, Ziff. 4, 8.4, 10.4, 11.1, 29.1, 23.1, 25.1, 30.1, 33.3, 33.7 AVB; N. 93 ff., 206

– des GU Ziff. 6.2.2 Vurk, Ziff. 5.3, 6, 8.4, 10.3, 12.1 f., 16.2, 21.3, 23.1, 32.1, 34.2, 38.3 AVBN; N. 122 f., 206

Bedienungsanleitungen Ziff. 29.1 f. AVB

Bedingungen
– allgemeine N. 38, 50 ff.
– technische Ziff. 2.2.2 AVB; N. 62 ff.
– Zahlung-Ziff. 3.3. AVB

Beendigung, vorzeitige s. Vertragsauflösung, vorzeitige

Berater N. 71, 78

Bereitschaft zur Ingebrauchnahme Ziff. 3.2, 3.7 Vurk, 23.2, 33.1 AVB; N. 353, 503, s. auch Ingebrauchnahme
– Verfalltag N. 342

Beschaffungswesen N. 19

Besteller s. Bauherr

Bestellungsänderung Ziff. 21.1 AVB

Betriebsanleitungen Ziff. 29.1 f. AVB

Betriebshaftpflichtversicherung Ziff. 5.1.6 Vurk, Ziff. 28.1 AVB
– Arbeitsgemeinschaften N. 379, 382
– Obhutsklausel N. 383
– Tätigkeitsklausel N. 383
– versicherter Gegenstand N. 381 f.

Beweislast N. 548 ff.

Budgetpositionen Ziff. 17.3, 18.2 f. AVB; N. 300

Budgetpreis Ziff. 4 Vurk, Ziff. 9.5, 18 AVB; N. 184 f., 299
– Nebenleistungen gemäss Baubeschrieb Ziff. 9.5 AVB; N. 184 f.

Bürgschaft N. 409, 451 ff., 488, 568 f., 572

C

Ca.-Preis N. 244, 272

D

Deponiegebühr Ziff. 13.2 AVB; N. 228 f.

Detailpläne Ziff. 10.5 AVB; N. 197 f.

Dokumentation s. Baudokumentation

Drittunternehmer N. 96, 317

E

Einheitspreis N. 240

Einigungsverhandlung Ziff. 40.2 AVB

Einstellung der Bauarbeiten Ziff. 39.2 AVB; N. 661

Entlastungsbeweis N. 344, 559

Entschädigungen (an Dritte) Ziff. 5.2.5 Vurk, Ziff. 13.4 AVB

Erfüllungsgarantie N. 4, 457, 572

Erfüllungsversprechen, selbständige N. 541

Ersatzvornahme N. 602 f., 643

Exkulpationsbeweis N. 344, 559

Fachingenieur N. 98

F

Fälligkeit des Werkpreises Ziff. 31 AVB; N. 418 ff., 427

Farbwahl Ziff. 27 AVB

Festpreis N. 167, 239, 245 ff., 265
– garantierter N. 257

FIEC N. 3

Funktionsgarantie N. 164, 181, 541

Funktionstüchtigkeit N. 171

G

Garantie N. 449, 454 ff., 488, 490, 494, 568

Garantiearbeiten Ziff. 23.3, 36.3 AVB; s. auch Mängelbehebung

Sachregister

Garantiefrist Ziff. 35 AVB; N. 573, s. auch Rügefrist
Garantieschein N. 568 ff.
Gebäudeversicherung N. 387
Gebühren Ziff. 5.2.2 Vurk
Gefahr Ziff. 33.2, 33.7 AVB, N. 507
Genehmigung N. 526
- Änderungsvorschläge des GU Ziff. 22.3 AVB
- des Werks N. 502
- Subunternehmer Ziff. 7.6 AVB
- Vertretungsbefugnis Ziff. 3.3, 22.3 AVB; N. 86 f.
- von Plänen Ziff. 3.3, 10.1, 10.5, 11.2, 12.2 ff. AVB; N. 201
- diverse Ziff. 8.2, 17.4, 23.1, 36.2, 33.7 AVB

Generalplaner N. 11
Generalunternehmer Ziff. 1.1, 5 AVB; N. 9
- Vertrag N. 16

Generalunternehmer-Werkvertrag Ziff. 1.1 AVB
Gerichtsstand Ziff. 10 Vurk, Ziff. 40 AVB
Gesamtpreisvertrag N. 239
Gestaltungsklagerecht N. 255
Gestaltungsrecht N. 255, 621
Gewährleistungsrechte s. Mängelrechte
Gewalt, höhere Ziff. 20.1, 34.3 AVB
Globalpreis Ziff. 14, 17.2, 18.3, 19.2 AVB; N. 239, 245 ff.
Globalübernahme N. 51
Grund
- öffentlicher Ziff. 13.4 AVB
- wichtiger Ziff. 39 AVB; N. 649 f., 658, 663

Gutachten N. 23
- geologisches Ziff. 2.1.6 Vurk; N. 44

H

Herabsetzung des Werklohnes N. 279
Hilfsperson, N. 125, 148, 545, 553 f.
- Beauftragte des Bauherrn Ziff. 4.2 AVB; N. 99
- Beauftragte des GU Ziff. 6.2 AVB; N. 125
- Haftung Ziff. 34.2 AVB; N. 344, 545, 553
- Subunternehmer N. 148

Honorar Ziff. 4 f. Vurk, Ziff. 16.3 AVB; N. 41, 259, 287
- bei Budgetpositionen Ziff. 18.3 AVB; N. 301 f.
- Projektveränderungen Ziff. 20.3, 21.3 AVB

I

Ingebrauchnahme Ziff. 33.1, 33.5 AVB; N. 530, s. auch Bereitschaft zur
Ingenieur Ziff. 4.1, 6.1 AVB
Installationsschema Ziff. 29.1 AVB

K

Kartellrecht N. 51
Kaufvertrag N. 25
Kausalhaftung N. 542
Konkurrenzofferte N. 321
Kontrollrecht Ziff. 3.3, 5.3, 25 AVB; N. 84
Konventionalstrafe Ziff. 3.7 Vurk; N. 341 ff., 459, 654
Koordination s. auch Projektkoordination; Ziff. 3.3 AVB; N. 83, 156
- Leistung Ziff. 2.1.3 Vurk; N. 41
- Sitzungen Ziff. 8.3 ff. AVB; N. 156 ff.

Kostenansatz, ungefährer N. 238, 273, 288
Kostendach Ziff. 17 AVB; N. 288 ff.
- Anpassung Ziff. 17.3 f., 19.1 AVB; N. 294 ff.

Sachregister

- Garantie N. 290
- Überschreitung Ziff. 17.5 AVB; N. 297
- Unterschreitung Ziff. 17.6 AVB; N. 298

Kostendifferenz Ziff. 4.6 f. Vurk (Kostendach); Ziff. 17.5 f. AVB

Kostenprognose N. 275 ff.

Kostenrisiko N. 1

Kostenschätzung Ziff. 4.3 Vurk (offene Abrechnung); N. 272 ff.

Kostenvoranschlag, unverbindlicher N. 273

Kündigung s. Rücktritt

L

Leistungen des GU Ziff. 5 Vurk; N. 164, 259, s. auch Nebenleistungen
- notwendige N. 169 ff., 180, 259
- übliche N. 169 ff., 175

Leistungstabelle Ziff. 1.2, 2.1.3, 4, 6.3 Vurk; N. 41, 97, 199

Leistungsverzeichnis N. 4

Leistungswerte
- funktionelle Ziff. 9.3 AVB; N. 173, 176 ff., 541

Lieferanten Ziff. 7.1 Vurk, Ziff. 3.3, 5.3, 6.1, 7, 8.4, 16.2, 17.4, 32.1 f., 34.2, 38.3 AVB; N. 133 ff.

M

Mangel Ziff. 34.4 AVB; N. 540 ff.
- Behebung Ziff. 33.6, 36.2 AVB; N. 535, 610 ff.
- Behebungsfolgekosten Ziff. 34.5 AVB; N. 558
- Beweislast N. 548 ff.
- festgestellter Ziff. 33.3 AVB; N. 512 ff., 586
- Folgeschaden Ziff. 34.5 AVB; N. 542, 559 ff.
- offensichtlicher N. 516, 584
- Planmängel Ziff. 10.3 f., 11.1, 12.1 AVB; N. 191 ff., 199 f.
- rechtlicher N. 32
- unwesentlicher Ziff. 31.3 AVB
- verdeckter Ziff. 35.3 AVB; N. 582 ff.
- wesentlicher Ziff. 33.5 AVB; N. 526 ff.

Mängelbehebungsfolgekosten N. 558

Mangelfolgeschaden N. 559

Mängelhaftung Ziff. 34 AVB; N. 539, 542, 551 ff.
- des Bauherrn N. 543 ff.
- Parteiwechsel Ziff. 38.2 AVB

Mängelrechte N. 595 ff.
- Abtretung Ziff. 38.3 AVB
- primäre N. 596
- sekundäre N. 596
- Vertretungsbefugnis Ziff. 3.3 AVB

Mängelrüge Ziff. 5.3 AVB; N. 575

Markenbezeichnung Ziff. 9.4 AVB; N. 182 f.

Material Ziff. 3.3, 8.2, 13.2, 34.4 AVB
- wahl Ziff. 27 AVB

Mehrkosten Ziff. 5.2.6 Vurk
- Änderungen Ziff. 20.3, 21.3, 22.1 AVB
- Bauverzögerung Ziff. 15.2 AVB; N. 267
- Berechnung Ziff. 20.3 AVB
- Fälligkeit Ziff. 21.2 AVB
- Kostendach Ziff. 17.3 f. AVB
- Subunternehmer Ziff. 7.4 AVB
- Teuerung und Steuern Ziff. 14.1 f., 15 ff., 19.1 AVB; N. 264, 270

Mehrleistungen Ziff. 20.1 AVB

Mieter Ziff. 5.2.5 Vurk, Ziff. 3.4, 5.4, 13.4, 36.3 AVB

Minderkosten Ziff. 17.4, 21.3 AVB

Minderleistungen Ziff. 17.4, 20.1 AVB

Minderung N. 596, 604 ff.

219

Mitspracherecht Ziff. 7.2 Vurk, Ziff. 3.3, 7.3 f. AVB; N. 141 ff.
Modell Ziff. 27.2 AVB
Muster Ziff. 27.2 AVB
Mustervertrag N. 5

N

Nachbar Ziff. 5.2.5 Vurk, Ziff. 13.4 AVB
Nachbesserung N. 596 ff.
- Ersatzvornahme N. 602
- Kosten N. 598 f.

Nachfrist N. 340
Nachtragspreis N. 326
Nebenbaustelle N. 96, 317
Nebenleistungen Ziff. 9.2, 9.5 AVB; N. 174, 184 f.
Normen Ziff. 2.2.2, Vurk, Ziff. 2.2.2 AVB
Normpositionenkatalog N. 45, 168

O

Obhut Ziff. 33.2, 33.7 AVB; N. 506
Obhutsklausel N. 383
Offerte Ziff. 5.3, 19.2, 20.3, 21.3 ff., 37.2 AVB
OR Ziff. 2.2.3 Vurk, Ziff. 2.2.3 AVB
- Art. 33 Abs. 2 N. 79, 114
- Art. 34 Abs. 2 N. 81
- Art. 58 N. 402
- Art. 82 N. 428 ff., 432 f., 437 ff., 497, 570, 602, 657, 659
- Art. 83 N. 660
- Art. 97 ff. N. 148, 486
- Art. 98 Abs. 1 N. 602
- Art. 100 N. 562
- Art. 101 N. 99, 125, 133, 145, 148, 344, 362, 545, 553 f.
- Art. 102 N. 339, 342
- Art. 103 N. 340
- Art. 107 ff. N. 340, 643, 660
- Art. 127 ff. N. 590
- Art. 160 Abs. 2 N. 347
- Art. 161 Abs. 2 N. 345 f.
- Art. 163 Abs. 2 N. 344
- Art. 164 Abs. 2 N. 623
- Art. 363 Ziff. 3.1, 5.1, 7.1 AVB; N. 16, 245
- Art. 364 Abs. 2 N. 137 f.
- Art. 366 N. 609, 634 ff., 654
- Art. 367 Abs. 1 N. 511
- Art. 368 N. 542, 560, 563, 595, 608
- Art. 369 N. 543 f., 547
- Art. 373 Abs. 2 N. 180, 216, 220, 231, 239, 245, 250 ff.
- Art. 374 N. 243, 630
- Art. 375 N. 244, 272 ff., 653
- Art. 377 N. 330, 628 ff., 637, 646, 658, 663

P

Partei N. 4
- wechsel Ziff. 38.1 AVB; N. 618

Pauschalpreis Ziff. 15 AVB; N. 258
Personenschaden N. 381
Planbearbeitung Ziff. 11 f. AVB; N. 187
- Ablieferung Ziff. 11.1, 12.1, 24.3 AVB; N. 199 f.
- durch den Bauherrn Ziff. 11.1 AVB; N. 199 ff.
- durch den GU Ziff. 12.1 AVB; N. 205
- Genehmigung durch den Bauherrn Ziff. 12.2 f. AVB; N. 207
- Kontrollpflicht des GU Ziff. 11.3 AVB; N. 203

Planbearbeitung Ziff. 11, 12.1 AVB
Planleistungen Ziff.1.2, 2.1.3 Vurk; N. 41
Planmängel s. Mangel
Prämie
- für Beschleunigung Ziff. 3.7 Vurk
- für Kostendachunterschreitung N. 295

Preis, ungefähr bestimmter N. 243

Preiserhöhung N. 255 ff.

Preisgarantie N. 257, 290

Preisgefahr N. 241

Preisvarianten Ziff. 4 Vurk; N. 23

Produktebezeichnung Ziff. 9.4 AVB; N. 182 f.

Produktehaftung N. 19

Projekt
- Änderungen s. Änderungswünsche des Bauherrn und Änderungsvorschläge des GU
- Organisation N. 4, 36, 70 ff.
- Pläne N. 12
- Verantwortliche Ziff. 4.4, 5.2 AVB

Projektkoordination Ziff. 8 AVB, s. auch Koordination

Projektleiter N. 71 f.
- der Bauherrn Ziff. 6.1.1 Vurk, Ziff. 3.2 AVB; N. 74 ff.
- Vertretungsbefugnis Ziff. 3.3 AVB; N. 79 ff.
- des GU Ziff. 6.2.1 Vurk, Ziff. 5.2 AVB
-- Projektkoodination Ziff. 8.3, 8.5 AVB
- Vertretungsbefugnis Ziff. 5.3 AVB

Projektorganisation N. 70

Protokoll Ziff. 8.5, 33.3 AVB; N. 161 ff.

Prototyp Ziff. 27.2 AVB

Prüfung Ziff. 4.2, 10.4, 11.3, 25.2, 33.3, 38.2 AVB
- gemeinsame Ziff. 33.3 ff. AVB; N. 499, 501, 511, 516, 519 ff., 576, 583

Q

Qualität von Material und Farbe Ziff. 27.3 AVB

Qualitätsgarantie N. 1, 164

Qualitätsrisiko Ziff. 21.3 f. AVB

R

Rangordnung Ziff. 2.1 AVB, N. 53

Raumbuch N. 168

Recht
- öffentliches N. 26 ff.
-- notwendige Änderungen Ziff. 20.1 AVB
-- Stichtag Ziff. 5.1.2 Vurk; N. 29
-- Vertragsinhalt N. 26 ff.
- schweizerisches Ziff. 1.1, 2.2.3 AVB; N. 13 f.

Rechtswahl N. 15

Regie N. 242

Reklame s. Baureklame

Richtpreis N. 288

Risikoentschädigung Ziff. 4 Vurk
- Budgetpositionen Ziff. 18.3 AVB; N. 301 f.
- offene Abrechnung Ziff. 16.3 AVB
- Projektänderungen Ziff. 20.3, 21.3 AVB

Rückbehalt Ziff. 32.3 AVB; N. 432 f., 570 oder s. Zahlungsrückbehalt

Rücktritt
- des Bauherrn Ziff. 39.1 AVB; N. 646 ff., 656, 608 f., 280
- des GU Ziff. 39.2 AVB; N. 658

Rügefrist Ziff. 35.1 AVB; N. 510, 555, 573, 577
- für Apparate und Maschinen N. 577

S

Sachschaden N. 381

Schadenersatz Ziff. 3.7 Vurk; N. 595
- Änderungswunsch des Bauherrn Ziff. 21.3 AVB
- Baugrund Ziff. 13.4 AVB
- Rücktritt Ziff. 39.3 AVB; N. 631 f., 644, 663

Schadensereignis N. 392
Schadenszins N. 564
Schallschutz N. 64
Schiedsgericht N. 669 ff.
Schiedsgerichtsbarkeit N. 13
Schiedsgutachter N. 672
Schlichtungsstelle Ziff. 40.2 AVB; N. 666, 672
Schlichtungsverfahren Ziff. 40.2 AVB; N. 665
Schlussabrechnung Ziff. 4 Vurk (Kostendach), Ziff. 3.3, 16.1 f., 17.5 f. AVB; N. 89, 285
Schlussprüfung N. 580 f.
Schriftform Ziff. 2.1 Vurk, Ziff. 6.3, 7.7, 8.5, 11.3, 21.3 f., 22.3, 25.1, 27.3, 35.2, 37.3, 38.1 f., 39.3 AVB; N. 15, 97, 131, 140, 161, 196, 261, 319, 322, 336, 360, 400, 580 f., 613, 615 ff., 664, 673
Selbstverschulden N. 543 ff
SIA-Norm 118 Ziff. 2.2.1 Vurk, Ziff. 2.2.1 AVB; N. 58 ff.
– Art. 21 N. 57
– Art. 25 N. 193, 196
– Art. 29 Abs. 5 N. 150
– Art. 37 Abs. 1, N. 659
– Art. 55 N. 421
– Art. 58 Abs. 2 N. 218
– Art. 59 ff. N. 251
– Art. 64 ff. N. 308
– Art. 84 N. 315 f.
– Art. 121 N. 227 ff.
– Art. 149 ff. N. 565, 567
– Art. 157 Abs. 1 N. 504 f.
– Art. 158 Abs. 1 N. 355, 503
– Art. 158 Abs. 3 N. 518
– Art. 161 N. 528, 530 f.
– Art. 164 Abs. 2 N. 523
– Art. 166 Abs. 4 N. 192, 543
– Art. 171 N. 563

– Art. 172 Abs. 1 N. 577
– Art. 174 Abs. 3 N. 548 f.
– Art. 176 N. 585
– Art. 178 Abs. 2 N. 584
– Art. 179 Abs. 4 N. 521
– Art. 179 Abs. 5 N. 549
– Art– 181 f. N. 565
Sicherheitsleistung, N. 480
– Mängelhaftung Ziff. 8.1 Vurk, Ziff. 34.6 AVB; N. 565 ff.
– Zahlung des Werkpreises Ziff. 31.6 AVB
Sicherstellung N. 651
Solidarbürgschaft N. 452, 568
Sorgfaltspflicht N. 537 ff.
Spesen Ziff. 5.1.3 Vurk; N. 259
Spezialist Ziff. 4.1, 6.1 AVB; N. 126
Steuern Ziff. 4 Vurk, Ziff. 14.2, 15.3, 31.2 AVB
Stichtag Ziff. 22.2, 20.1 AVB; N. 29 ff., 68, 310 f., 518
Studien Ziff. 8.2, 21.5 AVB
Submissionsunterlagen N. 46
Submittentenliste Ziff. 7.1 Vurk, Ziff. 5.3, 7.3 AVB
Subunternehmer Ziff. 3.3, 5.3, 6.1, 7, 16.2, 17.3 f., 32.1 f., 34.2 AVB; N. 9, 108, 133, 148, 551 ff., 559, 561
Subunternehmer und Lieferanten
– Ablehnung Ziff. 7.5 AVB; N. 145
– Beizug N. 133 f., 138
– Mitspracherecht Ziff. 7.2 Vurk, Ziff. 7.4 AVB; N. 141
– Vorschlagsrecht Ziff. 7.1 Vurk, Ziff. 7.3 AVB; N. 139 f.
– Wahl Ziff. 7.2 AVB
– Weisungsempfänger Ziff. 7.7 AVB; N. 151
Subventionen N. 263

T

Tätigkeitsklausel N. 383
Teilleistungen N. 41
Teilzahlungen N. 416
Termin Ziff. 3 Vurk, Ziff. 3.3, 5.3, 15.2, 20.1, 21.4, 22.2 f., 23, 24.1 ff., 31.2, 31.4 AVB; N. 4, 36, 338 ff.
– Anpassung Ziff. 23.5 AVB
– Garantie N. 1
– Liste Ziff. 24.3 AVB; N. 368
– verbindlicher Ziff. 3.6 Vurk; N. 338
Teuerung Ziff. 4 Vurk, Zif. 14.1, 15.1, 17.2, 19, 21.3, 31.2 AVB; N. 303 ff.
– Berechnung Ziff. 19.2 AVB; N. 304 ff.
Toleranz N. 274
Totalunternehmer N. 10
Totalunternehmervertrag N. 77

U

Übergabe s. Ablieferungsfrist
Umgebungsarbeiten Ziff. 3.5 Vurk, Ziff. 23.3 AVB
Umstände, ausserordentliche N. 251 ff.
Ungewöhnlichkeitsregel N. 51, 89, 562, 577
Unklarheitsregel N. 52
Unmöglichkeit der Erfüllung Ziff. 39.1 f. AVB
Unterakkordanten s. Subunternehmer
Unterhalt, mangelnder Ziff. 34.3 AVB
Unternehmerhaftpflichtversicherung s. Betriebshaftpflichtversicherung
Unternehmerverzeichnis Ziff. 29.1 f. AVB
Unvorgesehenheit N. 392

V

Varianten Ziff. 20.3, 21.5 AVB
Verfalltag N. 339, 342
Vergabe Ziff. 5.3 AVB
Vergleichsrechnung Ziff. 21.5 AVB
Vergütung N. 21 f.
– feste N. 179, 249
Verjährung N. 588 ff.
– der Mängelrechte Ziff. 35.4 AVB; N. 510, 555, 588 ff.
Verjährungsfrist Ziff. 35.4 AVB; N. 445, 510, 555, 588
Vermögensschaden N. 381
Versicherungen Ziff. 28 AVB
– Ende N. 405
– Nachweis Ziff. 28.1 AVB; N. 377
– Prämie Ziff. 5.2.3 Vurk
Vertrag
– Abschluss Ziff. 37 AVB; N. 4
– Auflösung, vorzeitige Ziff. 39 AVB; N. 627 ff.
– Auslegung N. 52
Vertragsauflösung, vorzeitige Ziff. 39 AVB
Vertragsbedingungen, allgemeine (AVB) N. 4
– Grundsätze N. 50 ff.
Vertragsbestandteile Ziff. 2 Vurk, Ziff. 2 AVB; N. 4, 34, 36 ff., 48
– weitere ergänzende Ziff. 2.2 Vurk; N. 34, 37, 48
Vertragspartei s. Partei
Vertragspläne Ziff. 2.1.2 Vurk, Ziff. 10 AVB; N. 4, 36, 40, 186 ff.,
– Abweichungen Ziff. 11.4, 12.4 AVB; N. 204, 210 f.
– Haftung des Bauherrn Ziff. 10.4 AVB; N. 192 ff.
– Haftung des GU Ziff. 10.3 AVB; N. 191

- Prüfung Ziff. 10.4 AVB; N. 193 ff.
- Widersprüche Ziff. 10.2, 10.5 AVB; N. 190, 198 f.

Vertragsumfang Ziff. 1.2 Vurk

Vertragsunterlagen Ziff. 9 ff., 21.1, 22.1, 27.1 AVB

Vertragsurkunde (Vurk) N. 4, 35

Vertretungsbefugnis
- der Beauftragten des Bauherrn N. 102
- der Beauftragten des GU Ziff. 6.4 AVB; N. 132
- der Projektleiter Ziff. 3.3, 5.3 AVB
- des GU gegenüber Dritten Ziff. 26 AVB

Verzögerung N. 639

Verzug Ziff. 3.7, 5.2.6 Vurk, Ziff. 17.3, 31.4, 39.2 f. AVB; N. 339 ff., 637, 654

Verzugszins Ziff. 31.4 AVB

Vollendung des Bauwerks Ziff. 3.4 Vurk, Ziff. 8.1, 23.3 AVB; N. 355, 499

Vollmacht N. 79

Vollständigkeitsklausel N. 167, 171, 258

Vorleistungen Ziff. 9.5 AVB

Vorschlagsrecht Ziff. 3.3, 7.3 AVB

Vorschriften, öffentlichrechtliche Ziff. 1.2, 20.1, 25.1 AVB; N. 26 ff.

Vorschuss N. 603

VSGU N. 2

W

Wandelung N. 596, 608 f.

Weisungen Ziff. 3.3, 4.3, 5.3, 5.4, 6.3, 7.7 AVB; N. 84, 101, 151, 546

Werbemassnahmen Ziff. 30 AVB

Werk N. 23

Werklieferungsvertrag N. 24

Werkmangel s. Mangel

Werkpreis Ziff. 14 dd. AVB
- Änderungsvorschläge des GU Ziff. 22.2, 22.3 AVB
- Änderungswünsche des Bauherrn Ziff. 21.3 f. AVB

Werkstoff N. 24

Werkvertrag Ziff. 1.1 AVB, N. 17 ff.

Widerspruchsregeln N. 57, 190

Wiener Kaufrechtsübereinkommen N. 24

Z

Zahlungen Ziff. 3.3, 5.3, 31 AVB; N. 89

Zahlungsplan Ziff. 2.1.5 Vurk, Ziff. 31 AVB; N. 43, 417 f.

Zahlungsrückbehalt Ziff. 21.3, 32.3 AVB, N. 43, 426 ff., 496, 565 ff.

Zahlungsrückstand Ziff. 39.2 AVB

Zahlungsunfähigkeit N. 487, 624, 660

Zahlungsversprechen, unwiderrufliches N. 458

Zufahrt Ziff. 23.1 AVB

Zufall N. 507

Zuständigkeit, örtliche N. 667

Zwischenabnahme Ziff. 25.2 AVB; s. auch Abnahme

Zwischentermine, verbindliche Ziff. 3.6 Vurk, Ziff. 23.4 AVB; N. 356 f.